# 몽골 기행

칭기스 칸의 땅을 가다

박찬희 지음

소나무

# 몽골 기행
칭기스 칸의 땅을 가다

초판 발행일 | 2014년 6월 15일
2쇄 발행일 | 2017년 12월 12일

지은이 | 박찬희
펴낸이 | 유재현
출판감독 | 장만
편집 | 강주한 박수희
마케팅 | 유현조
디자인 | 박정미
인쇄·제본 | 영신사
종이 | 한서지업사

펴낸곳 | 소나무
등록 | 1987년 12월 12일 제2013-000063호
주소 | 경기도 고양시 덕양구 대덕로 86번길 85(현천동 121-6)
전화 | 02-375-5784 팩스 02-375-5789
전자우편 | sonamoopub@empas.com
전자집 | blog.naver.com/sonamoopub1

ⓒ 박찬희, 2014

ISBN 978-89-7139-822-7  03980
책값 15,000원

이 도서의 국립중앙도서관 출판시도서목록(CIP)은 서지정보유통지원시스템 홈페이지
(http://seoji.nl.go.kr)와 국가자료공동목록시스템(http://www.nl.go.kr/kolisnet)에서
이용하실 수 있습니다.(CIP제어번호: CIP2014017009)

# 몽골 기행
### 칭기스 칸의 땅을 가다

박찬희 지음

**일러두기**

1. 현재 몽골의 지명을 비롯한 고유명사는 글쓴이마다 다르게 표기하는 경우가 많다. 이 글에서는 독자들의 혼동을 줄이기 위해 2011년에 출간된 『몽골-론리플래닛』을 기준으로 삼았다. 다만 하늘을 뜻하는 말은 '텡그리'로 통일하였다.
2. 역사적인 인물의 이름은 2009년에 출간된 『몽골의 역사』를 기준으로 삼았다.
3. 인용문의 경우 원문을 그대로 실었지만 고유명사가 위 책과 다른 경우 위 책의 고유명사를 같이 적었다.
4. 이 책에 실린 사진 대부분은 박찬희와 장만이 촬영한 것이며 그렇지 않은 사진은 사진 아래에 저작권을 표시하였다. 사진을 제공해 주신 분들께 감사드린다.

**프롤로그**

## 왜 그곳에 또 가?

왜 몽골이었을까? 10년이 지난 지금 돌이켜보면 몽골은 어느 날 불쑥 날아든 혜성이었다. 전설과 신화의 궤도를 돌던 몽골과 삶의 언저리를 맴돌던 내가 만날 일은 없어 보였다.

'어떻게 살아야 하나'라는 고민으로 터져버릴 듯한 30대 중반의 어느 날 우연히 듣게 된 '몽골'이란 말에 이끌려서 쉽게 헤어나지 못했다. 어쩌면 그때 몽골에서 불어온 바람과 마음에서 소용돌이치던 바람이 만나 궤도를 흔들어놓지 않았나 싶다.

그해 여름 몽골로 날아갔다. 그곳에서 하늘과 바람과 초원과 사람을 만났다. 여행은 고작 일주일이었지만 초원의 바람은 사그라지지 않은 채 내 몸속을 타고 돌았다. 그 바람은 몸속에 박혀 있던 고민을 하나하나 빼내 허공으로 날려보냈다. 바람이 잠잠해질 무렵 나도 모르게 다음 몽골 여행을 계획했고 그러자 힘이 났다. 초원이 풍요로워지는 다음 해 여름 다시 몽골로 떠났다. 여름이면 울란바토르를 벗어나 초원으로 들어가는 몽골 사람처럼 나도 여름이면 초원으로 들어갔다.

그렇게 10년을 보냈다. 그동안 초원으로, 호수로, 사막으로, 산맥으로 바람을 따라 흘러다녔다.

"왜 자꾸 몽골에 가?"
"볼 만한 게 뭐가 있어?"
때로는 정말 궁금해서, 때로는 이해할 수 없다는 듯 사람들은 물었다. 그러나 오랫동안 그들의 물음에 대답하지 못했다.
가없는 초원, 점점이 흩뿌려진 가축과 게르의 유목민, 그 위로 펼쳐진 하늘, 쉴 새 없이 불어오는 바람, 그 바람을 타고 투명한 대기를 가득 메우는 허브 향, 시간과 색의 결을 온전히 담은 빛들, 완전한 어둠, 우주의 기운을 내뿜는 별들. 이 모든 것들이 이유이기는 했지만 전부는 아니었다.
한동안 길에서 그 이유를 찾았다. 정해진 길은 없되 내가 달리는 곳이 곧 길이 되는 곳. 그곳에서 길은 우산살처럼 퍼져나가다 어느 순간 한곳으로 모이고 또다시 흩어지곤 했다. 길은 자유였다. 검은 아스팔트로 뒤덮인 도시를 벗어나면 흙길이 펼쳐졌다. 비포장도로라는 이름은 이 길의 온전한 느낌을 전해주지 못했다. 그 길을 달릴 때면 땅과 하나가 된 느낌이 들곤 했는데 그곳에서 나는 정처 없이 부유하는 물질이 아니었다.
그리고 초원의 시간. 초원은 시시각각 시간을 알려주는 시계가 필요하지 않았다. 시계를 들여다볼 이유도 없었다. 그곳에는 사람이 만들어낸 인공의 시간이 아니라 하늘의 해와 달이 번갈아 만들어내는 자연의 시간만이 흐르고 있었다. 어디에도 촘촘한 시간의 그물 속에서 허우적대는 사람은 없었다. 시간의 그물은 도시를 벗어나는 순간 스르르 녹아버렸다. 가장 먼저 시간을 잊었으며 곧이어 요일을 잊었고, 날짜를 잊었다. 가끔 나도 잊었다.

그러나 이제 보니 길도, 시간도 아니었다. 그런 것들은 진짜 이유가 아니었다. 가만히 생각해보니 내 마음은 이미 오래전부터 이유를 알고 있었다.

그곳에 가면 마음이 편안했다. 하늘을 보면 마음이 시원하게 열렸고 초원 안에서 굳었던 마음이 풀어졌다. 상쾌한 여름 초원에서 늘 긴장하고 있던 마음이 서서히 이완되며 단순해졌다. 그럴수록 내 자신에게 집중할 수 있었다. 그 시간과 공간 안에서 끈질기게 마음을 가렸던 문제들이 하나둘 걷혔고 나도 잘 몰랐던 내가 있다는 걸 알았다. 그리고 비로소 가벼워졌다. 여행이 끝나도 한동안 머물렀던 느낌의 실체는 바로 이 홀가분함이었다. 누군가는 여행 후유증이라고 말하지만 그 느낌이 몸 안에 있는 동안 몽골 여행은 아직 끝난 게 아니었다.

몇 년 동안 몽골에 가지 못했다. 아이가 태어나고 직접 아이를 기르면서 도무지 여유가 생기지 않았다. '내년에는 갈 수 있을 거야'라는 기대는 '언젠가는 갈 수 있지 않을까'라는 막막함으로 바뀌었다. 그렇게 4년이 흘렀다. 막연한 기다림으로 지쳐가던 동안 하루에 몇 번씩 몽골이란 이름이 부표처럼 떠올랐다. 부표를 억지로 물속에 집어넣을 수 없다는 걸 안 순간 떠나기로 했다.

시간이 지나서였을까. 이제는 풍경이 아니라 사람이 보고 싶었다. 그들의 이야기를 듣고, 역사의 길을 따라가고 싶었다.

칭기스 칸. 몽골 역사에서 가장 중요한 인물이자 지금까지 몽골 사람들 속에 살아 숨 쉬는 그를 따라가 보기로 했다. 그 길에서 영웅이 아닌 인간 칭기스 칸과 몽골 사람들 속의 칭기스 칸을 만나고 초원을 터전으로 살아가는 유목민 속으로 가까이 가보고 싶었다.

울란바토르의 동북쪽에 있는 헹티아이막은 칭기스 칸의 땅이다. 칭기스 칸의 역사가 서린 헤를렝강, 이 강을 거슬러 올라가면 만나는 몽골의 성산이자 칭기스 칸의 성산인 보르항 할동, 그가 몽골족의 칸으로 추대된 검은 심장의 호수, 대몽골국을 선포한 빈데르솜, 그가 태어난 다달솜, 모두 이곳에 있다. 칭기스 칸을 만나려면 헹티만 한 곳이 없다.

이번 몽골 여행 인원은 달랑 두 명이었다. 어디를 가든 우리보다 몽골 사람이 많았다. 오히려 다행이었다. 그전까지는 열 명 안팎의 사람들이 여행을 갔기 때문에 주로 우리끼리 이야기하며 지냈다. 그러다보니 몽골 사람들과 속 깊은 이야기를 나누거나 그들의 삶을 차분하게 들여다볼 기회가 많지 않았다. 이번이 그들 속으로 한 발자국 들어갈 수 있는, 놓칠 수 없는 기회였다. 그들의 집에 찾아가 묵으며 밤늦도록 이야기를 나누었다. 그들을 제대로 알기에는 턱없이 짧은 시간이었지만 그것만으로도 감사했다.

"빨리 치워!"

첫 몽골 여행을 마치고 지인들에게 보여준 양을 잡는 사진 한 장. 고유의 맥락에서 빠져나온 사진은 사람들을 한순간에 불쾌하게 만들었다. 선입견뿐만 아니라 앞뒤가 잘려나간 사진, 말, 지식은 진실을 가리기 쉽다. 자기가 보고 싶은 대로 세상을 보는 것처럼, 나의 선입견 혹은 프레임으로 그들을 판단하기 전에 그들의 맨 얼굴을 만나보고 싶었다. 내가 아니라 그들로부터 출발할 때 진실은 더 분명하고 풍부해진다. 그러기 위해 내게서 한 발자국 물러서야 했다.

겨울을 준비하는 몽골의 어느 가을 날 헹티산맥으로 들어갔다. 때로는 늪에 빠지고 눈보라 속을 헤매며 칭기스 칸과 유목민을 만났다. 그리고 나를 만났다.

지금까지 몽골 여행을 하면서 많은 사람을 만났다. 여행을 함께 간 동료들, 해마다 구성원은 조금씩 바뀌었으나 그들은 다시 나를 몽골로 떠나도록 만든 힘이었다. 몽골이 마음에서 떠나지 않는 건 그들과 함께한 기억 때문이다. 여행을 하는 동안 크고 작은 문제들이 생겼지만 어색한 분위기는 오래가지 않았다. 여행의 행운은 마음 맞는 동료들을 만나는 것인데 그런 점에서 보면 나는 참 행복한 여행자다. 여행이 끝나면 그 사람들과 함께 여행의 기록 사진을 보며 웃고 떠드는 전통은 그래서 더 소중하다.

운전기사와 통역 겸 가이드. 몽골 여행이 즐거운 건 이들 덕분이다. 이들은 여행을 같이하는 동료였다. 칠흑 같은 어둠 속에서 매의 눈으로 차를 몰았고 여러 갈래 길 가운데 과감하게 한 길을 택했으며 밤샘 운전을 마다하지 않았다. 때로는 우리와 신경전을 벌였지만 헤어질 때면 눈물을 흘렸다. 통역은 우리와 가장 말을 많이 나누는 몽골 사람으로 그들을 통해 몽골 속으로 들어갈 수 있었다. 지금도 한 명 한 명의 얼굴이 생생히 떠오른다.

초원에서 유목민의 도움을 많이 받았다. 사람들로 붐비는 울란바토르보다 한참 초원을 가다 만난 그들에게 깊은 인상을 받았다. 시원한 아이락과 따뜻한 수테채를 대접받았고 길을 잃었을 때는 그들의 도움으로 길을 찾아갔다. 유목민의 환대는 특별한 그 무엇이 아니라 일상이었고 그들은 특별한 누군가가 아니라 보통 유목민이었다. 누구에게나 열려 있는 집, 그곳에 유목민이 있었다. 만약 몽골 여행에서 그들을 만나지 않았다면 나는 초원을, 유목을 손쉽게 말했을지 모른다. 이방인에게는 낭만이 그들에게는 삶이었다.

초원이 아름다운 건 이들이 있기 때문이다.

결혼 전이나 지금이나 가족들의 격려와 지지로 팔자 좋게 여행을 할 수 있었다. 가족에게 감사드린다. 이 책이 나올 수 있도록 격려하신 소나무 출판사 유재현 대표님과 끈기 있게 원고를 기다린 장만 출판감독에게 고마운 마음을 전한다.

마지막으로 몽골 여행을 허락한 몽골의 자연에 고개 숙여 경의를 표한다.

# 목 차

프롤로그 | 왜 그곳에 또 가? ▶ 5

## 1. 몽골로 가는 길

몽골, 사람으로 기억되는 나라 ▶ 16
인연 ▶ 18
"트래픽 잼" ▶ 22
베이스캠프 울란바토르 ▶ 25
샤만, 몽골을 이해하는 코드 ▶ 31
죽은 칭기스 칸, 몽골을 살리다 ▶ 38
우리나라에 온 초원의 유목민 ▶ 43
가깝고도 먼 노마디즘과 노마드 ▶ 48
나의 고향 ▶ 55
성산 보르항 할동 가는 길 ▶ 62
외국 사람은 올라가지 말아요 ▶ 68

## 2. 칭기스 칸을 바라보다

늑대 사냥꾼 ▶ 76
하얀 음식, 붉은 음식 ▶ 81
신과 요괴 사이, 늑대 ▶ 89
칭기스 칸을 바라보다 ▶ 97
그들의 축제, 나담 ▶ 104
몽골인의 초능력, 어디까지 사실인가 ▶ 112
흐흐호수와 홉스글의 추억 ▶ 116

## 3. 아무도 죽지 않는다

칭기스 칸의 개혁 ▶ 126
오보, 영원한 푸른 생명 ▶ 131
누구나 죽지만 아무도 죽지 않는다 ▶ 137
하늘로 오르는 사슴돌 ▶ 146
어떻게 감동하지 않을 수 있지 ▶ 152
진짜 몽골 술 ▶ 158
내 머리에 GPS가 들어 있어요 ▶ 163
몽골의 별이 아름다운 이유 ▶ 167

## 4. 늪에 빠지다

몽골 사람을 키워준 다섯 가축 ▶ 176
어머니의 냄새 ▶ 181
이동하는 집, 게르 ▶ 185
몽골의 말, 하나도 지칠 줄 모른다고? ▶ 191
아무도 모르게 하라 ▶ 197
바위에 새겨진 삶의 이야기 ▶ 202
눈물의 솔롱고스 ▶ 208
차가 이대로 있으면 어떻게 하죠 ▶ 212
매일 말만 타지 말고 메일 보내 ▶ 216

## 5. 논쟁과 환대의 밤

1206년 몽골에서는 ▶ 224
물어보기라도 할걸 ▶ 231
오농강 다리 위에서 ▶ 237
강 한복판에서 멈춰버린 차 ▶ 243
물소해 여기서 태어나시다 ▶ 248
목욕, 꼭 해야 하나 ▶ 254
계급장 떼고 토론을 하다 ▶ 260
나온 술은 다 마셔야 끝나죠 ▶ 266

## 6. 대지의 노래

도대체 언제 출발해요 ▶ 274
오농강과 발지강의 사랑 ▶ 280
끝나지 않는 노래 ▶ 284
하늘이 양념을 내려 주셨죠 ▶ 292
위대한 내 나라는 결코 부서져서는 안 된다 ▶ 299

## 7. 저 불빛을 놓치면 안돼

다달을 떠나다 ▶ 306
조드, 초원을 휩쓴 공포 ▶ 309
뛰어가서 도움을 요청해 ▶ 315
새럿도 잠을 자야 하는 사람인데 ▶ 321

## 8. 내게 소원이 있다면

유목민의 평생 〈몽골의 하루〉 ▶ 328
타라보살의 젖가슴 ▶ 333
8천만 년 동안의 싸움 ▶ 339
울란바토르의 마지막 레닌 ▶ 344
내게 소원이 있다면 ▶ 350

몽골 여행 루트 ▶ 356

에필로그 | 약속한 때가 되었다 ▶ 398

몽골 여행에 도움이 되는 책과 영상 ▶ 402

1. 몽골로 가는 길

## 몽골, 사람으로 기억되는 나라

'몽골에 가지 못한 채 또 한 해를 어떻게 보내나'라는 아쉬움으로 여름의 끝자락에서 방황하던 어느 날, 이제 그만 방황과 아쉬움을 끝내기로 하고 그동안 몽골 여행을 같이 다닌 후배에게 물었다.

"이번 가을 몽골에 가볼까?"

"좋죠. 이번에는 칭기스 칸(원래 이름은 테무진으로 1189년 칭기스 칸이라는 칭호를 받았다. 이 글에서는 칭기스 칸으로 쓴다)을 따라가면 어때요? 몽골 하면 역시 칭기스 칸이죠."

칭기스 칸을 따라가는 여행이라. 지난 다섯 번의 몽골 여행은 아름다운 풍경에 취해 초원, 호수, 사막, 산맥을 정신없이 떠돌아다녔다. 테르힝 차강호수, 흡스글호수, 바이칼호수(지금은 러시아 땅이지만 옛날에는 몽골 땅이었다), 고비사막, 알타이산맥. 이제는 그들의 역사를 따라갈 때가 되었다.

그로부터 3주 후 비행기 꼬리에 말갈기를 휘날리는 몽골항공 미야트에 올랐다. 4년 만이었다. 그동안 몽골이 떠오르지 않는 날이 없을 정도로 몽골은 내 안에 깊이 스며들었다. 몽골 향수병이 길어지면서 양 냄새마저 그리웠다.

"다시 거기 갔다 오려면 네 옷은 네가 빨아. 어찌나 냄새가 나던지!"

몽골 여행을 간 첫 해, 어머니는 옷에 밴 양 냄새를 못 견뎌 하셨다.

"알았어요. 제가 빨게요."

우리나라가 된장 냄새라면 몽골은 단연 양 냄새다. 비위가 약해 몽골에 갈 때마다 특유의 누린내를 힘들어 했지만 이제 그마저 아쉬웠다. 몸 안 어딘가 꽁꽁 숨어 있던 양 냄새가 그리움이라는 피를 타고 온몸을 헤집으며 다니기라도 하는 걸까.

몽골 사람으로 꽉 찬 비행기 안 어딘가에서 양 냄새가 나는 듯했다. 나른했다. 4년이 지난 몽골은 어떻게 바뀌었을까? 빌딩과 아파트가 초원의 도시 울란바토르를 점령했을까? 홉스글호수에서 만난 말치기 대장 호이가는 잘 지내고 있겠지.

"겨울에 꼭 다시 와요. 꽁꽁 언 호수를 건너 우리들만 아는 좋은 곳으로 안내하죠."

겨울이 오면 늘 그와의 약속이 떠올랐다. '올 겨울에는 가야 할 텐데.' 그는 우리에게 말을 빌려주고 번 돈을 선물로 되돌려주었다. 나는 반짝이는 붉은색 인조비단에 곱게 싼 양의 복사뼈로 만든 '샤가이'라는 놀이도구를 받았다. 지금도 가끔 비단 주머니를 열고 양 냄새를 맡을 때면 '갑옷'이라는 뜻의 이름에 걸맞지 않게 수줍어하던 그의 손길이 떠오른다.

꼬리를 무는 이런저런 생각에 빠져 있을 때 비행기는 오랫동안 몽골 땅이었던 중국 내몽골을 지나 몽골 하늘로 접어들었다. 날개 아래로 고비사막이 펼쳐졌다. 중국의 정주민에게 만리장성이 있었다면 몽골 초원의 유목민에게는 고비사막이 있었다. 유목민을 공격하기 위해 북상하던 정주민은 번번이 고비사막 앞에서 발걸음을 돌려야 했고 유목민은 고비사막 너머로 홀연히 자취를 감추곤 했다. 정주민에게 고비사막은 황무지라는 그 이름처럼 아무것도 살 수 없는 죽음의 땅이었을 것이다.

2007년, 문명의 경계 지대였던 고비사막을 여행하고 있었다. 사막에서 만난 우물이 신기해 우물을 내려다보던 친구가 소리를 질렀다.

"내 선글라스!"

출국할 때 면세점에서 산 비싼 선글라스는 폼 한번 잡아보지 못한 채 깊이를 알 수 없는 고비사막의 우물로 퐁당 빠졌다.

"아깝겠다. 그래도 어쩌겠냐."

허탈하게 웃던 그 친구가 애써 마음을 접을 때쯤 우물 옆에 있던 게르에서 아저씨가 나타났다. 사정을 들은 아저씨는 우리가 말릴 틈도 없이 밧줄을 몸에 휙 감더니 주저하지 않고 우물 속으로 내려갔다. 마치 세상을 구하러 지하세계로 떠나는 신화 속의 영웅처럼. 시커먼 우물 속에서 첨벙거리는 소리가 들리는가 싶더니 어느새 올라온 아저씨가 활짝 웃으며 품 안에 든 선글라스를 꺼내주었다.

"아저씨 멋져요!"

내게 몽골은, 사람으로 기억되는 나라다.


## 인연

인천공항을 출발한 지 세 시간 후 칭기스 칸 국제공항에 도착했다. 몽골까지 세 시간 걸린다는 이야기를 듣는 사람들은 대부분 "몽골이 그렇게 가까워요"라며 놀란다. 나 역시 처음 몽골에 왔을 때 심리적인 거리와 비행 거리 사이의 차이를 잘 받아들이지 못했다. 오랫동안 몽골은 갈 수 없는 나라 혹은 역사책에서나 나오는 전설 같은 나라였다. 지금도 서울에서 부산 가는 시간에 몽골을 갈 수 있다는 사실이 믿기지 않는다.

　몽골의 국제공항은 오랫동안 복 있는 언덕 즉 '보얀트 오하'라는 이름으로 불렸다. 공항 이름이 바뀐 건 2006년, 몽골 건국 800주년이 되는 해였다. 이 해에 중국이 선수를 쳐 내몽골에 있는 공항 이름을 칭기스 칸으로 바꾸려고 하자 몽골에서 부랴부랴 이름을 바꾸었다고 한다. 고구려도 자기네 역사라는 그들이니 그럴 만하겠다. 우리나라 역시 홍길동의 고향을 둘러싸고 강원도 강릉과 전남 장성이 서로 자기 지방 출신이라고 주장하지만 그래도 그건 소설이지 않은가.

　하마터면 중국에 이름을 넘겨줄 뻔한 칭기스 칸 국제공항을 나왔다. 지금은 익숙하지만 처음 입국장을 빠져나왔을 때 몽골 사람들을 보고 "아니 이럴 수가"라는 감탄사가 절로 나왔다. 그만큼 몽골 사람들은 우리나라 사람들과 생김새가 닮았다. 그래서인지 몽골 사람들은 우리나라를 형제의 나라라고 부른다.

　바삐 움직이는 입국장 환영 인파 속에서 오늘 묵게 될 게스트하우스 팻말을 찾으려고 두리번거리는데 눈에 익은 사람이 보였다. 우리를 보고 활짝 웃는 사람은 분명 나라(나라의 원래 이름은 바트볼트 나란밤바로, 나란밤바는 토요일의 태양을 뜻한다)였다. 전혀 예상하지 못한 일이어서 기쁘다 못해 얼떨떨했다. 여행을 떠나기 전 몽골에 간다는 메일을 보내기는 했지만 답장을 받지 못해 만나지 못할 줄 알았는데, 공항까지 마중을 나온 것이다.

　그녀는 처음 만났을 때나 지금이나 야무진 인상 그대로다.
"오늘 일정이 어때요?"
"게스트하우스에 짐을 푸는 것 빼고는 특별한 일이 없어요."
"저녁 같이 먹을 시간이 돼요?"

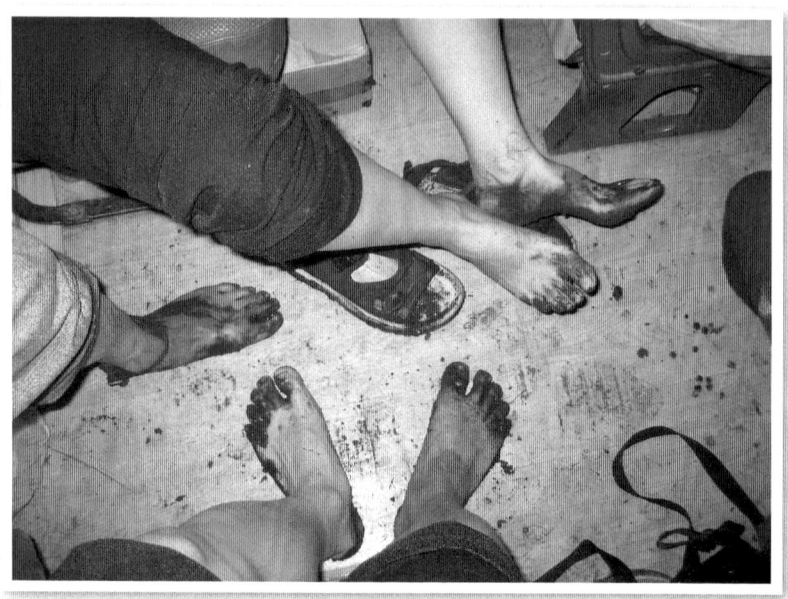

ⓒ 김동훈

"좋죠. 버떠 아저씨는요?"

"집에 기다리고 계세요."

버떠 아저씨의 본래 이름은 벡흐바트 바트볼트(몽골에서는 성을 뺀 아버지의 이름이 자식의 성이 된다. 그래서 그런지 이름을 말할 때는 성을 빼고 이름만 밝히는 경우가 많다. 이름은 본래 이름을 부르기도 하지만 내가 만난 몽골 사람들은 대부분 편하게 줄여서 불렀다. 바트볼트는 강하고 튼튼하다는 뜻이다)로 나라의 아버지이며, 우리의 몽골 친구다. 버떠 아저씨와 나라는 2005년에 홉스글호수로 함께 여행을 갔다. 버떠 아저씨는 우리 일행이 타고 갈 작은 버스를 몰고 왔는데, 작은 키에 다부진 인상이었다. 그 무렵 몽골에서는 보기 드물게 며칠 동안 폭우가 내렸고 건조하던 초원길은 순식간에 늪으로 바뀌었다. 작은 늪들은 가까스로 피해갔지만 한밤중에 그만 깊은 늪에 빠지고 말았다. 아저씨는 바퀴를 빼내기 위해 바지를 걷고 검은 늪으로 들어갔다. 처음에는 아저씨의 만류로 구경을 하던 우리는 아저씨 힘만으로 어렵다는 것을 알고 컴컴한 산으로 기어올라가 마른 나뭇가지를 끌고 내려와 늪을 메우기 시작했다. 마침내 늪이 메워지고 일행들이 뒤에서 차를 밀자 늪을 빠져나올 수 있었다. 차에 올라 흙탕물로 범벅이 된 서로의 모습을 보고 얼마나 웃었던지……. 아마도 그 일이 있고 나서 운전기사와 손님의 관계는 사라지고 여행을 같이하는 동료가 되었던 것 같다. 여행에서 마주치는 힘겨운 일이 또 다른 행복을 주는 경우가 있다. 그때가 그랬다. 버떠 아저씨와는 그 후로도 계속 연락을 하고 안부를 물으며 지내고 있다.

## "트래픽 잼"

공항에서 시내의 게스트하우스로 가는 길은 몽골에서 가장 악명 높은 정체구간이었다. 차들은 경적을 울리며 서로 경쟁하듯 질주했고 길을 건너는 사람도 물러서지 않았다. 4년 만에 몽골에 온 여행자는 행여 사람들이 차에 부딪힐까 조마조마했다. 2004년 처음 왔을 때 100만 명이 채 안되던 울란바토르 인구가 2011년 기준으로 120만 명을 넘어서 몽골 인구 270만 명 가운데 절반이 수도에 모여 사는 셈이다. 시 당국에서는 궁여지책으로 우리나라처럼 버스 전용차선을 만들고 횡단보도마다 수신호로 통제하는 사람을 배치했지만 그것만으로는 역부족이었다.

"몽골 사람들은 초원에서 살아서 그런가 봐. 사람이나 차나 멈추지 않고 질주하잖아."

게스트하우스에 짐을 풀어놓고 어둑어둑해질 무렵에야 버떠 아저씨 집에 도착했다. 두 번째 방문이어서 그럴까, 친척집에 온 기분이었다.

"생 배노안녕하세요!, 아저씨 오랜만이에요, 건강하시죠?"

고비사막으로 여행을 갔을 때 마지막으로 봤으니 벌써 5년이 훌쩍 지났다. 그 사이 이마에 주름이 더 깊게 패였지만 사람을 편안하게 만드는 함박웃음은 여전했다.

"수테채가 이렇게 맛있는지 몰랐어. 한 모금 마시니까 몽롱하던 정신이 맑아지네. 몸이 깨어나는 것 같아."

아주머니가 내준 뜨거운 수테채(우리나라와 중국은 차, 몽골은 채. 모두 중국에서 온 말이다) 몇 잔에 여행 첫날의 노곤함이 스르르 사라졌다. 몽골 사람들이 우유에 녹차와 소금을 넣고 끓여 만든 수테채를 물처럼 마시는 데는 그만한 이유가 있었다. 수테채 맛이 좋은 집이 잘되는 집안이라는 몽골 속담의 뜻을 알 것 같았다. 초원을 여행하다 게르를 방문할 때면 언제나 넉넉하게 내어주는 수테채가 사실은 지친 여행자에게 활력을 불어넣는 피로회복제였다는 사실을 까맣게 잊고 있었다.

겨우 인사를 마치기는 했는데 우리는 몽골 말을 모르고 아저씨는 한국말을 몰랐다. 그나마 나라는 영어를 유창하게 했고 우리도 떠듬거리며 영어를 할 수 있어 다행이었다.

"가족이 어떻게 돼요? 아이는요?"

"딸 한 명. 이름이 박서령이에요."

결혼 전 아내와 함께 고비사막으로 여행을 갔을 때 몽골식 결혼식을 올렸다. 여행을 같이 간 동료들이 우리 몰래 깜짝 결혼식을 준비했는데, 그때 버뗘 아저씨가 주례를 섰다. 가끔 딸아이가 거실에 걸린 그때의 몽골 결혼식 사진을 보고 이 할아버지가 누구냐고 묻곤 한다. 그렇게 아저씨는 우리 가족과 특별한 인연을 맺었고 작년에는 인편을 통해 아저씨에게 가족사진을 보냈다.

아저씨는 사회주의 시절 엔지니어로 일했는데 사회주의가 끝난 후 벌이가 좋은 운전기사로 직업을 바꿨다. 남다른 교육열 덕에 두 딸 모두 외국으로 유학을 다녀왔다. 잠시 후 나라가 보글보글 끓는 음식을 들고 조심스럽게 들어왔다. 그건 냄새만 맡아도 알 수 있는 음식, 닭볶음탕이었다. 몽골에서 닭볶음탕이라니!

"나라, 닭볶음탕 어떻게 만들었어요?"

"친구한테 물어봤어요."

2006년 처음 집을 방문했을 때는 김밥으로 우리를 감동시키더니 이번에는 닭볶음탕이다. 닭볶음탕이 나오기를 기다렸다는 듯이 아저씨가 칭기스 보드카를 따라주었다. 몽골의 술자리에서 빠지지 않는 보드카, 그중에서 칭기스라는 이름은 가장 좋은 보드카에만 붙는다. 술잔을 비우기 무섭게 아저씨는 보드카를 따랐다. 몽골에서는 어지간히 보드카를 마셔도 쉽게 취하지 않는다. 공기가 좋기 때문이라는 게 여행 동료들의 중론이었다.

밥을 다 먹고 나자 아저씨는 방으로 가더니 뼈가 담긴 상자를 가져왔다. 양의 복사뼈였다. 뼈를 튕겨 다른 뼈에 맞추기 시작했다. 샤가이라는 놀이였다. 양의 복사뼈 네 면은 각각 낙타, 염소, 양, 말을 뜻하는데, 이 뼈를 튕겨서 같은 모양의 뼈를 맞추면 자기 것이 됐다. 샤가이를 보면 우리나라 윷놀이가 떠오르는데, 도는 돼지, 개는 개, 걸은 양, 윷은 소, 모는 말을 뜻한다. 샤가이나 윷놀이나 동물이 등장한다는 점이 흥미롭다.

샤가이 놀이를 마치고 아저씨를 따라 차고로 갔다. 그곳에는 학기 중에는 스쿨버스이고 방학 때는 여행버스인 회색 버스가 자랑스레 우리를 기다렸다. 여행을 오기 전 아저씨에게 운전을 해줄 수 있는지 메일을 보냈다.

"여름에 왔으면 어떻게 해서든 같이 갔을 텐데, 지금은 학기 중이라 어쩔 수 없어요."

다른 여행도 그렇지만 몽골 여행의 관건은 여행자와 운전기사의 호흡이다. 그런 점에서 아저씨는 여행자의 마음을 편하게 해주는 뛰어난 운전기사였다. 내리고 싶으면 내리고, 쉬고 싶으면 쉬고, 가고 싶으면 가는 우리 여행 스타일을 누구보다 잘 알았다. 내가 기억하기에 "시간이 없으니 빨리 가자"라는 말을 한 번도 한 적이 없었다. 숙소에 밤늦게 도착하면 다음 날이 힘들다는 것을 잘 알고 있었지만 그랬다. 또 몽골 여행에서 만난 운전기사 중에 여행자에게 이것저것 궁금한 것을 관심 있게 물어보던 유일한 사람이었다.

마음은 말이 아니라 눈빛과 손길로 전해진다. 몇 년 만에 만난 아저씨가 낯설지 않은 건 이 때문이리라. 내년에는 같이 초원을 달릴 수 있겠지.

### 베이스캠프 울란바토르

게스트하우스로 돌아와 설레는 마음을 접어두고 일찍 잠을 청했다. 좁은 방 안의 라디에이터는 가뜩이나 건조한 방 안에서 한 방울의 물기조차 남기지 않고 날려보내려는 듯 열기를 쏟아냈다. 덩달아 콧속의 습기도 사라져 숨을 쉴 때마다 바짝바짝 말라붙어 도무지 잠을 이룰 수 없었다. 이리저리 뒤척이다가 궁여지책으로 수건에 물을 적셔 코 밑에 얹어 놓은 후에야 설핏 잠이 들었다. 몇 해 전 같이 여행 온 친구가 몽골에 오자 코피를 쏟은 적이 있었다. 너무 건조해서 그렇다고 했는데 코가 예민한 사람에게 이 게스트하우스 방은 화염지옥이지 않을까 싶었다.

창밖이 밝아오길 기다려 답답한 방을 빠져나와 산책을 나섰다. 신선한 새벽 공기를 마시려고 크게 숨을 들이마시고 "아~ 좋다"라고 하는 순간 어떤 남자의 굵은 목소리가 들려왔다.

"커피 한잔 해요."

게스트하우스의 한국인 사장이었다. 활달한 성격의 사장이 대뜸 물었다.

"초원에 나가면 엄청 추울 거예요. 침낭은 준비했어요?"

"한겨울용으로 샀죠."

"우리 집에 겨울 침낭 많은데. 이따 갈 때 더 챙겨가요. 비용은 따로 받지 않을게요."

"이럴 줄 알았으면 침낭을 사지 말 걸. 아까워서라도 몽골에 자주 와야겠네."

몽골 여행을 준비하면서 늘 고민에 빠지는 문제는 딱 두 가지다. 먹고 자는 문제와 전원. 여름에는 여행자를 위한 게르 캠프들이 많아 잠자리와 먹을거리에 그다지 신경을 쓰지 않지만 지금은 늦가을이라 게르 캠프들이 모두 철수하는 바람에 우리 힘으로 숙소와 먹을거리를 해결해야 했다. 이런 문제 때문에 작년 알타이산맥을 여행한 우리 여행팀은 아예 집에서 압력밥솥을 가져오고 쌀은 현지에서 사서 밥을 해먹었고 텐트를 치고 야영을 했다. 그러나 더 큰 고민은 전원이었다. 바로 디지털 카메라 때문이다. 일단 울란바토르를 벗어나면 안정적으로 전원을 공급받을 수 없다는 불안이 여행 때마다 반복되었다. 이번 여행에는 건전지를 48개나 준비했다.

함께 몽골 여행을 다니는 여행팀 10여 명 가운데 별 사진을 찍는 친구가 있다. 이 친구는 밤에는 별 사진을, 낮에는 한 손에는 사진기, 다른 손에는 캠코더를 들고 끊임없이 사진과 동영상을 찍곤 했다. 도대체 언제 잠을 자는지 본인도 잘 몰랐는데, 이 친구의 별명이 '준비의 제왕'이다. 그가 몽골 여행을 온 첫해 홉스글호수에서 말을 탈 때였다. 이 친구와 부인은 하얀 면장갑을 끼고 등장해 우리를 놀라게 하더니 말을 탈 때 엉덩이가 까질지 모른다며 파우더까지 가져와 진정한 준비의 제왕에 올랐다. 이런 친구였기에 전원 문제는 늘 고민거리였다.

"전원이 항상 문제죠. 모든 장비가 전기로 움직이니까. 그런데 몽골은 울란바토르를 벗어나면 전원이 있을지 없을지 몰라요. 그러니까 없다는 전제하에 준비를 해야죠. 한번은 휴대용 태양열 전지를 가져갈까 했는데, 계속 이동을 하니까 그것도 쓸모가 없겠더라고요. 어쩔 수 없이 배터리를 충분히 챙겨가고 아껴쓰는 수밖에 없어요."

모두가 이런 것은 아니었다. 2004년 같이 여행을 한 아궁이라는 별명의 친구는 작은 배낭 하나로 큰 불편 없이 여행을 다녔다. 가끔 카메라의 유혹에서 벗어나 홀가분하게 여행을 하고 싶어 카메라를 빼놓았다가도 마지막 순간에 나도 모르게 여행 배낭에 집어넣는 걸 보면 카메라 불안증에 단단히 중독된 것 같다.


러시아에서 차를 만들었다. 다 잘 만들었는데 그만 사람 타는 것을 깜빡하고 만들었단다. 우리를 태우고 갈 차, 포르공 이야기다.

포르공이란 어떤 차인가. 단단한 조약돌처럼 생긴 9인승 승합차다. 어디 부딪혀도 쉽게 찌그러지지 않는다. 말만 들으면 무지막지할 것 같지만 꾸미지 않은 단순한 곡선이 꽤 귀엽다. 이 차의 가장 큰 장점은 차 안에 꼭 필요한 부품만 있다는 것인데, 안전벨트마저 생략된다. 전

자장치는 찾아보기 어렵고 구조도 단순해서 고장이 적고 고장이 난다 해도 쉽게 고칠 수 있다. 몽골 초원에서는 최고의 미덕이다.

포르공은 초원에 나가야 진짜 위력을 발휘한다. 몽골의 비포장도로에 비하면 우리나라 비포장도로는 아스팔트길이나 다름없다. 초원으로 나가면 사람들은 쉼 없이 방아를 찧는 절굿공이 신세를 면하기 어렵다. 포르공은 도로가 없는 시베리아에서 병력 수송을 위해 만들었다는 차답게 초원을 쏜살같이 내달린다. 경사진 언덕도 뒤집히기 전까지는 올라간다. 차축이 높은 사륜구동으로 만든 까닭이다. 단 한 가지 문제는 승차감. 그것만 포기하면 참 매력적이다. 몽골 여행을 다녀온 사람이라면 누구나 포르공을 기억하는데, 누군가는 한 번 타면 사랑할 수밖에 없는 차라고 했다.

"우리나라에 수입하면 어떨까? 이 차로 이동식 카페를 하면 좋을 텐데."

전에는 우리나라 법에 맞지 않아 수입할 수 없다고 들었는데 최근에 고속도로에서 포르공을 목격했다는 소식을 듣기도 해 그새 법이 바뀌었는지 모르겠다.

게스트하우스 앞에는 먼지를 덮어쓴 회색 포르공이 있고 그 옆에 한평생을 전장에서 보낸 몽골 전사 같은 아저씨가 서 있었다. 눈빛이 예사롭지 않았다.

"생 배노. 타니 네르 헨 베<sub>안녕하세요. 이름이 뭐예요?</sub>"

"새럿."

"미니 네르 박찬희<sub>저는 박찬희입니다</sub>."

운전을 해줄 새럿의 원래 이름은 체덴-이쉬 세르-어드인데, 세르-

포르공은 도로가 없는 시베리아에서 병력 수송을 위해 만들었다는 차답게 초원을 쏜살같이 내달린다. 경사진 언덕도 뒤집히기 전까지는 올라간다. 차축이 높은 사륜구동으로 만든 까닭이다.

어드는 티베트에서 온 말로 황금빛이라는 뜻이다. 통역을 맡아줄 친구는 우리나라에서 중학교부터 대학교까지 나온 에르덴 어치르 할리온으로 할리온은 평온하다는 뜻이다.

4년 만에 포르공에 탔다. 차는 낡았지만 없는 게 없는 차라던 게스트하우스 사장의 말은 허풍이 아니었다. 좌석 사이에 작은 나무 선반을 만들어 밥을 먹을 수 있도록 했고 천장에는 쿠션을 붙이고 바닥에는 카펫을 깔았다. 게다가 천장에는 아저씨가 직접 구멍을 뚫어 선루프까지 달았다. 이 정도면 이 차에 또 어떤 비밀스런 장치가 있을지 모르겠다.

몽골 여행은 환전을 하면서 본격적으로 시작된다. 게스트하우스를 떠난 포르공은 시내에 몰려 있는 환전소 앞에서 멈췄다.

"50달러나 100달러짜리 있어요? 50달러나 100달러짜리 같은 고액권은 더 높게 쳐줘요. 그리고 낡고 구겨진 돈은 환전해주지 않아요."

이럴 줄 알았으면 고액권으로 바꿔오는 건데. 몽골 여행을 처음 오는 친구들이 "얼마나 환전을 해야 해?"라고 물으면 "초원으로 나가면 돈을 쓰고 싶어도 쓸데가 없어"라고 대답해준다. 환전을 하고 나면 지갑이 두툼해지는데, 몽골에서는 동전을 만들지 못해 작은 단위 돈도 모두 지폐라서 그렇다. 그래서 여행을 할수록 잔돈이 늘어나 지갑의 두께가 두꺼워져 기분은 좋지만 계산하는 시간은 늘어난다.

환전 다음은 물품 구입이다. 늘 가던 중심가의 노민(노밍이라고도 함)백화점 1층 마트로 갔다.

"거기 가면 한국 음식 다 있어요. 종류도 많고요."

할리온 말대로 필요한 물품은 모두 있었다. 라면, 김치, 햄, 빵, 물,

과일. 그중에서도 몽골 여행의 필수품은 보드카다. 보드카를 사야 비로소 여행 준비가 끝난 기분이었고 보드카를 마셔야 진짜 여행하는 기분이 들었다. 술을 좋아하지 않는 나조차 그랬다. 몽골 사람들은 술을 무척 좋아해 얼마 전에는 대통령까지 나서서 신년인사 때 우유를 들고 나와 제발 술을 먹지 말자고 호소할 정도였다. 그러나 몽골 사람들이 늘 술을 많이 마신 건 아니었을 것이다. 1959년 몽골에 보드카 공장이 세워지면서 술을 많이 마시게 되었는데, 어떤 사람은 러시아가 시베리아 원주민들을 알코올 중독자로 만든 것처럼 몽골 사람들도 술을 많이 마시게 했다고 말한다. 몽골에서 벌어지는 범죄의 80퍼센트가 술 때문이지만 술에 취해 벌어진 사건은 비교적 관대한 처분을 받는다. 몽골 사람이 술을 많이 마신다고 하지만 그래도 "마시고 죽자"는 우리나라 사람을 따라오지는 못할 것 같다.

마지막으로 보드카 몇 병을 챙기니 부러울 게 없었다. 이제 울란바토르를 빠져나가면 된다. 빨리.


## 샤만, 몽골을 이해하는 코드

초원 속의 회색 도시 울란바토르를 탈출하는 길은 멀었다. 기다리던 초원 대신 좁은 도로에 꼬리에 꼬리를 문 차들만 보였다. 초원에 살던 사람들에게 교통체증은 얼마나 답답한 일일까? 여기저기서 경적을 울려댔다. 이때 통역으로서 책임감이 발동했는지 먼저 이야기를 꺼낸 건 할리온이었다.

"몽골에서는 흡스글호수의 무당이 영험해요. 양 뼈 갈라진 것으로 점을 쳐요."

눈이 번쩍 뜨였다. 무당보다는 샤만으로 불러야 제대로 대접을 하는 기분이 들어 나는 꼭 샤만으로 부르는, 그 사람들 이야기였다.

"샤만 이야기 엄청 좋아해요. 지난 번 흡스글호수에 갔을 때 샤만을 만나려고 했지만 만나지 못해 아쉬웠는데."

"몽골에는 사회주의 시절에 무당이 없어졌다가 요즘 갑자기 많아졌어요. 한 집에 한 명 정도. 다른 집은 나오는데 우리 집은 왜 안 나오느냐고 할 정도로 많아졌어요."

"왜 그렇게 많아졌어요?"

"무당 중에는 비즈니스 무당도 있고 진짜 무당도 있고 다양해요."

몽골 전문가 이평래 선생께 여쭈어보니 한마디로 돈벌이 때문에 샤만이 늘어났다고 했다. 샤만 이야기만 나오면 왜 이렇게 들뜨는 걸까. 어릴 때 고향 마을 골짜기 어딘가에 샤만이 산다는 전설 같은 이야기를 들었을 때부터였는지, 대학교 강의 시간에 초청한 영험한 샤만이 동자신 들리는 장면을 눈앞에서 봤을 때부터였는지 어렴풋하다. 세상에서 가장 영험하다는 몽골 흡스글호수 근처 산속의 샤만 이야기를 어디선가 들은 후부터 몽골 샤만은 자연스레 관심 목록 위쪽으로 올라갔다.

"몽골에는 무당에게 하늘의 신이나 불교의 신이 내려오기도 하고 동물신이 내려오는 경우도 있어요."

유목의 나라 몽골답게 동물의 신이 내려오기도 한단다. 몽골의 옛 수도 하르호링에 있는 에르데네 조 사원을 찾아갔을 때 가축이 지옥에 떨어진 벽화를 보고 의아스러웠던 기억이 났다. 한 연구자는 뱀의 모습을 한 신이 몸으로 들어오면 뱀처럼 몸을 구부리고 임신을 한 신이 들어오면 임신한 것처럼 배가 부풀어 올랐다 신이 나가면 다시 배가 꺼진다고 기록하였다.

"친척 중에 흡스글 무당이 있는데, 굿은 하지 않고 노래를 하고 '동동동동' 소리가 나는 악기를 불며 신을 불러요. 뼈를 태워서 점을 보는데 정말 잘 맞죠. 여름에는 동굴에서 몇 달 동안 수행을 해서 친척인 우리도 보기 어려워요. 흡스글은 기운이 센 곳이죠."

이런 영험한 샤만도 울란바토르에 오면 그 힘이 떨어진다고 걱정하는 이야기를 들은 적이 있다. 자연에서 멀어질수록 샤만의 힘이 약해지는 것은 아닐까.

샤만 이야기를 듣다가 갑자기 몽골 귀신이 궁금해졌다. 몇 해 전 알타이산맥에서 귀신을 본 것 같다는 여행 동료들의 경험담이 귀에 생생해 물어보지 않을 수 없었다.

"몽골에는 귀신이 있는 곳에 가면 말이 멈춰서요. 귀신이 못 가게 막아서 그렇죠. 그러면 몽골 사람들은 내려서 말 뒷다리에 오줌을 눠요. 그러면 말이 다시 가요."

귀신, 특히 기가 약한 귀신은 오줌 벼락을 맞으면 도망간다는 이야기를 어디선가 듣기는 했는데, 몽골에서도 비슷한 방법으로 귀신을 물리쳤다. 말은 귀신에 예민한지 우리나라 옛 유물 가운데 도깨비가 새겨진 말방울은 말에 들어오는 귀신을 막아내기 위해 만들었다 한다.

할리온이 귀신 이야기에 빠진 사이 시내를 거의 벗어난 포르공이 갑자기 멈춰섰다. 새럿이 길가에 늘어선 포장마차 같은 곳에서 먹음직스러운 호쇼르를 사들고 왔다. 호쇼르, 내가 가장 좋아하는 몽골 음식이다. 정작 몽골에서는 참맛을 몰랐다가 우리나라에서 열린 몽골 축제인 나담 때 비로소 그 맛을 알았다. 보통 튀긴 만두라고 소개하지만 차라리 양고기가 든 빈대떡이 더 맞는 표현인 것 같다. 호쇼르는 간식이지만 한 끼 식사로도 훌륭한데, 나담 축제에서 빠질 수 없는 음식이다. 한번은 울란바토르에서 열린 몽골 최대의 나담에서 호쇼르가 동이 나자 이런 신문기사까지 났다.

"호쇼르가 없는 나담은 있을 수 없다."

호쇼르를 베어 먹으며 할리온 이야기를 마저 들었다.

"지난여름 다달솜에 한국생태조사단과 함께 조사를 갔는데 한 무당이 길을 막고 굿을 했어요. 몽골 사람이든 외국 사람이든 다 들어와서 절하고 가라는 거예요. 절을 하니까 사탕하고 마실 것을 나눠줬어요. 그 후 열 명의 조사단 중에서 남자 여덟 명만 동굴을 보러갔다가 오는 길에 동료 여자 한 명을 산속에서 우연히 만났죠. 그분은 숙소에 남아 있다가 채집을 하려고 산에 갔는데 그만 길을 잃고 두 시간 동안 산속을 헤맸는데 하도 소리를 질러 목도 쉬었어요. 그분을 만난 지 오 분 후에 비가 오기 시작했는데, 우리를 만나지 못했으면 큰일 날 뻔했죠. 정말 무당이 도와준 것 같았어요."

끝날 줄 모르던 샤만 이야기도 울란바토르를 빠져나오면서 막을 내렸다.

정말 샤만이 믿는 신은 있는 것일까. 모든 것에 신이 깃들었으며 모든 현상이나 움직임에도 신의 뜻이 반영되었다고 샤머니즘에서는 말

신의 상징물로 빽빽하게 장식된
샤만의 옷

샤만은 북을 치며 다른 세계로 여행을 떠난다.

한다. 몽골에서 최고의 신은 영원한 푸른 하늘인 뭉흐 텡그리다. 옥황상제나 "하늘이 무섭지도 않느냐"에서 그 하늘쯤 될까. 다른 세상에 사는 신과 이 세상에 사는 인간을 잇는 중계자이자 대리인이 샤만이다. 한때는 정신병자 취급을 받았고 사회주의 시절 소련에서는 "신적인 능력을 증명할 때는 바로 지금이다"라는 말과 함께 비행기에서 떨어져야 했다. 물론 낙하산은 없었다.

오래전 우리나라 방송사에서 취재한 홉스글호수 근처에 사는 샤만에 대한 다큐멘터리를 봤다. 평상시에는 다른 사람들과 마찬가지로 순록을 키우는 그는 이웃의 부탁을 받자 주저하지 않고 한바탕 굿판을 벌였다.

"물론 힘들지요. 힘들지만 해야 해요."

굿을 마치고 가쁜 숨을 몰아쉬던 나이 든 샤만이 말했다. 기록에 따르면 몽골에서는 샤만이 신내림을 받을 때 이렇게 맹세했다고 한다.

"가난한 자가 도움을 요청하면 그곳까지 걸어서 가라. 수고의 대가로 큰 보수를 요구하지 말고 주는 것만 받아라. 항상 가난한 자의 입장에서 생각하며 그에게 힘이 되어 주라. 그를 악령과 마법으로부터 지켜주도록 신들에게 가호를 구하라. 부유한 자가 부른다면 소를 타고 가라. 그러나 역시 많은 보수를 구하지 말라. 만약 부자와 가난한 자가 동시에 너를 부른다면 너는 먼저 가난한 집으로 간 다음에 부잣집으로 가야 한다." 『유라시아 초원제국의 샤마니즘』

샤만이 초심을 잃지 않고 이 맹세를 지켰다면 그 옛날 샤만이 존경과 믿음을 받았던 충분한 이유가 되지 않았을까.

한동안 몽골 샤만의 옷과 북에 홀렸던 적이 있다. 쇠로 치렁치렁 장식된 옷은 족히 무게가 수십 킬로그램에 달한다. 신들린 무당이 날선 작두를 아무렇지 않게 타는 것처럼 몽골 샤만도 갑옷 같은 옷을 입고 사뿐히 춤을 추었다. 시베리아 샤머니즘을 연구한 안나 레이드는 『샤먼의 코트』에서 수많은 신의 상징물로 빽빽하게 장식된 샤만의 옷을 보고 "시베리아 원주민들이 믿는 바에 따르면, 이런 총체적인 드라마에서 가장 중요한 것은 샤먼이 입고 있는 마법의 코트"라며 그 중요성을 언급했다.

샤만에게 신적인 능력을 주는 여러 가지 옷 장식 가운데 치렁치렁 늘어진 장식의 정체가 묘한 흥미를 불러일으키던 어느 날이었다.

"샤만의 옷 뒤에 치렁치렁 달린 장식은 뱀이에요. 몽골에서는 뱀을 신령스러운 동물로 여긴다고 하지요."

남양주시 몽골문화촌에 갔을 때 그곳 해설사로부터 이 말을 들었을 때는 멍한 기분이었다. 뱀이라고! 우리나라에서 뱀은 당당히 12지신에 들어 있을 뿐만 아니라 부활과 영원한 생명을 상징하는 대표적인 동물이었다. 뱀으로 주렁주렁 감싸인 샤만. 샤만이 춤을 출 때면 뱀도 살아 있는 듯 꿈틀거릴 테고 그러면 샤만의 능력도 점점 높아질 것이다. 언뜻 보면 소름 돋는 장면이지만 생명을 다루는 샤만에게 이렇게 어울릴 만한 짝은 없을 것 같았다.

인간의 심장 소리와 비슷하다는 북소리. 북소리를 들으면 없던 힘이 솟는 것을 느낄 수 있다. 몽골 샤만의 북은 뒷부분이 터져 있어 우리나라 북보다 울림은 작지만 계속 듣다보면 어느 틈에 샤만의 춤 속으로 끌어들이는 마력을 지녔다. 샤만은 북을 두드리며 다른 세계로 여행을 떠나는데, 이때 북은 악기이자 신을 부르는 수단이며 여행의 길잡이이자 샤만의 탈것이 된다. 북은 샤만이 타는 말이 되고 북의 손잡이는 고삐, 북채는 채찍인 셈이다. 북이 없다면 샤만은 다른 세계로 여행을 떠나기 어렵다. 북에는 개구리·도마뱀·뱀·사슴·늑대가 그려져 있는데, 이들은 특별한 힘과 상징을 지닌 동물로 샤만은 이들의 도움을 받아 신의 세상에 발을 들여놓는다.

지난 인간의 역사는 수많은 신에게서 멀어진 여정이었으며 문명화는 인간이 자연을 대상화시켜 해석하고 지배하려는 과정이었다. 신의 세계로 들어가는 길은 이성적인 판단이 아니라 자연의 신성을 있는 그대로 바라보는 눈에서 시작되지 않을까.

"그런데 할리온, 귀신 이야기보다 당신의 치켜뜬 눈이 더 무서워."

## 죽은 칭기스 칸, 몽골을 살리다

울란바토르를 벗어나 툽아이막 에르덴솜(아이막은 도, 솜은 군에 해당하는 몽골의 행정구역)으로 접어들었다. 한여름의 초록을 잃고 누렇게 변한 초원의 언덕에 낯설지만 낯익은 거대한 은색 동상이 모습을 드러냈다. 사진으로만 보고 말로만 듣던 칭기스 칸 동상이었다. 동상은 끝도 보이지 않는 울타리로 둘러싸였는데, 도대체 뭘 하려고 저런 울타리를 만들었는지 의아스러웠다.

"울타리 기둥은 천 개인데 200만 투그릭(우리나라 돈으로 약 150만 원)을 내면 기둥에 자기 얼굴을 새겨준대요."

"200만 투그릭을 내면 칭기스 칸과 함께 있는 거네요."

부지런히 머리를 굴렸다. '200만 곱하기 천 하면 20억 투그릭. 봉이 김선달이 따로 없군.' 아직 얼굴이 새겨진 기둥이 보이지 않는 것으로 봐서 이 회사의 김선달 상술은 그다지 성과를 거두지 못한 것 같다. 초원에서는 보기 드물게 많은 몽골 사람들이 동상으로 걸어 올라가고 있었다. 초원은 이미 가을 한복판에 들어서인지 모자를 꾹꾹 눌러써야 머리가 시리지 않았다.

"사람들이 많네요."

"이곳은 몽골에서 엄청 유명해요. 칭기스 칸 동상 가운데 말을 탄 동상이 이곳밖에 없어요."

이 동상에 대한 몽골 사람들의 자부심은 이상할 정도로 대단하다. 몇 해 전 몽골 자연환경관광부와 몽골 관광협회에서 몽골 최고의 명소 아홉 곳을 선정하였는데, 현대물로는 유일하게 이 동상이 선정되었다. 이 소식을 들었을 때 선정 기준에 대해 의구심을 품은 사람은 나만이 아니었다. 몽골에 관심이 많던 지인들 역시 고개를 흔들었다.

"옛 사원들이 만들어진 이후로 현대에 들어 거의 처음으로 만들어진 규모가 큰 작품이기도 하고······. 사람들에게 엄청 인기가 많아서 선정된 것 같아요."

아는 몽골 사람의 이야기를 듣고 수긍이 가기는 했다. 외국 사람의 관점과 몽골 사람의 관점은 이렇게 달랐다.

칭기스 칸 동상

녹슬지 않는 재료로 만들어졌다는 칭기스 칸 동상은 가을 햇살을 받아 반짝거렸고 가까이 다가갈수록 점점 거대해져 마침내 하늘까지 가리는 듯했다. 일설에 따르면 칭기스 칸이 사용했다는 황금 채찍이 발견된 자리에 동상을 세웠단다. 시간이 흐르면 이 상상 같은 이야기는 진실로 바뀔 것이다.

건물 로비에는 사람 다섯 배쯤 되는 크기의, 좌우가 똑같아 비상시에 재빨리 신을 수 있도록 만들었다는 몽골 전통신발 고탈이 전시되어 있었다. 그런데 이 신발보다 놀라운 건 지하 전시실이었다. 뜻밖에 고대 몽골 초원의 유물을 전시하는 특별전이 열리고 있었다. 전시된 유물은 초원을 누비던 흉노시대의 것이었다.

흉노가 누구인가. 몽골 초원 최초의 유목 제국으로 중국의 한나라와 어깨를 겨루던 초원의 강자였다. 유물 가운데 도토리 모양의 청동 솥이 눈에 번쩍 띄었다. 쇠붙이 한 조각 구하기 힘든 초원의 유목민에게 솥은 목숨을 유지하기 위한 생명줄이나 다름없었다. 몇 해 전 국립중앙박물관에서 발굴한 몽골의 도르릭 나르스 흉노 무덤에서도 동물 뼈가 든 쇠솥이 발견되었다.

거대한 동상답게 말 머리에 전망대를 만들었다. 전시를 본 후 소라 같은 계단을 빙글빙글 돌아 오른 그곳에서 황금 채찍을 들고 전쟁터로 떠나려는 듯 먼 땅을 응시하는 칭기스 칸을 만났다.

사회주의 시절 몽골에서 가장 금기시된 말은 칭기스 칸이었고 그 말을 입 밖에 내뱉는 것은 죽음을 뜻했다. 한때 몽골의 지배를 받았던 러시아는 몽골이 사회주의를 표방하며 그들의 영향권 아래 들어오자 '악의 화신'이라며 칭기스 칸 죽이기를 시작했다. 그러나 칭기스 칸은 사회주의의 종언과 함께 복권되었다.

칭기스 칸이라는 이름은 몽골을 묶는 핵이었고 2006년은 그 결정판이었다. 몽골 건국 800주년을 기념하는 이 해에 국제공항 이름을 바꾸었고 몽골 정부종합청사에 칭기스 칸 동상을 세워 화려한 부활을 알렸다. 아울러 울란바토르 근처 초원에서는 칭기스 칸 시대의 전투를 재현하는 대규모 행사를 열었다.

그때 차를 달려 행사장에 도착한 나는 공포와 맞닥뜨렸다. 말발굽 아래 짓밟혔다는 말은 결코 상투적인 표현이 아니었고 두 다리로 걷는 보병에게 말을 탄 기병이 얼마나 위협적인 존재였는지 똑똑히 보았다. 말은 초원 끝에서 뽀얗게 먼지를 일으키는가 싶더니 순식간에 코앞까지 다가왔다. 순간이동을 한 기분이었다. 먼지 구름을 일으키며 대지를 울리는 말발굽 소리만으로 충분히 두려운데 상상을 뛰어넘는 속도는 사람을 얼어붙게 만들었다.

> "타타르인은 드네프르 강에서 발길을 되돌렸다. 우리는 그들이 어디에서 왔는지, 어디로 다시 모습을 감추었는지 모른다. 우리 죄를 벌하시려고 그들을 데려오신 신만이 아실 것이다." 『칭기스칸, 잠든 유럽을 깨우다』

몽골 군대의 공격을 받은 후 러시아 사람들이 쓴 노브고로드 연대기는 진실이었다.

몇 해 전 몽골문화한마당이라는 행사에서 사진전 준비를 맡았었다. 서울에 있는 몽골 울란바타르 문화진흥원 사무실에서 출품할 사진을 정리하고 있는데, 몇몇 몽골 사람이 사무실로 들어왔다. 그들과 이야기를 나누다 칭기스 칸이란 이름이 나오자 그들의 눈빛이 갑자기 빛났다. 그 눈빛에는 존경과 경외심 그리고 자부심이 넘쳤다.

## 우리나라에 온 초원의 유목민

몽골 여행을 오면 항상 첫 번째 점심은 초원에서 먹었다. 점심을 먹기 위해 마음에 드는 초원을 고르는 일은 다른 여행지에서는 맛보기 힘든 몽골 여행의 매력이다. 초원 전체를 감싼 허브 향을 맡고 있으면 밥을 먹지 않아도 배가 불렀다. 밥과 함께 보드카를 한 잔 마시고 누우면 두 눈으로 다 담을 수 없는 파란 하늘이 물밀듯이 다가오는데, 그럴 때면 누구랄 것도 없이 "이래서 몽골에 온 거야"라는 탄성을 내지른다. 이렇게 매력적인 초원의 점심을 포기하기로 했다. 가을바람이 점점 거세지고 있었다. 여름이 지나버린 초원에서 코끝을 간지럽히는 한여름의 허브 향을 맡을 수 없다는 아쉬움이 더했다.

"점심은 식당에서 먹는 게 낫겠어. 할리온, 적당한 식당을 찾아서 밥 먹고 가요."

동상을 뒤로하고 새럿은 초원을 한 줄로 가로지르는 아스팔트 위를 초원과 경쟁하듯 내달렸다. 이윽고 빈데르솜이라는 마을에 도착해 길가의 식당을 찾아 들어갔다. 일행은 모두 양고기, 쌀, 채소로 만든 볶음밥 내리마흐를 시켰다. 늘 겪는 일이지만 몽골 말은 들을 때마다 달랐다.

"지금 시킨 음식이 내리막이에요?"

"아니요."

"그럼 너링막? 나린마흐? 내리마흐?"

할리온은 몇 번이고 같은 발음을 들려주었지만 들을 때마다 달랐다. 몇 해 전 처음 몽골어를 배울 때도 그랬다. 딸아이가 "아름다운 이 땅에 긍수강숭에"라며 노래를 불렀을 때 "긍수강숭이 아니고 금수강산이야"라고 몇 번을 알려줘도 딸아이는 한동안 "긍수강숭"이라고 불렀는데, 그런 아이가 된 심정이었다. 딸아이가 "긍수강숭"으로 결정한 것처럼 나도 "내리마흐"로 결정.

잠시 후 내리마흐가 나왔다. 사람이란 참 이상하다. 그동안 몽골을 여러 번 왔지만 양고기는 비위에 맞지 않는다며 꺼려했는데 막상 먹어야겠다고 작정을 하고 내리마흐를 보니 식욕이 돌았다. '전에는 왜 이 맛을 몰랐을까'라고 되뇌고 있을 때 가게 문이 시끌벅적하게 열리며 검게 그을린 몽골 사람들이 들어왔다. 그런데 그들 가운데 한 명이 갑자기 우리 식탁으로 다가왔다.

"한국 사람이에요?"

전에도 몽골 여행을 하면서 종종 우리나라 말로 인사를 건네는 몽골 사람들을 만나기는 했었다.

"예. 한국에서 왔어요."

그 사람은 웃음을 지었다.

"나 한국에 있었어요. 6년."

한 마디 덧붙였다.

"불법체류!"

'불법체류'라는 말을 듣는 순간 불길한 예감이 스쳤다. '좋지 않은 감정으로 우리를 볼 수 있겠구나, 혹시 시비를 걸 수 있겠는데'라는 걱정이 스칠 때 그 사람 혼자 밖으로 나갔다. 내리마흐를 다 먹을 무렵 다시 그 사람이 우리 앞에 섰다.

"이거요."

초콜릿과 한국 상표가 붙은 피로회복 음료수를 사람 수대로 우리 앞에 내려놓았다. 그리고 한 가지 더, 〈정태춘·박은옥 발췌곡집 1〉이라는 오래된 카세트 테이프도 함께였다. 나도 무척 좋아했던 테이프였다.

"고맙습니다. 그런데 이 테이프는 듣는 거 아닌가요? 우리 줘도 돼요?"

그는 대답 대신 미소를 짓고는 자기 일행이 기다리는 테이블로 돌아갔다. 그를 꺼려했던 게 부끄러웠고 마음 씀씀이가 고마웠다. 테이프에는 어떤 사연이 들어 있을까? 강원도에서 아침 5시에 일어나 밤 11시까지 일하며 혼자 돼지 2,500마리를 키웠다는 그는 몽골로 돌아와 그렇게 번 돈으로 차를 샀다고 한다.

불법체류라는 말을 듣고 움찔했던 건 찔리는 구석이 있었기 때문이다. 어떤 사람들은 외국인 노동자들이 우리 밥그릇을 빼앗는다고 주장한다. 그런 여론을 등에 업고 혹은 여론을 조장하며 밖으로는 불법을 엄단한다는 명분으로 그들을 이 잡듯 뒤져 하루아침에 강제로 쫓아냈다. 그렇게 해서 우리 밥그릇이 늘어났을까? 그러나 이들이 맡은 일들은 하나같이 우리나라 사람들이 하기 싫어하는 것이었다. 누구나 자기 직업을 3D 업종이라고 부르지만 그들이 하는 일이 진짜 3D 업종이다.

"지금 농장에서 외국인 노동자들이 빠지면 우리 농장 그날로 망해. 불법체류인거 알고 있지만 어쩔 수 없어."

다친 불법체류 노동자를 몰래 치료해주던 지인은 이게 현실이라고 했다. 우리나라에 있는 몽골 사람들은 대략 3만 명 정도로 추산된다. 몽골 인구가 270만 명 정도니까 몽골 국민의 약 1퍼센트가 우리나라에 있는 셈으로 몽골 입장에서는 어마어마하다. 이들이 본국으로 송금하는 돈은 몽골 GDP의 17퍼센트나 차지한단다.

몽골이 우리나라에 깊숙이 자리 잡은 건 역사를 따져보면 세 번째인 듯싶다. 첫 번째는 일부 학자들이 주장하는 것처럼 몽골 사람들과 우리나라 사람들이 한 뿌리에서 나와 갈라졌을 때, 두 번째는 알다시피 우리 역사에서 원간섭기라고 알려진, 고려의 왕이 몽골 공주를 왕비로 맞아야 했고 왕의 이름도 몽골에 충성한다는 의미의 충성할 충忠자를 쓰던 시대였다. 세 번째는 몽골의 사회주의가 붕괴된 후 공부를 하러, 돈 벌러 몽골 사람들이 우리나라에 몰려드는 바로 지금이다.

우리는 잘 느끼지 못하지만 그동안 몽골은 우리 사회에 깊숙이 들어와 있다. 샤브샤브나 몽고 간장이 몽골에서 오지 않았을까 하는 막연한 정도가 아니다(참고로 샤브샤브는 몽골이 아니라 일본에서 만들었고, 몽고 간장은 제조법이 몽골에서 온 것이 아니라 그 간장을 만들 때 몽고정이라는 우물의 물을 썼기 때문에 붙은 이름이다. 몽고정은 고려와 원나라가 일본 공격에 실패한 후 해안 방어를 위해 마산에 만든 주둔지에 판 우물로 원래는 고려정이었지만 일제 강점기 때 일본 사람들이 몽고정으로 이름을 바꿔버렸다).

동대문 근처 광희동 몽골의 거리는 주말이면 전국에서 모여든 몽골 사람들로 북적거린다. 몽골 수도 울란바토르와 자매결연을 한 남양주시에서는 몽골문화촌을 만들어 몽골 문화를 알리고 있으며 매년 여름 우리나라 여러 지역에서는 몽골의 전통축제인 나담이 열리고 있다.

　내가 사는 동네에도 몽골 아주머니 한 분이 사는데, 가끔 그분으로부터 몽골 이야기나 한국살이의 어려움을 듣곤 한다. 또 몽골에서 온 유학생들 이야기를 듣는데 그들은 몽골로 돌아가 정부에서 주요 직책을 맡는다고 한다. 문제는 다 그런 것은 아니겠지만 우리나라에 대한 감정이 그다지 우호적이지 않다는 데 있다. 우리나라에서 당한 차별을 잊지 못해서 일게다. 어떤 사람은 "나중에 두고 봐라"라는 마음까지 품는단다. 몽골 유학생뿐만 아니다. 2007년 서울 신도림 화재 현장에서 불길 속에 뛰어들어 사람을 구한 이들이 몽골 사람들이었다. 그들은 적절한 치료를 받지 못한 채 사라졌는데, 모두 불법체류자였기 때문이다.

　몇 해 전 가을 〈빨래〉라는 뮤지컬을 봤다. 불법체류 노동자의 아픔을 다룬 뮤지컬로 몽골에서 온 젊은 총각 솔롱고가 주인공이었다. '솔롱고스'는 무지개라는 뜻의 몽골어로 몽골에서 우리나라를 부르는 이름이기도 하다. 무지개의 나라에 무지개 꿈을 찾으러 왔던 몽골 청년 솔롱고는 옥상에서 빨래를 널다 이웃집 처녀와 사랑에 빠졌다. 그러나 그는 인간으로서의 권리를 쉽게 누릴 수 없는 불법체류자 신세였다. 그는 이렇게 외쳤다.

　"우리도 맞으면 아파요!"

　밥을 다 먹고 잠시 쉬는 동안 운전석에 올라 테이프를 카 스테레오에 밀어넣었다.

　"어허야 둥기둥기 우리 마을 꽃마을……."

정태춘의 목소리가 아니었다. 그렇다고 박은옥의 목소리도 아니었다.
"저 노래는 옛날에 건전가요라고 해서 테이프에 강제로 넣은 거예요. 이렇게 들으니 옛날 생각이 나네."
건전가요를 알 리가 없는 할리온에게 알려주었다. 언제쯤이면 우리 마을이 꽃마을 될는지……. 시동을 걸자 그 노래마저 멈췄다. 이 차의 단점이 있다면 차가 서 있는 동안에만 카세트가 돌아간다는 것이다.

## 가깝고도 먼 노마디즘과 노마드

울란바토르를 벗어나면서 지금까지 초원은 줄곧 두 가지 색의 연속이다. 가을 하늘의 서늘한 푸른색과 쓸쓸한 초원의 느릿느릿한 누런색. 여름에는 눈만 돌리면 만나던 양떼도 드문드문 보일 뿐 마치 영화관에 앉아 몇 시간 내내 같은 장면만 보는 것 같았다. 출발할 때부터 줄기차게 샤먼과 귀신 이야기를 들려주던 할리온은 할 말을 다했다는 듯 머리를 열시 방향으로 늘어뜨린 채 잠들었다.
동료가 부스럭거리더니 물품 상자에서 보드카를 꺼내 들었다. 지난 여러 번의 여행보다는 늦은 시작이었다. 몸이 좋지 않아 약을 먹는 터라 잠시 갈등했지만 한 잔쯤은 괜찮겠지 하고 마음을 비웠다. 오래간만에 입에 대보는 술이었다. 보드카 한 잔에 얼굴이 후끈 달아오르자 부족했던 2퍼센트가 꽉 채워지는 느낌이었다.
"여름 초원이었다면 기분이 붕붕 떴을 텐데 누런 초원을 보니 참 스산하네."

여름 초원과 가을 초원은 달랐다. 여름 초원의 상쾌함이 마음을 편안하게 만드는 초록에서 온다면 가을의 스산함은 녹색이 증발한 갈색에서 온다.

간간이 만난 겨울 목영지에는 건초더미가 집채만큼 쌓여 있었다. 먹을거리가 널린 여름에는 볼 수 없는 풍경이었다. 우리가 가을이 되면 추수하고 김장하고 장작도 패놔야 안심하고 겨울을 맞이하듯 유목민들은 저렇게 풀을 쌓아 놓아야 한시름 덜 것이다. 몽골에는 사료도 없고 축사도 없다. 한겨울 추위가 초원으로 몰아치면 가축들은 온몸으로 추위를 막아내야 한다. 가축은 너무나 추워서 선 채로 얼어 죽고, 먹을 풀을 찾지 못해 굶어 죽는다. 소꼬리가 부러질 정도의 추위라는 그들의 겨울은 피부에 와 닿지 않았지만 가을 초원 속으로 들어와보니 그럴 수 있겠다 싶었다.

언제부턴가 초원 하면 노마디즘과 노마드가 세트처럼 떠올랐다. 비슷한 것 같지만 전혀 다른 두 단어가 어느 순간부터 가까운 이웃사촌이 된 것 같다. 보통 특정한 가치와 삶의 방식에 얽매이지 않고 끊임없이 자기를 부정하며 새로운 자아를 찾아간다는 철학적인 개념으로 정의되는 노마디즘. 나아가 공간적인 이동뿐만 아니라 버려진 불모지를 새로운 생성의 땅으로 바꿔가는 것, 한자리에 앉아 있어도 특정한 삶의 가치와 삶의 방식에 매달리지 않고 끊임없이 자신을 바꾸어 가는 창조적 행위로 노마디즘은 이야기된다. 반면 노마드는 유목민을 뜻한다.

가끔 몽골을 잘 아는 분들을 만나면 이렇게 묻곤 한다.

"요즘 말하는 노마디즘이 유목민의 삶에 바탕을 둔 개념인가요?"
"노마디즘과 현재 몽골의 유목은 별로 관계가 없습니다."
그들의 대답이었다.

"나는 현대를 사는 유목민이다. 정해 놓는 주소도 없고, 가지고 다니는 것 외엔 소유한 것도 없으며, 앞으로 6개월 후에는 또 어디에 있을지 아는 경우도 드물다. 나는 계획도 없이 본능이 이끄는 대로 믿음을 나침반 삼아 세상을 돌아다니고, 뜻밖에 마주치게 되는 우연한 기회를 끊임없이 기다릴 뿐이다." 『나는 유목민, 바람처럼 떠나고 햇살처럼 머문다』

몽골 초원의 유목민은 리타 골든 겔만이 말한 현대의 유목민처럼 살고 있을까.
초원하면 가수 남진의 "저 푸른 초원 위에 그림 같은 집을 짓고"나, 윈도우 바탕화면의 초원이 떠오를지 모르겠다. 몽골에 가기 전 나도 그랬다.
2004년 8월 29일 점심 무렵 처음으로 몽골 초원을 만났다. 그 순간 "와" 하는 환호성과 함께 초원으로 뛰어들어갔다. 그리고 어느 순간 멈춰섰다. 파도처럼 물결쳐 지평선까지 밀려가는 초원. 지평선은 본래 하늘과 한 몸이었던 것처럼 하늘로 이어졌고 초원 위로 몽골의 초가을 바람이 쉼 없이 불어왔다. 눈을 감았다. 좁고 갑갑한 쇼생크의 감방에서 탈출한 죄수처럼 팔을 올리고 가슴을 내밀어 깊이 숨을 들이마셨다. 첫인상을 결정짓는 요소 중 시각적인 요소가 87퍼센트를 차지

한다고 하지만 몽골 초원은 이러한 과학적인 분석을 뛰어넘었다. 촉각이 시각만큼 중요했으며 그것은 바람 때문이었다. 초원은 '풀이 나 있는 들판'이라는 무미건조한 사전적 정의가 살아 있는 언어로 변하는 데 0.2초나 걸렸을까.

그러나 이 초원은 여행자의 눈에 비친 초원이었다.

"우리 눈에는 초원이 풍요롭게 보이지만 실제로는 땅이 드러날 정도로 척박하죠. 연 강수량이 500밀리미터 이하면 나무가 자라지 못하고 200밀리미터, 100밀리미터 아래면 사막이 됩니다. 여름 한때 초원을 보면 절로 시가 나오지만 사계절만 살면 '아이고 하느님' 하고 절로 한탄이 나올 정도입니다."

몽골 전문가 이평래 선생의 지적처럼 초원은 늘 사막으로 바뀔 준비가 된 땅이다. 그 땅에서 이동하지 않는다면 죽는다. 이동하지 않으면 초원이 죽고 가축이 죽고 결국 사람마저 죽는다. 머물고 떠나는 자유와 낭만은 애당초 없었다. 내키는 대로 머물고 내키는 대로 떠날 수 없다. 때문에 중국의 역사서 『사기』에서 몽골 초원의 유목민인 흉노를 "풀과 물을 따라 움직이는 무리"라고 기록한 것은 여전히 유효하다.

중국 사람 장룽이 문화대혁명 때 내몽골에서 유목을 한 경험을 바탕으로 쓴 소설 『늑대토템』에서는 내몽골 노인의 입을 빌려 이렇게 말한다.

"누군 한곳에 정착해서 사는 게 편한 줄 모르겠나? 그러나 몽골 초원에서는 대대로 정착생활을 해오지 않았어. 그것은 바로 탱그리(텡그리)가 정해준 규칙이기 때문이야. 목초지만 봐도 알 수 있지 않니? 사계절 목초지가 각기 그 나름대로의 용도가 따로 있단다. 봄철의 출산용 목초지는 풀은 좋지만 짧게 자라는데, 만약 그런 곳에 어느 한 가족이 눌러 산다고 해보자. 겨울에 폭설이 내리면 그 풀들은 전부 눈 속에 파묻히고 말겠지. 그러면 겨울 동안 가축들은 뭘 먹고 살라는 거니? 그래서 겨울철 목초지의 선택 기준은 풀이 얼마나 높이 자라느냐에 달렸어. 폭설이 내려도 완전히 묻힐 염려가 없어야 하니까. 그렇지만 그곳에서 봄, 여름, 가을까지 다 보낸다고 하자. 겨울까지 남아 있는 풀이 있을까?" 『늑대토템 1』

그래서 몽골 초원 사람들은 한곳에 머물고 이동하지 않는 자를 비난했으며 그것을 비문에 새겨 영원히 경고했다.

"성을 쌓고 사는 자 망할 것이며 끊임없이 이동하는 자 살아남으리라." 돌궐 제2제국의 명장 톤유쿠크의 비문

그런데 정주민이 보기에 이동하는 삶이나 집시처럼 떠도는 삶은 같은 의미였다. 그들은 오랫동안 유목민을 불온한 야만인으로 취급했다. 중국만이 아니었다. 정주민들은 그들을 삐딱한 시선으로 보는 것에서 멈추지 않았다. 터키는 아나톨리아의 유목민을, 소련은 중앙아시아의 유목민을, 중공(中國)은 내몽골의 유목민을 강제로 한곳에 정착해 살도록 했고 정착을 거부하는 사람들은 죽였다. 내몽골은 유목민이 정착하면서 풀이 사라지고 빠른 속도로 사막화가 진행되어 황사의 진원지로 변했다. 초원은 얇디얇은 눈꺼풀이라는 경고를 정주민은 알지 못했고 이해할 수 없었다.

마음 내키는 대로 움직이는 게 유목이라고? 그렇게 하면 살 수 없다. 일정한 구역 안에서 거주지를 옮기는데 동물이 풀과 물을 잘 먹을 수 있도록 적어도 일 년에 네 번은 움직인다. 터키 아나톨리아나 몽골과 이웃한 투바공화국은 여름에는 산 위에서, 겨울에는 산 아래에서 유목을 하지만 몽골의 유목은 다양한 방식으로 움직인다. 이동할 때는 친족들과 의논한 후 다음 유목할 곳을 결정한다. 우리나라에서는 뒤에 산이 있고 앞에 물이 흐르는 곳을 좋아했지만 몽골은 계절마다 달라 여름에는 앞이 탁 트인 곳이 좋고 겨울에는 바람을 막아줄 산이 있는 곳이 좋다. 그러나 어디를 가나 물과 풀이 풍부해야 한다.

　"모두 국유지예요."
　2004년 처음 초원을 보았을 때 "누구 땅인지 어떻게 알아요?"라는 물음에 가이드가 이렇게 답했다. 만약 초원을 네 땅, 내 땅으로 나누면 내 땅에는 다른 사람들이 들어와서는 안 된다. 내 땅이니까. 내 땅에 마실 물이 적고 네 땅에는 많다면 어떻게 될까. 가축을 몰고 멀리 이동을 해야 하는데 네 땅을 지나지 못한다면 어떻게 될까. 꼼짝 못하고 내 땅에만 있어야 한다면 싸움이라도 해서 네 땅을 차지하려 들겠지. 더군다나 영국의 엔클로저 운동처럼 초원에 울타리를 치거나 미국의 캔자스대평원처럼 철조망을 친다면 어떤 일이 벌어질까.
　몽골 초원은 풀이 많이 자라는 곳이 아니다. 초원을 보호하기 위해서 가축들을 끊임없이 움직여 풀을 먹여야 하는데 사유지라면 애당초 이동 유목은 불가능하다. 또한 땅따먹기처럼 좋은 땅을 차지하려고 끊임없는 분쟁에 휩싸였을 것이다. 몽골 사람들은 네 땅, 내 땅 구분하지 않고 모두의 땅으로 삼아 같이 쓰는 방법을 택했고 지금도 그렇다. 최근 법령이 개정되어 땅의 일부분은 개인의 소유가 되었지만 아직까지 대부분의 땅이 국유지다. 대신 땅에는 소유권이 아니라 이용할 수 있는 점유권이 있다.

내가 내린 결론. 오랫동안 야만인으로 낮추어 보던 유목민이 어느 틈엔가 노마디즘 바람을 타고 자유로운 삶을 사는 동경의 대상이 되었다. 말을 타고 홀연히 초원을 달리는 모습에서, 일 년에 몇 번이나 후다닥 짐을 싸서 이동하는 모습을 보고 '멋있다. 나도 저렇게 해봤으면' 하고 부러워한다. 때로는 칭기스 칸이 기존의 가치를 부정하고 새로운 가치를 만드는 모습을 보고 시대를 앞서간 영웅으로 열광한다. 그러나 그건 어디까지나 유목에 대한 이해보다는 자본주의 시대를 살아가는 정주민의 고민에서 나왔다.

노마디즘으로 노마드를 덧씌워 볼 때 노마드는 제대로 보이지 않는다. 이 땅에는 이 땅에 맞는 생존방식이 있으며 여행자의 눈에 비친 초원은 낭만이지만 유목민에게는 죽음을 각오한 삶의 현장이다. 그런데 정작 몽골 사람들은 농사짓는 정주민을 뭐라고 불렀을까?

"땅에서 풀 뜯어먹고 사는 가축!"

사람은 자기가 보고 싶은 대로 세상을 본다.

### 나의 고향

몽골 초원을 여행하다보면 보석처럼 반짝이는 호수들을 심심치 않게 만난다. 지금 가는 바가노르구(울란바토르시에 속한 구의 하나)는 지금은 땅을 파면 바로 석탄이 나오는 노천 탄광으로 유명하지만 본래 이름은 작은 호수라는 뜻이다. 새럿은 갈 길이 바쁜지 한 번쯤 멈출 법한 고갯길 오보조차 멈추지 않고 내달렸다. 갈색으로 물든 초원에 갑자기 낯선 풍경이 펼쳐졌다. 길옆으로 호수 대신 탄광에서 파낸 흙더미가 거대한 산을 이루며 초원을 뒤덮었다.

"바가노르에 다 온 것 같은데……."

이곳 어딘가에 있다는 몽골의 국민 시인 나착도르지의 시비를 찾아보고 싶었다. 내가 처음 접하고 좋아했던 몽골 시는 체데브가 지은 〈가을의 서늘함이 산에서〉라는 작품이었다.

가을의 서늘함이 산에서 내린다.
아침에 일어나면 은빛 서리가 내려 있고
허기진 바람은 구릿빛 나뭇잎을 떨어뜨린다.
높은 하늘에 두루미 떼가 소리를 치며
가을의 서늘함이 산에서 내린다.

산에서 내린 가을의 서늘함이
광활한 초원, 넓은 산자락으로 미끄러져 내린다.
엄동설한 겨울의 사신이 되어 인사하고

소리도 없이 용해되어 사라진다.
그래도 추운 겨울은 산에서!
······.

『몽골 현대시선집』

이 시를 읽는 동안은 몽골 속으로 풍덩 빠져들었다. 그 때문에 몽골이 그리울 때면 이 시를 읊조리곤 했다. 그러던 어느 날 같이 몽골어를 공부하는 분으로부터 나착도르지라는 몽골 시인 이야기를 들었다. 이분이 몽골을 여행하다가 몽골 사람에게 몽골어로 나착도르지의 시를 낭송해주었더니 사람들이 깜짝 놀라더란다. 그 시가 〈미니 노특나의 고향〉으로 몽골을 대표하는 시이다.

몽골의 국민 시인인 나착도르지는 1906년에 태어나 1937년 겨우 서른둘의 나이에 서둘러 세상을 떠났다. 그의 시대 몽골은 중국의 오랜 지배에서 벗어나 새로운 희망을 꿈꾸고 있었다. 몽골 찬가인 이 시에서 오스트리아의 지배에 저항한 체코 음악가 스메타나의 〈나의 조국〉이나 러시아의 지배를 받던 핀란드 작곡가 시벨리우스의 〈핀란디아〉, 일제 강점기 때 이육사의 〈광야〉를 떠올렸다.

이곳 바가노르는 그의 고향이었다. 길가에 바가노르를 알리는 하늘을 찌를 듯한 조형물 한쪽에 세워진 작은 기념비가 그의 시비였다. 너무 쉽게 찾아 맥이 좀 빠졌다. 차에서 내리자 체데브의 시처럼 서늘한 초가을 바람이 불어왔다. 작은 오보를 지나 나착도르지의 시비로 다가갔다. 그의 명성에 비하면 무척 소박했다. 시비에는 그가 사랑했던 몽골 지도가 새겨졌고 〈미니 노특나의 고향〉 앞부분이 몽골어로 쓰여 있

몽골의 국민 시인 나착도르지 시비

었다. 그리고 모자를 쓴 나착도르지는 고민에 빠진 듯, 무심한 표정이었다.

그는 열여섯 살에 몽골 독립의 영웅 수흐바타르의 서기로 활동했고 스물한 살때 독일로 유학을 가 라이프치히대학에서 동방학과 저널리즘을 공부했다. 여기까지만 본다면 그의 삶은 희망이 넘쳤다. 그러나 몇 년 후 다른 유학생들과 함께 소환을 당했고 아내와도 이혼을 했다. 겉으로는 사상이 불온하다는 이유였지만 실제로는 귀족 가문 출신으로 유학을 간 부르주아라는 게 자주 구금을 당한 진짜 이유였다. 재혼한 러시아인 아내도, 딸도 러시아로 강제 출국을 당한 후 1937년 길을 가다가 황망히 죽음을 맞이했다.

사랑하는 아내와 딸과의 생이별. 그의 기분은 어땠을까? 나도 부모가 되지 않았다면 결코 헤아리지 못했을 혈육과의 헤어짐, 상상조차 끔찍한 일이 그에게 벌어졌고 서른둘 나이에 그렇게 서둘러 갔다. 그래서 내겐 〈나의 고향〉이 더 애잔하게 들리는지 모르겠다.

나의 고향 МИНИЙ НУТАГ

헹티, 항가이, 사얀 같은 높고 아름다운 산맥들
북방을 꾸며주는 숲, 산줄기, 산들
메넹, 샤르가, 노밍 같은 광막한 고비들
남방을 빛내주는 모래 언덕의 바다들
이는 나 태어난 고향, 몽골의 아름다운 나라.

헤를렝, 오농, 톨 같이 맑고 깨끗한 큰 강들
모든 이에게 약이 되는 시내와 샘과 광천수들
홉스굴(훕스글), 우브스(옵스), 보이르 같은 깊고 파란 호수들
사람과 가축의 음료인 웅덩이, 늪의 물들
이는 나 태어난 고향, 몽골의 아름다운 나라.

오르홍, 셀렝게, 후후이 같은 빼어나게 아름다운 강들
광산 자원 그 자체인 수많은 산과 고개들
옛 기념비들, 유적들, 도시와 성터들
먼 곳으로 갈 수 있는 넓고 단단한 길들
이는 나 태어난 고향, 몽골의 아름다운 나라.

멀리서 빛나는 눈 덮인 높은 고봉준령들
푸른 하늘 활짝 갠 거친 들과 벌들
먼 모습이 보이는 우뚝 솟은 만년설 봉우리들
사람의 마음을 펴주는 드넓어 숨 쉴 만한 초원들
이는 나 태어난 고향, 몽골의 아름다운 나라.

항가이와 고비의 사이 할하의 드넓은 고장
발가숭이 어린 아기부터 종횡무진 말 달리던 곳
온갖 짐승을 몰이 사냥하던 기나긴 산등성이들
준마를 타고 내달리던 분지며 아름다운 협곡들
이는 나 태어난 고향, 몽골의 아름다운 나라.

바람 끝에 흔들리는 싱싱하고 부드러운 푸새
탁 트인 초원에는 번쩍거리는 온갖 모양 신기루
의적들 모여들던 험준한 땅이 있는 곳
제사가 이어져온 수미산같이 큰 오보
이는 나 태어난 고향, 몽골의 아름다운 나라.

부드러운 풀이 자라는 아름다운 초장이 있는 곳
이리저리 누빌 수 있는 평평하고 아름다운 땅
사시사철 마음대로 유목할 수 있는 목영지가 있고
오곡이 자랄 토양을 가진 흙이 있는 곳
이는 나 태어난 고향, 몽골의 아름다운 나라.

요람 같고 아름다운 산에 조상들을 모신 땅
자자손손 자식을 낳아 기르는 곳
다섯 가지 가축이 초원 가득 풀을 뜯는 목영지
몽골 사람인 우리의 마음을 끌어당기는 나라
이는 나 태어난 고향, 몽골의 아름다운 나라.

한겨울 살을 에는 추위에 눈과 얼음으로 덮여
수정 은빛으로 반짝이며 빛나는 고장
한여름 좋은 시절 꽃과 풀잎이 피어나고
철새들 멀리서 날아와 끼룩대는 고장
이는 나 태어난 고향, 몽골의 아름다운 나라.

알타이와 흥안령 사이 미개척 풍요로운 나라
내 아버지 어머니 계신 영원한 운명의 고향
금빛 햇살에 평화롭게 자리 잡은 나라
은색 달빛에 영원히 빛나는 땅
이는 나 태어난 고향, 몽골의 아름다운 나라.

흉노의 아득한 시대부터 내 할아버지 할머니들의 고향
푸른 몽골의 시대에 힘차게 일떠선 나라
연년에 몸에 배고 세세에 정이 든 고향
지금의 새 몽골의 붉은 기가 뒤덮은 고향
이는 나 태어난 고향, 몽골의 아름다운 나라.

우리가 나고 자란 겨레의 사랑하는 고향
호시탐탐하는 적이 오면 당장 차서 쫓아버린다.
복된 이 나라에 혁명의 국가를 흥륭케 하여
후세의 새 세상 위에 막중한 공을 세우리!
이는 나 태어난 고향, 몽골의 아름다운 나라.

「몽골어 첫걸음」

## 성산 보르항 할동 가는 길

"길이 질어서 가기 힘들 것 같은데 보르항 할동은 돌아올 때 가는 게 어때요?"

새럿이 갑자기 일정을 바꾸자고 제안했을 때 의아스러웠다. 길이 얼마나 질다는 거지, 길이 그렇게 험한가, 목적지를 코앞에 두고 이렇게 말하는 건 뭔가 꺼림칙한 다른 이유가 있는 걸까. 머릿속이 복잡해졌다. 일정상 돌아올 때 들릴 수 있는 곳도 아니고 지금 아니면 다시 못 갈 것 같은 예감이 들었다.

"여기까지 왔는데, 예정대로 가죠."

단호하게 말하자 잠시 주저하던 새럿은 예정대로 가기로 하고 차를 몰았다. 바가노르 끄트머리에서 주민에게 길을 물어 북쪽으로 방향을 잡았다. 울란바토르에서 이어지던 아스팔트길이 드디어 끝나고 초원길이 시작되자 비로소 몽골 여행을 시작하는 기분이 들었다. 아스팔트 길은 땅에서 사람을 분리시키는 느낌이지만 흙길은 사람과 땅이 하나로 이어진 느낌이었다. 초원을 가로지른 여러 갈래의 흙길은 부챗살처럼 흩어지다 병목처럼 한곳으로 모이기도 하면서 끝없이 이어졌다. 새럿은 운전 중에 끊임없이 좌우를 살피며 제대로 가는지 지형지물을 살피려는 듯했다.

몽골에서는 아는 길도 묻고 또 물어서 가야 한다. 그래야 제대로 찾아갈 수 있다. 길의 상황은 시시각각 변한다. 큰 비가 오면 멀쩡한 길도 사라지는 게 몽골이다. 길에 대한 정보는 그 지역 사람들이 가장 잘 알아 늘 현지인들의 도움을 받는다. 새럿 역시 게르가 보일 때마다 달려가 길을 물었고 멀리서 차가 보이면 그 자리에 멈춰섰다. 그러면 맞은편에서 오던 차도 무조건 멈추고 서로 정보를 교환했다. 멈춰선 차를 그냥 지나치는 경우는 보지 못했다. 끊임없이 무슨 일인가 벌어지는 초원에서 정보는 생명과 같은 것이리라.

돌 하나 밟히지 않는 비단 같은 초원길에 접어드니 오른쪽으로 낯선 풍경이 들어오기 시작했다. 크고 작은 나무들이 숲을 이루며 길게 줄지어 늘어섰다.

"헤를렝강이다!"

헤를렝강. 이 강을 거슬러 올라가면 성스러운 산 보르항 할동이 나오고, 내려가면 몽골 제국 최초의 수도였던 허더 아랄을 만난다. 이제부터 본격적으로 칭기스 칸의 땅이다. 첩첩산중 궁벽한 흐흐호수에서 몸을 사리며 때를 기다리던 젊은 칭기스 칸은 그의 야망을 펼치기 위해 넓은 헤를렝강으로 터전을 옮겼다. 그곳이 물안개 피는 언덕, 즉 '보르기 에르기'였고 부인 부르테와 함께였다. 그러나 부르테는 칭기스 칸의 인생을 시험하는 운명에 처했다.

칭기스 칸의 아버지 예수게이는 메르키트족 칠레두의 아내인 후엘룬을 납치해 결혼했다. 그녀가 칭기스 칸의 어머니였다. 메르키트족은 오랜 원한을 갚는다는 이유로 부르테를 납치하고 칭기스 칸을 추격했다. 칭기스 칸은 가까스로 그들의 추격을 피해 보르항 할동으로 달아났다. 메르키트족은 산을 샅샅이 뒤졌으나 칭기스 칸을 찾지 못한 채 물러났고 겨우 목숨을 건진 그는 보르항 할동을 향해 외쳤다.

"나는 코아그친 어머니가 족제비 되어 듣는 덕에, 쇠흰 족제비(족제비의 한 종류) 되어 보는 덕에, 온몸을 도망쳐, 발이 묶인 말을 타고, 사슴의 길을 길 삼아, 버드나무 집을 집 삼아, 보르칸(보르항 활동)으로 올랐다. 보르칸 성산으로 이(蝨) 같은 내 몸을 도망했다. 내 목숨만 아껴, 한 마리뿐인 말을 타고, 뿔사슴의 길을 길 삼아, 나뭇가지 집을 집 삼아, 성산 위로 올랐다. 성산 보르칸에게 귀뚜라미 같은 그런 목숨을 보호받았다.

나는 몹시 무섭다. 보르칸 성산에 아침마다 제사 지내리라! 날마다 기도하리라! 내 자손의 자손까지 깨닫게 하리라!" 『몽골 비사』

칭기스 칸은 운명의 기로에 섰다. 부르테를 포기하고 조용히 숨어 지낼 것인가, 죽기를 각오하고 부르테를 되찾을 것인가. 그는 정면 돌파를 선택한다. 양아버지이며 몽골 초원의 실력자인 옹 칸과 도원결의 약속을 한 동무 자무카의 도움을 받아 메르키트족을 급습하고 마침내 부르테를 되찾았다. 목숨을 건 승부는 보기 좋게 성공하고 이때부터 몽골 초원에 칭기스 칸이라는 이름이 알려지기 시작했다.

그 후 보르항 활동은 칭기스 칸에게 특별한 영감의 원천이 되었고 칭기스 칸을 보호하는 신이 되었다. 훗날 칭기스 칸은 큰 전쟁을 치를 때마다 이 산에 들어가 신에게 승리를 기원하는 기도를 드렸다.

짧은 가을 해가 서서히 서쪽으로 넘어가더니 초원으로 긴 그림자가 드리웠다. 차는 헤를렝강을 끼고 거침없이 내달렸다. 목적지 멍근모리트솜까지는 얼마쯤 남았을까. 정해놓은 숙소도 없는데 해까지 넘어가니 불안해졌다. 여름이라면 숙소를 찾지 못해도 밖에서 자면 그만인데 지금은 초겨울 날씨라 그러지 못한다. 낯설다는 것은 불안하다는 것이다. 누구도 말은 않고 있지만 상황이 심각해지고 있음을 침묵이 말해주고 있었다.

그때 오토바이가 지나가자 할리온이 드디어 말문을 열었다.

"요즘 목자들은 오토바이를 많이 타요. 오토바이를 타는 사람들은 세 번 좋아한대요. 샀을 때 좋아하고, 사고 나지 않아서 좋아하고, 팔아서 좋아하고."

2004년 처음 몽골에 왔을 때보다 오토바이와 자가용이 눈에 띄게 늘었고 핸드폰도 마찬가지다. 몇 해 전 알타이산맥으로 여행을 갔을 때 그곳에서 우리나라로 전화를 할 수 있다는 사실에 깜짝 놀랐다. 문명의 저편에 서 있던 몽골 초원에서 시간과 공간의 개념을 획기적으로 바꾼 핸드폰은 예기치 못한 문제를 일으키기도 한다.

"초원에서 번개가 치려고 하면 제일 먼저 전원을 꺼야 해요. 그렇지 않으면 번개에 맞아 죽을 수 있어요."

몇 해 전 번개가 치던 초원에서 가이드가 핸드폰 전원을 끄며 말했다. 이런 날 핸드폰은 성능 좋은 피뢰침이 된다.

할리온이 이번에는 헹티산맥에 살고 있다는 곰 이야기를 꺼냈다.

"곰은 사람을 똑같이 따라 한대요. 사람이 옷을 벗으면 곰도 가죽을 벗는대요. 곰을 만나면 뒤로 돌아서서 달리는 거예요."

그럴 리야 없겠지만 그녀의 표정이 너무 진지해서 마냥 농담으로 받아들이기 어려웠다.

"그런데 여기 곰이 살까요?"

"곰 살아요."

단군 신화에서 호랑이는 현실적, 외적인 힘, 투쟁, 정복자를 의미하고 곰은 점잖으며 끈기와 참을성을 상징한다고 배웠다. 그런데 그것보다도 의아스러운 점은 곰이 정말 사람이 되고 싶었을까 하는 점이다. 신화와 달리 곰은 사람으로 살고 싶지 않았을 것 같다. 왜냐하면 곰으로 태어났으니까. 곰 이야기가 나오자 시베리아에서 전해지는 곰 사냥과 관련된 의식이 생각났다. 시베리아의 한티족이나 에벤키족은 곰을 잡으면 자기들이 아니라 러시아인들이, 까마귀가 죽였다고 외친다.

그들은 신성시하는 곰을 잡기는 했지만 곰의 초자연적인 힘을 믿기에 그 책임을 다른 사람이나 동물에게 돌렸다. 이런 뻔한 거짓말이 우습지만 그 속에 곰에 대한 그들의 두려움과 경외심이 엿보인다.

보르항 할동이 있는 헹티산맥에 곰이 사는지 아닌지를 두고 설왕설래하는데 차 앞으로 조형물이 눈에 들어왔다. 멍근모리트 입구를 알리는 세 개의 나무 기둥이었다. 가운데는 칭기스 칸의 얼굴이, 왼쪽에는 하얀 말을, 오른쪽에는 곰을 새겨놓았다. 할리온 말대로 헹티산맥에 곰이 살기는 사는 모양이었다. 칭기스 칸의 얼굴은 이곳이 칭기스 칸과 관련이 깊은 곳이라는 것을, 말은 '은색 말들이 있는 곳'이라는 뜻을 지닌 멍근모리트를 나타내는 것이었다.

멍근모리트는 산지 마을답게 나무로 만든 집들이 옹기종기 모인 작은 시골마을이었다. '저기에 묵을 만한 곳이 있을까. 이제 그만 가고 좀 쉬었으면……' 하고 생각하는 사이 새럿이 마을 사람에게 길을 묻고는 말했다.

"갈 수 있는 데까지 가보죠. 괜찮죠?"

의견을 묻는 게 아니라 거의 통보였다. 초원을 잘 아는 사람의 의견이기도 하고 그의 말이 단호해서 "그래요"라는 말이 툭 튀어나왔다. 해는 거의 넘어가고 길은 점점 험해졌다. 급경사와 웅덩이가 쉴 새 없이 나오자 우리는 차를 따라 춤을 추듯 움직였다. 여름에는 차가 올 수 없다는 말은 헛말이 아니었다. 비가 내리면 진흙탕에 빠져 꼼짝 못할 그런 길이었다. 새럿은 더욱 운전에 집중했고 우리는 어디에 반가운 게르의 불빛이 있을까 싶어 창밖을 응시했다. 어둑한 강변 숲길을 들어설 때에는 다른 세상으로 빨려 들어가는 기분이었다. 그렇게 달리다가 맞은편에서 오는 차를 만났다.

"조금만 더 가면 보르항 할동 국립공원 관리사무소가 나오고 거기에는 잘 만한 곳이 있을 거예요."

이 말만으로도 기운이 솟아났다. '그래. 조금만 가면 돼.'

그러나 그 조금은 조금이 아니었다. 사방은 칠흑같이 어두워졌고 조바심에 지쳐갈 즈음 마침내 헤를렝강을 가로지르는 큰 다리를 만났다. 아까 유목민이 말한 관리사무소 앞 큰 다리였다. 차에서 내리자 거친 강물 소리와 차가운 밤공기에 번쩍 정신이 들었다. 코끝이 알싸했다. 이곳은 헹티산맥이고 몽골의 성스러운 산의 입구다. 하지만 이런 감동을 느낄 겨를 없이 지금은 숙소를 구하는 게 먼저였다. 관리사무소는 인기척 없이 불이 꺼져 있었다. 아무리 기다려도 관리사무소 직원은 나타나지 않았고 차의 출입을 막는 차단기 역시 내려진 채였다.

"이거 어쩐다지. 꼼짝없이 차에서 자야 하는 거 아니야."

정신을 차려 주위를 살펴보니 차단기 너머 멀리에서 게르 불빛이 보였고 모닥불 주위에 사람들이 움직이고 있었다. 기다리다 못해 우리가 그들을 찾아가기로 했다. 차단기를 묶은 끈을 풀어 차단기를 올리고 게르를 향해 달려갔다. 포르공이 모닥불 곁에 멈추자 유목민들은 '누가 왔나'라는 표정으로 힐끗 보더니 무슨 일이 있었냐는 듯 시선을 거두고 하던 이야기를 계속했다. 할리온이 방을 구하러 갔다.

"게르 구했어요! 집 주인이 어디를 갔대요. 방값에다 보드카 한 병을 얹어주면 돼요."

차로 9시간. 드디어 보르항 할동의 발치 앞에 왔다.

## 외국 사람은 올라가지 말아요

게르는 지금까지 봤던 곳과 다르지 않았지만 살림살이는 매우 단출했다. 낯선 이방인에게 이렇게 쉽게 쉴 곳을 내주는 곳이 몽골이 아닌가 싶었다. 라면과 즉석밥으로 늦은 저녁을 먹고 나자 새럿은 차에서 자겠다며 자리를 떴다. 게르에서 함께 자자고 해도 "차 부품을 도난당해요"라는 말과 함께 서둘러 차로 갔다. 새럿뿐만 아니라 이전 여행에서도 운전기사들은 대부분 차에서 잠을 잤다. 그러나 그때는 사람이 많은 여름이고 지금은 가을이지 않은가. 더군다나 게르 몇 채가 전부인 곳인데······.

대충 짐을 정리하고 밖으로 나가니 밤하늘에는 별이 총총히 떠 있었다. 보르항 할동이 가까워서인지 별빛마저 더 빛나는 것 같았다. 그렇게 별을 보고 있는데 산등성이가 밝아지기 시작했다. 동료가 말했다.

"달이 뜨려나 봐요."

피곤하고 쓸쓸한 게르의 첫날밤, 반가운 달님을 기다렸다. 그러나 몸이 으슬으슬 추워질 때까지 달은 떠오르지 않았다. 그러더니 한순간 헹티산맥 위로 하얀 불덩이가 불끈 솟아올랐다. 일출에나 어울릴 법한 말이지만 몽골의 달은 그렇게 나타났다. 처음 몽골에 왔을 때 총총한 별빛을 한순간에 삼켜버린 달을 보고 여행 동료는 "죽이고 싶은 달"이라고 할 정도였다. 그때 달빛 내린 초원은 '교교하다, 은은하다, 몽환적이다' 라는 표현으로는 도저히 그 느낌을 온전히 전하기 어려울 정도로 신비로웠다. 지평선에서 붉은 달덩어리가 순식간에 땅을 차고 올라왔을 때 눈으로 보고 있으면서도 믿을 수 없을 정도로 비현실적이었고 그 느낌은 감동을 넘어 충격이었다.

우리처럼 유목민에게도 달은 특별해서 몽골 신화에 등장한다. 사람을 괴롭히는 망가스를 죽인 영웅이 망가스의 어머니에게 죽임을 당하며 이렇게 말했다.

"많은 사람들에게 도움이 될 수 있도록, 나도 별이 되어 태어나겠습니다." 『몽골 민간 신화』

그는 하늘로 올라가 달이 되었다. 수많은 사람을 위해 생명을 바친 그는 별보다 밝고 우유처럼 하얀 달이 되었다고 한다.

달과 함께 눈여겨봐야 하는 별이 가을 별자리인 좀생이별, 즉 플레이아데스성단이다. 몽골 사람들은 이 좀생이별이 보이기 시작하면 날씨가 추워진다고 한다. 몽골 신화에서는 좀생이별이 하늘로 올라가지 못하도록 소가 달려가 좀생이별을 밟았지만 좀생이별은 소의 발굽 틈

새로 빠져나와 하늘로 올라갔다고 전한다. 좀생이별이 하늘로 올라가면서 날씨가 추워지고 사계절이 생겼다고 한다. 몽골 유목민들은 좀생이별이 달보다 위에 있으면 흉년, 아래에 있으면 풍년이라고 믿는다. 우리나라에도 비슷한 풍습이 있는 걸 보면 사람의 삶이 다를 것 같지만 거기서 거기라는 생각이 든다.

밝게 뜬 달을 감상하다 게르 안으로 들어가 짐을 정리하는 중이었다. 갑자기 게르 문이 열리더니 낯선 사람들이 들어왔다. 도대체 누굴까? 그들은 주인처럼 자연스럽게 오른쪽 의자와 침대에 나란히 자리를 잡았다. 제일 앞에 앉은 젊은이가 말을 꺼냈다.

"몽골에서는 손님이 오면 코담배를 권하는데. 코담배가 없으니 그럴 수는 없고. 손님이 오면 주인이 술이나 음식을 내주는데……."

'우리 보고 술을 달라고 하는 건가. 우리가 손님인가 주인인가?'

지금까지 몽골 여행을 다니면서 게르 주인 노릇을 해본 적이 없었고 늘 손님이어서 이런 상황에서는 어떻게 해야 하는지 헷갈렸다. 그의 말대로 우리에게는 코담배가 없어 권하지 못하겠고 대신 보드카를 따라 건네주었다. 그때서야 만족한다는 표정을 보니 술 한잔 기울이며 이런저런 이야기를 하고 싶은 것 같았다. 인사가 끝나자 그 젊은이가 물었다.

"여기는 왜 왔어요?"

"보르항 할동에 가려고요. 칭기스 칸의 역사가 어린 곳이잖아요."

순간 그들의 얼굴이 굳어졌다.

"거기는 가기 힘들어요. 늪이 많아요. 아무튼 가기 힘들어요."

"그래도 갈 수 있는 곳까지 가보려고요. 멀리서라도 한번 보고 싶어요."

"그래도 외국 사람은 올라갈 수 없어요. 몽골 사람만, 그것도 남자만 오를 수 있죠. 그곳은 칭기스 칸의 무덤이 있는 곳이에요. 외국 사람은 그곳을 밟을 수 없어요."

여행 준비를 할 때 참고한 『몽골―론리플래닛』에서도, 일정을 짤 때 자문을 구했던 여행사 사장도 외국 사람은 오를 수 없다는 말을 하지 않았다. 이러다가 산 그림자조차 보지 못하고 돌아서는 것은 아닌지 당황스러웠다. 그들의 표정은 마치 성스러운 곳을 지키는 문지기같이 단호했다.

몽골에는 성스러운 산이 많다. 동몽골의 실링복드산, 자브항아이막의 오트공 텡그리산, 서몽골의 뭉흐 하이르항산, 알타이의 타왕복드가 대표적이다. 그중에서도 가장 성스러운 산인 오트공 텡그리는 아예 근처에 접근하지 못하게 한다는 말을 듣기는 했다. 하지만 보르항 할동은 진흙길이어서 험하긴 해도 정상에 오를 수 없다는 이야기는 듣지 못했다. 마음을 수습하고 다시 물었다.

"당신들은 거기 오른 적이 있나요? 어쩐지 그곳은 신비로운 기운이 감돌 것 같은데."

"물론 우리는 올라가 본 적이 있죠. 기운이 대단해요. 그곳에 오르면 열여덟 살로 돌아간 듯 기운이 펄펄 나요. 여러분들도 그 기운이 서린 헤를렝강 물을 먹었으니 그 기운을 받았을 거예요."

그들은 그들의 신성한 땅에 발을 들이지 말라고 말로, 눈빛으로, 표정으로 경고했다. 우리 일행이 달랑 두 명뿐이어서 더 강하게 나왔을지 모른다. 그들이 괜한 텃세를 부리는 것일까. 다른 여행 때처럼 동료가 열 명 정도였더라면 이렇게까지 강하게 말했을까.

몽골 여행을 다녀온 후 몽골에서 오랫동안 여행 가이드를 했던 친구에게 이 일을 털어놓았다.

"그들이 가지 말라고 하면 가지 않는 게 좋아요."

짧고 분명했다. 몽골 여행에서 돌아온 후 읽은 『마음을 잡는 자, 세상을 잡는다』라는 책에는 그 젊은이의 말과는 사뭇 달랐다. 보르항 할동 근처에 사는 유목민이 이렇게 말했다고 한다.

"우리 몽골 사람들은 그곳에 오르지 못해요. 하지만 외국 사람들은 괜찮아요."

나중에 책을 지은 서정록 선생을 만날 기회가 있었다.

"아마 올라간다고 해도 산 정상은 법으로 오를 수 없을 거예요."

아무튼 우리는 몽골 사람들이 칭기스 칸이 잠들었다고 믿는 보르항 할동을 눈앞에 두고 유목민의 충고이자 경고를 존중하기로 했다. 이번 여행에서 가장 보고 싶었던 보르항 할동을 눈앞에 두고 예상치 못한 난관을 만났지만 이 일을 계기로 그 땅에 사는 사람들의 생각과 관습을 이해하고 받아들이는 방식을 고민하게 되었다.

그동안 잘사는 나라에서 왔다는 이유로, 미개하다는 이유를 들이대 그 땅에 사는 사람들을 폄하하고 계몽시키려는 태도가 문명이라는 이름으로 온 세상을 떠돌지는 않았을까.

## 2. 칭기스 칸을 바라보다

## 늑대 사냥꾼

그들이 돌아간 후 게르 바닥에 깔아놓은 침낭 속으로 꿈틀거리며 기어들어갔다. 아기가 태어났을 때 아기를 꽁꽁 싸서 편안하게 만들어 주는데, 아기들도 이런 느낌일까 너무나 따뜻하고 포근했다.

'여기까지 왔는데 보르항 할동을 먼발치에서나마 볼 수 있다면 좋을 텐데.'

성산을 보지 못할지 모른다는 불안감이 어둠마저 갇혀버린 게르 안을 맴돌며 쉽사리 떠나지 않았다.

어떻게 잠이 들었는지 기억나지 않는다. 잠결에 어렴풋이 게르 밖에서 사람들이 수군대는 소리가 들렸다. 이야기 소리가 점점 가까워지더니 잠시 후 문짝이 떨어질 듯 심하게 흔들거렸다. 흔들어도 문이 열리지 않자 어떻게 된 영문인지 안에서 걸어둔 문고리를 여는 "떨그럭" 소리가 들리고 누군가 문을 열고 슬며시 들어왔다. '도대체 누구지, 게르 주인은 어디로 갔다고 했는데, 혹시 주인인가. 낯선 이방인들을 보고 기분이 나빠 나가라고 하면 어쩌지.' 복잡한 생각이 지나갔다.

아까 돌려서 끈 백열전구를 익숙하게 다시 돌려 불을 켜는 걸 보니 주인일 수 있겠다. 그런데 이상한 건 우리들이 누구인지 의아해하기보다 두 사람이 이야기를 나누기에 정신이 없었다는 점이다. 저들이 누군지 어떤 상황인지 궁금했지만 눈을 뜨기가 싫었다. 좀 더 솔직히 말하면 눈을 마주치는 상황이 어색해 계속 눈을 감고 있었다. 꿈결처럼 들리는 그들의 이야기는 도무지 무슨 내용인지 알아들을 수 없었다.

"철커덕 철커덕."

갑자기 묵직한 쇠가 부딪치는 소리에 정신이 번쩍 들었다. 군대 경험을 통해 그 소리가 총에서 나는 소리라는 걸 직감했다. '군인들인가? 아니면 국립공원 경비대? 그것도 아니라면…….' 머리가 쭈뼛하고 몸이 굳어지며 나도 모르게 손을 불끈 움켜쥐었다. 이리저리 궁리를 해봐도 그냥 자는 척하는 것밖에 뾰족한 방법이 떠오르지 않았다. 머리 한편에서는 네팔 산속에서 마오주의자들이 여행자들에게 받는다는 일명 입산료를 걷는 장면을 떠올리고 있었다.

그러나 아무 일도 일어나지 않았다. 잠시 후 서로 인사하는 것 같은 말소리가 들리더니 한 명은 게르 밖으로 나갔고 다른 한 명은 바닥에 잠자리를 만들었다. 게르는 다시 적막에 휩싸였고 정체 모를 사나이는 그새 잠이 들었는지 간간이 코고는 소리만 낼 뿐이었다. 깜깜한 어둠 속에서 온몸의 신경을 곤두세웠던 긴장이 스르르 풀리며 까무룩 잠이 들었다.

다시 눈을 뜬 건 아직 어둠이 가시지 않은 새벽 무렵이었다. 꿈틀꿈틀 침낭에서 나오자마자 제일 먼저 지난 밤 소동의 주인공을 살펴보았다. 세상모르게 자고 있는 그의 곁에는 문제의 총이 세워져 있었다. 총알을 넣는 탄창이 곡선으로 휘어진 유명한 러시아 소총 AK47이었다. 그는 사냥꾼인 모양이었다. 마침 동료도 부스스 일어났다.

"산책 갈까?"

게르 주인의 잠을 방해할까 조용히 문을 열고 밖으로 나왔다. 차가운 새벽 공기가 몸을 찔러대는 통에 몸이 부르르 떨렸다. 밤새 어둠에 쌓였던 헹티가 이제야 본래 모습을 드러냈다. 몽골 서쪽 끝 알타이산맥, 중부의 항가이산맥과 더불어 몽골의 3대 산맥인 헹티산맥은 산맥이라는 명성에 걸맞지 않게 부드러운 산세를 이루며 뻗어나갔다. 몽골의 산맥들은 나이를 많이 먹어서 그런지 가파르고 낯선 우리나라의 산맥과는 많이 다르다. 나이를 먹는다는 건 모난 부분은 사라지고 그 자리를 부드러움으로 채우는 과정인 것 같다.

사위는 고요했고 해는 아직 떠오르지 않았다.

"어젯밤에 사람 소리 들었어요? 잠자기 전에 문을 안에서 잠갔는데 문 틈 사이로 손이 쑥 들어오더니 문을 열었어요. 살짝 봤는데, 총을 가지고 있더라고요. 무슨 사람들인가 했죠. 그러더니 침대에 앉아서 한참 이야기를 하더라고요. 게르 주인인 것 같은데, 우리를 보고도 아무렇지 않다는 표정이었어요. 우리 같으면 황당한 일이죠. 자기 집에 들어갔는데, 낯선 사람들이 자기 침대를 차지하고 잠을 자고 있는데도 놀라지 않고 이야기를 나누는 거예요. 사냥 나갔던 이야기를 하는 것 같던데."

"맞아. 그런 것 같았어. 처음에는 군인인 줄 알고 겁먹었어."

자기 집에 낯선 사람이 들어와서 자고 있는 게 뭐 특별한 일이냐는 그들. 나의 관념으로는 상상하기 어려웠다.

헤를렝강으로 산책을 가기 전 평소 아침 습관대로 화장실로 발걸음을 옮겼다. 게르에서 제법 멀리 떨어져 있어 널찍한 학교 운동장을 가로질러 가는 기분이었다. 양옆과 뒤에만 낮은 나무 벽을 댔고 앞과 위는 뻥 뚫려 있어 하늘이 지붕인 화장실이었다. 이런 몽골 화장실에 감동한 한 여행자는 "세상에서 가장 예쁜 뒷간"이라고 소감을 밝혔다. 화장실 바로 앞은 소 우리인데 마침 아침잠을 깬 소들이 멀뚱멀뚱 볼일을 보는 나를 쳐다보았다. 소의 기세에 질세라 위로는 소와 눈싸움

보르항 할동 입구 간판. "성산 보르항 할동의 산자락이 품은 헤를렝강의 발원지로 엄격하게 통제하는 이곳에 "나무를 심읍시다"라는 구호 아래 한마음으로 참여한 여러분들의 자발적인 정신이 한 톨 씨앗으로 앞으로도 자자손손 이어지기를 바랍니다."

몽골의 성산 보르항 할동(자연사박물관 소장)

을 하고 아래로는 똥과 싸움을 했다. 차가운 바람이 엉덩이를 두들기며 지나갔다. 도대체 겨울에는 어떻게 볼일을 본다지!

화장실은 나무로 만든 발판만 덩그러니 놓인 일명 '푸세식'이었다. 어렸을 때 시골에서 자라 이런 화장실이 자연스러웠지만 서양 사람들은 익숙하지 않다고 한다. 그래서 서양 여행자 중에는 백화점에서 파는 휴대용 변기를 가지고 다니는 사람이 있을 정도란다. 몽골의 화장실은 날씨가 건조하고 늘 바람이 불어 냄새가 그리 심하지 않지만 사실 사람들은 냄새보다는 그다지 아름답지 못한 엉덩이 아래 풍경을 못 견뎌 한다. 차라리 뻥 뚫린 초원에서 볼일을 봤으면 봤지 이런 곳에서는 버티기 힘들다며 몽골 여행의 어려움을 토로하는 이들도 제법 있다. 아무래도 남자보다는 여자들이 더 민감한 문제여서 몽골 여행을 가기 전부터 스트레스를 받기도 한단다.

볼일을 마치고 두루마리 휴지로 뒤처리를 했다. 예전에는 신문지로 뒤처리를 했고 그 이전에는 새끼줄을 이용했다. 몇 해 전 익산에서 발굴된 백제의 공동 화장실 유적에서는 막대기들이 나왔는데 이를 두고 고민하던 연구자들은 화장실 뒤처리용이라고 추정했다. 몽골 사람들은 어땠을까?

몽골 여행을 준비하는 사람들은 씻는 것과 화장실에 대한 걱정이 크다. 실제로 처음 몽골 여행을 왔을 때 화장실 때문에 많이 당황했다. 일단 도시를 벗어나 초원으로 들어가면 우리가 아는 개념의 화장실은 눈을 씻고 찾아보려야 찾을 수 없다. 남자들이야 돌아서면 그만이지만 여자들은 달랐다. 그녀들은 3인 1조로 볼일을 보러 가는데 두 명이 모포로 가림막을 펼치면 한 명이 볼일을 봤다. 처음에는 다들 어색해하지만 조금만 지나면 익숙해져 볼일을 보며 초원의 경치까지 감상하는 여유를 찾는다. 이런 이유로 모포는 몽골 여행의 필수품 목록에 올랐다. 모포가 없거나 3인을 이루지 못했을 때는 작은 언덕, 작은 나무 하나가 그렇게 고마울 수 없다. 작은 나무 뒤에서 여유롭게 볼일을 볼 수 있다면 몽골 여행에 어느 정도 적응한 것이다. 작은 플라스틱 모종삽을 준비해 땅을 파서 볼일을 보고 흙으로 덮어 흔적을 없애는 사람은 최고의 베테랑이다.

그 사이 솟을 듯 말 듯 하던 해가 떠오르며 헹티의 산들이 일제히 잠에서 깨어났다.

## 하얀 음식, 붉은 음식

그는 헹티의 사냥꾼이었다. 그리고 우리에게 하룻밤 잠자리 은혜를 베푼 게르 주인이었다. 어젯밤 늦게 덜그럭 소리로 간 떨어지게 만든 그 소총을 들고 늑대 사냥을 다녀왔고 오늘도 아침밥을 먹고 바로 늑대 사냥을 떠난단다. 아무 일 없다는 듯 무심히 우리와 몇 마디 이야기를 나누며 조용히 그리고 빨리 아침 식사를 하고는 그릇을 챙겨 밖으로 나가 설거지를 시작했다. 큰 그릇을 씻은 물로 작은 그릇을 씻고 다시 그 다음 그릇을 씻었다. 그게 끝이었다. 양치물보다 약간 많은 물로 설거지를 끝낼 수 있다니. 그 모습을 본 우리도 어제 쓴 그릇을 얼른 가지고 나와 그처럼 그릇을 닦았다. 놀라운 건 불결하다거나 찜찜

하다는 느낌이 전혀 들지 않았다는 점이다. 우리 집에서 이렇게 씻었다면 난리가 나도 벌써 났을 텐데.

아침은 간단하게 먹기로 하고 빵에 햄을 넣어 먹을 때였다. 게르 주인이 솥 안에 든 우유 위에서, 얇고 노르스름한 기름막을 걷어내 먹어보라며 건네주었다.

"이게 뭐죠?"

"으름. 맛있어요."

말로만 들었지 먹어보지 못한 음식이었다. 으름은 끓인 우유가 식으면서 표면에 생기는 일종의 버터다. 대부분의 몽골 음식이 그렇듯 으름 역시 만드는 법이 간단하다. 겉보기에는 별 맛이 없을 것 같았지만 한 조각 떼어 빵에 발라 먹었더니 입에서 살살 녹았다. 보기 좋은 떡이 맛도 좋다지만 겉보기와는 다르게 맛있는 음식도 있는 법이다.

으름처럼 대부분의 몽골 음식은 색깔이 화려하거나 모양이 다채롭지 않아 첫눈에 확 당기지 않는다. 또한 종류가 다양하지 않아 무엇을 먹을까 고민하지 않는다. 가축에서 나오는 젖과 고기 위주이고 채소나 다른 음식 재료들은 구하기 힘들고 늘 이동을 하다보니 간편하게 만들고 빨리 먹을 수 있는 음식 위주로 발달했다. 그러다보니 가공을 적게 해서 투박하고 재료의 맛을 그대로 간직한 경우가 많다. 그렇지만 여행자가 게르를 방문했을 때 음식을 푸짐하게 내주는 유목민의 환대를 경험한다면 몽골 음식은 감동으로 기억된다.

게르를 방문하면서 가장 많이 먹어본 음식이 아이락이다. 여름철 어느 게르를 방문하든지 아이락을 대접받는다. 그릇에 하얀 아이락을 담아 내주는데, 첫 맛은 시큼하지만 계속 먹다보면 고소하고 시원한 맛에 중독돼 아이락을 우리나라로 가져오지 못하는 게 아쉬울 정도다.

지난 2006년의 일이다. 러시아의 바이칼호수를 둘러보고 시베리아 횡단열차를 타고 러시아를 떠나 몽골 수흐바타르역에 도착하자마자 시장으로 달려갔다. 그곳에서 아이락 한 모금을 들이키자 비로소 고향 땅에 온 기분이 들었고 러시아에서는 채워지지 않았던 2퍼센트가 채워지는 느낌이었다.

"그래 바로 이 맛이야."

한 잔의 아이락이 나오기까지 많은 노력이 들어간다. 아이락의 원료인 말 젖을 발효시키려면 틈날 때마다 계속 저어주어야 한다. 한밤중 초원에서 길을 잃으면 아이락 젓는 소리를 따라가라는 말까지 있다. 그래서인지 몽골 사람들에게 아이락 젓는 소리는 고향과 어머니를 상징한다. 아이락은 음료일 뿐만 아니라 약이었다. 칭기스 칸이 독화살을 맞고 위독했을 때 아이락을 먹고 나았다고 전하며 우크라이나 체르노빌 핵발전소 사고가 났을 때 방사능에 노출된 사람들이 효험을 본 게 아이락 때문이었다고 몽골 사람들은 믿는다.

몽골을 잘 모르는 사람도 몽골 이야기를 꺼내면 꼭 "아, 마유주요!"라면서 아는 체를 한다. 사실 마유주는 일본 사람들이 붙인 이름이다. 김치를 기무치라고 하면 뭔가 어색하듯 아이락 역시 그렇다.

아이락이 주로 여름에 먹는 음료라면 사철 물처럼 먹는 음료는 따로 있다. 요즘은 커피로 바뀌기는 했지만 우리나라 사람이 "그냥 냉수 한 잔 주세요!"라고 할 때 그 냉수의 역할에 해당하는 것이 수테채다. 몽골에서는 결혼한 신부가 시댁에 가서 제일 먼저 하는 일이 수테채를 끓이는 일이다. 수테채가 희고 깨끗한 집은 잘되는 집으로 평할 정도

여서 신부로서는 여간 신경을 쓰지 않을 수 없다. 물에 차와 우유와 소금을 타서 끓이는데, 끓일 때 산소가 많이 들어가면 맛이 좋아지기 때문에 계속 바가지로 떠서 주르륵 쏟아 붓는다. 이 수테채는 몽골 사람들에게 비타민 공급원으로 매우 중요하다.

먹는 법을 몰라 낭패를 본 경우가 있었다. 2004년 울란바토르에서 하르호링으로 가는 길에 들린 게르에서 할머니가 가는 길에 먹으라며 누런 막대기 같은 것을 챙겨주셨다. 사탕처럼 생각하고 입에 물고 힘껏 깨물었는데, 깨지기는커녕 이빨만 깨질 듯 아팠다. 돌처럼 딱딱해서 깨먹으면 안 되고 살살 녹여서 먹는 이 음식이 아롤이다. 아롤은 우유를 끓여서 만드는데 우리네 가을 고추 말리는 것처럼 게르 지붕이나 수레 위에서 말린다. 여행을 다니다 게르에서 아롤을 말리는 정경만 봐도 마음이 넉넉하고 푸근하다.

아롤 때문에 벌어지는 해프닝은 우리나라에서도 일어난다. 몽골 사람은 외국으로 갈 때 우리가 고추장을 챙기는 것처럼 아롤을 싸간다. 인천공항에 몽골에서 온 비행기가 도착하면 탐색견이 부지런히 수하물 사이를 누비기 시작한다. 그러다가 어떤 가방 앞에서 멈춰서 킁킁거리면 검색요원은 그 가방에 표식을 단다. 그리고 가방 주인에게 묻는다.

"아롤?"

보즈 역시 기억에 생생하다. 보즈는 양고기를 넣은 만두로, 새해 즉 '차강사르' 때나 손님이 오면 빚는다. 보즈는 먹을 때 특히 주의해야 한다. 보즈 안에 뜨거운 기름이 들어 있어 겉이 뜨겁지 않다고 덥석 베어 물면 십중팔구 입을 데고 만다. 2006년 버떠 아저씨 댁에 초대받아

으름을 걷어내다.

으름과 빵

초원의 치즈 아롤

양고기 만두 보즈

칼국수 볶음 초이왕

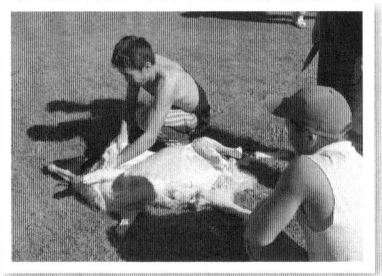
양이 처음 옷 벗는 날

갔을 때 산더미처럼 쌓인 보즈를 보고 깜짝 놀랐다. 그 양도 양이지만 지난 여행 때 식당에서 보즈를 주문했다가 양 냄새와 뜨거운 기름 때문에 겨우 한 개를 먹었던 기억이 떠올랐기 때문이다. 예의상 몇 개라도 먹어야 하는데 힘겹게 두세 개 먹고는 솔직하게 말했다.

"더 먹고 싶은데 먹을 수가 없네요."

몽골 음식 가운데 경이로운 음식이 보르츠다. 보르츠는 가을에 고기를 말린 후 갈아서 만드는데 1~2년 동안은 상하지 않고 보관할 수 있다. 일단 만들어 놓으면 오랫동안 보관할 수 있고 가지고 다니기 편하고 물에 풀어서 먹으면 그만이었다. 옛날에는 전쟁을 나갈 때 보르츠를 가지고 갔는데, 어떤 학자는 몽골군이 승리할 수 있는 비결의 하나로 보르츠를 꼽았다. 보급 부대가 필요 없고 먹는 데 시간이 걸리지 않는다. 그래서인지 마르코 폴로는 『동방견문록』에서 몽골 사람들을 세상에서 가장 심하게 일하면서도 가장 적게 소비하고 소식으로 만족하는 사람이라고 기록했다.

우리나라에 된장찌개가 있다면 몽골에는 고릴테 슬이 있다. 감자, 양파, 파, 양고기에 밀가루 칼국수를 넣어 만든 음식으로 몽골 사람들이 즐겨 먹는다. 2008년 알타이산맥으로 여행을 갔을 때 가이드의 고향이 마침 알타이산맥의 관문 도시 홉드였다. 그녀의 집에 초대받았을 때 고릴테 슬을 대접받았다. 나는 비위가 약해 칼국수만 건져먹는 정도였지만 그 자리에서 두 그릇을 먹은 동료들이 적지 않았다.

몽골 음식 가운데 가장 극단적인 음식이 호르혹이다. 몽골을 여행한 사람치고 호르혹을 모르는 사람이 없고 일단 먹어보면 맛있다고, 몽골을 대표할 만하다고 손가락을 치켜세운다. 그러나 만드는 과정을 보다 자리를 피하기 일쑤인 음식 또한 호르혹이다.

"양들이 한 벌뿐인 옷을 처음 벗는 날이네."

2004년 여행 때 호르혹을 만들기 위해 양 잡는 모습을 본 동료가 말했다. 유목민이 양을 눕히더니 순식간에 칼로 가슴을 찢고 그 구멍으로 손을 넣어 핏줄을 움켜쥐자 양은 별다른 저항을 하지 않은 채 죽었다. 그는 양 머리를 돌려 하늘을 보도록 했다. 평생 풀을 뜯어먹느라 땅만 보고 살아온 양에게 마지막으로 베푼 호의였다. 그 다음 가죽을 벗긴 후 순식간에 여러 조각으로 해체했다. 이때 땅에 피가 떨어져서는 안된다.

"도저히 못 보겠어."

일부 동료들은 눈을 돌리고 자리를 떠났다. 그러나 나는 그 장면이 잔인하게 보이지 않았다. 처음 보는 장면이지만 이상할 정도로 일상적인 일로 다가왔다. 오히려 공장 같은 곳에서 가축을 도살하는 우리네에 비해 훨씬 더 인간적이었다. 여행에서 돌아와 양 잡는 사진을 지인들에게 보여주자 한마디씩 했다.

"빨리 치워!"

고유의 맥락에서 빠져나온 사진은 사람들을 한순간에 불쾌하게 만들었다. 이런 사진만 보면 몽골 사람들을 잔인하다고 여길지 모른다. 더구나 칭기스 칸 시대에 각인된 몽골군의 잔인함과 겹치면 몽골 사람의 잔인함은 확고한 사실로 인식되기 쉽다. 하지만 영화 〈동굴에서 나온 누렁개〉를 만든 비암바수렌 다바아 감독의 이야기는 사뭇 다르다.

"몽골에서 가축은, 모든 생명체의 존엄을 알고 그것에 경외심을 지니고 있는 사람들의 손에서 숨을 거둔다." 『내일은 어느 초원에서 잘까』

양은 한 벌뿐인 옷을 벗고 찜통 속으로 들어갔다. 모닥불에 달군 돌을 양고기 사이에 채우고 감자도 함께 넣었다. 약 두 시간 후 양고기가 수북하게 담긴 쟁반이 우리 게르로 들어왔다. 통에 같이 넣었던 돌은 기름이 번질번질했다. 몽골 사람들은 그 뜨거운 돌을 들고 이 손에서 저 손으로 옮겨가며 비볐다. 이렇게 하면 식욕이 돋고 혈액순환에 좋단다. 호르혹은 다만 소금이 없다는 게 아쉬웠을 뿐 담백했고 양 냄새도 그렇게 많이 나지 않았다.

이런 음식들은 여행을 하면서 맛보는 것들인데 종류는 다르지만 젖과 고기가 기본이다. 그래서 몽골 음식은 하얀 음식과 빨간 음식, 즉 차강이데와 울란이데로 나뉜다. 차강이데는 젖으로 만든 유제품으로 주로 여름철에 먹는다. 여름철에 유제품을 먹는 이유는 고기를 먹어서 생기는 노폐물을 배출하기 위해서다. 울란이데는 고기로 만든 음식으로 주로 겨울에 먹어서 추위를 이긴다. 고기 중에서 죽은 가축은 먹지 않고 물고기는 일부 지방에서만 먹는다. 고기는 그냥 말리거나 가축의 똥을 태워 나오는 연기로 그을려 훈제하는데, 모두 오랫동안 보관하기 위해서다. 몽골 사람들은 한 해 동안 차강이데는 130킬로그램 정도, 울란이데는 100킬로그램 정도 먹는다.

그럼 차강이데나 울란이데에 포함되지 않는 채소에 대한 몽골 사람의 생각은?

"고기는 사람을 위하여, 잎사귀는 동물을 위하여."

채소는 예전부터 많이 먹지 않았을 뿐만 아니라 많이 먹을 수도 없었다. 최근 들어 채소를 좋아하는 몽골 젊은이들이 늘자 나이든 사람들은 이렇게 한탄한단다.

"젊은이들이 채소를 좋아해서 몸도 정신도 약해졌다."

## 신과 요괴 사이, 늑대

하늘 높이 치켜든 도끼가 거침없이 내려와 통나무를 "쩍" 하고 갈랐다. 아침을 먹고 게르를 나서는데 열 살쯤 되어 보이는 남자 아이가 장작을 패고 있었다. 초원의 아이들이 그렇듯 빨갛게 그을린 얼굴에 손이 시린 듯 호호 불어가며 도끼질을 했다. 아침 운동 삼아 도끼를 건네받아 내리쳤더니 "퉁" 하고 도끼가 튕겨나갔다. 참 쉬운 일이 없다. 요즘 우리나라에서 이 아이 또래 아이들에게 집안일을 돕는다는 생각은 별로 없는 것 같다. 돌이켜보면 예전에 이 정도 나이면 집안일은 물론 농사일도 거들었는데, 불과 수십 년 만에 아이들의 삶이 바뀌었다. 서둘러 압축 성장을 하는 동안 겉보기에는 부족할 것 없어 보이지만 이런 일상적인 노동에서 점점 멀어지고 삶을 뒷받침할 만한 정신은 아직 따라오지 못한 것 같다.

"우리는 여기까지 너무 빨리 걸어왔소. 그래서 마음이 아직 우리를 따라오지 못했소. 마음이 우리를 찾아 여기에 도착할 때까지 기다려야 하오."

일본 사진작가 호시노 미치오가 쓴 『여행하는 나무』에 나온 이야기다. 안데스산맥을 횡단하는 탐험대에 고용된 현지인들이 갑자기 멈춰서자 영문을 알지 못한 탐험 대원에게 한 말이었다. 지금 우리의 몸이 너무 빨리 너무 멀리 가버려 마음이 찾아갈 곳을 잃고 헤매는 것은 아닌지, 그래서 한 스님은 멈춰야 비로소 보인다고 힘주어 말한 건 아닌가 싶다.

아침나절 아이에게 웃음을 주었으니 오늘은 보람찬 출발이다. 도끼를 아이에게 건네주고 몇 발자국을 옮기다 그 자리에서 멈춰서고 말았다. 게르 주인이 어린 늑대의 가죽을 들고 있었는데 아직 선명한 핏자국이 있는 것으로 보아 어젯밤에 잡은 늑대가 틀림없었다. 그는 익숙한 손놀림으로 옷걸이에 옷을 거는 것처럼 나무에 늑대 가죽을 팽팽하게 펴서 벽에 걸었다. 어린 늑대 옆에는 이미 어른 키만 한 늑대가 하늘로 날아가는 중이었다. 큰 늑대 가죽을 보는 순간 움찔했다.

"바람이 늑대털을 빗겨주면 털 속에 있던 지푸라기와 흙먼지를 말끔히 털어주거든. 큰 바람이 며칠 불고 나면 늑대털이 부드럽고 보기 좋아져서 이곳을 떠날 수 있단다……. 봐라, 늑대들이 다시 살아났잖니? 저 둘은 이제 탱그리(텡그리)로 갈 거다……. 평안히 가거라."

『늑대토템 1』

소설에서 보았던 장면이 눈앞에서 벌어졌다.
"흐흐 천."
우리나라 말로 푸른 늑대다. 푸른 늑대가 누구인가. 칭기스 칸이 푸른 늑대의 후손이다. 인간과 맞서 싸우는 번뜩이는 눈빛, 날카로운 송곳니, 달밤에 울부짖는 기괴한 울음소리. 동에 번쩍 서에 번쩍 신출귀몰하는 늑대는 여러모로 몽골 초원의 살아 있는 전설이 되기에 충분했다.

몽골의 유명한 휴양지 테렐지에 갔을 때였다. 다른 사람들과 앞서거니 뒤서거니 말을 달리다 작은 마을로 들어서자 어둠 속에서 희끄무레한 물체가 보였다.

"저게 뭐예요?"

"죽은 양이에요. 어젯밤에 늑대가 마을로 내려와 양을 죽였대요. 마을 사람들이 그 늑대를 쫓아갔어요."

내게 몽골의 늑대는 양들의 죽음과 함께 시작되었다.

그리고 몇 년 후 고비사막에 갔을 때였다. 운전기사에게 초원에서 늑대를 만나면 행운이 온다는 말을 들었는데 잠시 후 멀리서 움직이는 물체를 보는 순간 소리쳤다.

"늑대다."

"저건 늑대가 아니라 개예요."

그 여행길에서 늑대를 만나기는 만났다. 고비사막에서 돌아와 울란바토르 복드항 겨울 궁전에 갔을 때 박제된 늑대 머리를 봤다. 그러나 도시에서 만난, 더구나 박제된 늑대는 이미 늑대가 아니었다. 다음 해 알타이산맥 최고봉 타왕복드 입구 게르 캠프에서야 살아 있는 진짜 늑대를 만났다. 쇠줄에 묶인 작은 강아지 같은 새끼 늑대였다. 아마 늑대 수를 줄이기 위해 어느 계곡의 늑대 굴에서 꺼내온 새끼가 틀림없었다. 그 후 새끼 늑대는 어떤 운명을 맞았을까?

ⓒ 박미영

어렸을 때 접한 이야기 속의 늑대는 늘 악당이었다. 『양치기 소년과 늑대』에서는 신나게 양들을 잡아먹더니 『빨간 모자』에서는 할머니까지 잡아먹었다. 영화 〈나자리노〉에서는 주인공 나자리노가 악마의 저주를 받아 보름달이 뜰 때 늑대로 변신했다. "나나나나 나나난나나"의 선율은 저주받은 나자리노의 운명을 더욱 슬프게 만들었다. 호랑이나 뱀을 제치고 최고의 악당으로 자리 잡은 늑대. 늑대는 사람과 경쟁한 몇 안 되는 동물 가운데 하나였다. 게다가 닥치는 대로 양을 죽이기까지 해 사람에게 단단히 미운털이 박혔다.

그러나 늑대를 악당으로만 보지 않은 사람이 있었다. 어니스트 톰슨 시튼. 동물에 관심이 많았던 그는 늑대에 대해 쓰는 것을 잊지 않았다. 사람들의 포위망을 귀신처럼 빠져나가며 커럼포평원에서 이름을 떨치던 전설적인 늑대 로보의 마지막을 이렇게 묘사했다.

> 로보는 차분히 땅바닥에 엎드려 고요한 황톳빛 눈동자로 골짜기 입구 너머에 광활하게 펼쳐진 자신의 들판을 바라볼 뿐, 옆에서 건드려도 털끝 하나 움직이지 않았다. 『시튼 동물기 1』

시튼은 그가 사로잡은 늑대왕 로보에게서 영웅의 최후 같은 느낌을 받은 것 같았다.

늑대와 숙명적인 싸움을 벌이며 살아가는 유목민에게 늑대는 어떤 존재였을까. 몽골 초원에 나라를 세운 민족들은 대부분 늑대를 신성시했다. 최초의 유목 제국인 흉노, 돌궐이 그랬다. 돌궐의 조상인 아사나는 늑대가 낳은 열 명의 자식 중 하나였고 그들은 깃발에 늑대를 그려

넣어 회색 늑대의 자손임을 널리 알렸다. 몽골 역시 늑대를 신성시했는데, 칭기스 칸은 잿빛 푸른 늑대 즉 '부르테 치노'와 흰 암사슴 즉 '코아이 마랄'의 자손이라고 한다. 실제로 칭기스 칸 선조의 이름 가운데 늑대라는 이름이 보인다. 초원의 유목민들은 길들일 수 없는 최고의 사냥꾼이며 라이벌인 늑대를 신성시했고 늑대의 행동을 배우고자 했다. 그래서였는지 중국의 옛 문헌에는 흉노 사람들의 노래가 마치 늑대의 울음소리와 같았다고 기록했다.

몽골 사람들은 늑대가 하늘로 올라간다고 믿었다. 지금은 사라진 장례 풍속이지만 옛날에는 늑대가 먹기를 바라면서 시신을 초원에 놓아두었다고 한다. 늑대가 먹으면 그 사람의 영혼이 그들이 신성시하는 하늘 즉 텡그리로 오른다고 믿었다. 숙적이지만 경외하는 모순적인 존재가 늑대였다. 마치 우리나라의 호랑이가 그랬던 것처럼.

"늑대가 너무 많으면 더 이상 신이 아니라 요괴가 된단다. 사람이 요괴를 죽이는 건 옳은 일이야. 만일 요괴가 초원의 소와 양들을 모두 죽여 없앤다면 사람도 살 수가 없게 되고, 그렇다면 초원도 지킬 수 없지 않겠니? 우리 몽골인들도 탱그리(텡그리)가 초원을 보호하라고 보내서 내려온 자들이야. 초원이 없으면 몽골인도 없고, 몽골인이 없으면 초원도 없어". 『늑대토템 1』

몽골 속담에 "늑대 한 마리를 놓치면 양 천 마리를 잃는 것과 같다"는 말이 있다. 늑대는 먹지도 않으면서 하룻밤 사이에 수많은 양을 죽이기 때문이다. 이 때문에 다음과 같은 설화가 전한다.

옛날 보르항 박시(조물주)가 사람과 동물에게 먹을 것을 나누어주다 늑대는 깜빡 잊어버린 것을 알고는 늑대에게 "너는 100마리 양 중에서 한 마리를 물어가라"고 했다. 늑대가 100마리 중에 한 마리만 남기라는 말로 잘못 알아들었다. 『몽골 민간 신화』

몽골 사람들은 늑대가 먹을 것도 아니면서 양을 심심풀이로 죽인다고 해서 늑대를 '미친 개'라고 부르며 미워하기도 한다. 늑대의 사냥꾼 기질은 높이 샀지만 현실에서는 양을 둘러싸고 싸움을 벌일 수밖에 없었다.

유목민들은 초원의 라이벌 늑대의 장점을 네 가지로 설명한다. 인내심, 조심성, 조직력, 치명적인 무기. 먹이를 찾기 위해 하룻밤 사이에 말보다 훨씬 먼 길을 움직이고 결정적인 기회가 생길 때까지 기다리고 또 기다린다. 또한 매우 눈치가 빨라 조금만 낌새가 이상하면 먹이를 눈앞에 두고도 발걸음을 돌린다. 늑대는 무리를 지어 생활하며 가축을 공격할 때 역시 무리를 짓는다. 늑대의 치명적인 무기는 네 개의 송곳니다. 이 송곳니로 단숨에 동물들의 숨통을 끊어 놓고 자기보다 덩치가 큰 동물을 끌고간다. 또 다른 무기는 청각과 후각인데, 1~2킬로미터 떨어진 곳의 냄새를 맡을 정도다. 늑대의 이런 사냥술을 응용해 전쟁을 치른 인물이 칭기스 칸이었다.

늑대가 가장 두려워하는 동물은 역시 사람이다. 늑대도 어쩔 수 없을 때만 자기 목숨을 내놓고 양을 공격한다. 늑대가 양을 물어 죽이면 유목민들이 추격대를 만들기 때문에 쫓겨다녀야 한다. 꼭 이런 경우가 아니더라도 겨울이면 유목민들은 늑대를 사냥한다. 겨울을 나기 위해

요즘 우리나라 사람들이 거위 털로 겨울 털갈이를 하는 것처럼 늑대도 가장 좋은 털로 털갈이를 한다. 사람들은 총으로 무장하고 여러 명이 짝을 이루어 늑대 사냥에 나선다. 숲에서 몰이꾼들이 늑대를 몰면 미리 길목을 지키던 포수가 늑대를 잡는다. 늑대를 잡으면 고기는 버리거나 약으로 쓰고 모피는 바람에 잘 말려서 손질한 다음 옷이나 모자 따위를 만든다.

"늑대 털이 가을 초원의 색과 닮았어요."

늑대 가죽을 쓰다듬던 동료가 말했다. 어쩐지 늑대의 쓸쓸함과 외로움은 가을 초원을 닮은 것 같다. 늑대 가죽에서 몇 발자국 거리에 "툭" 하고 던져진 작은 동물 사체가 널브러져 있었다. 어제 밤에 잡힌, 가죽이 벗겨진 새끼 늑대였다. 자세히 보니 뒷다리가 잘렸다. 사냥꾼은 늑대를 사냥하고 가죽을 벗긴 다음 다리의 힘줄을 잘라버리는데 이렇게 하지 않으면 늑대는 총알도 끄떡없는 무서운 동물이 되어 돌아온다고 믿는단다.

"몽골에서는 늑대를 악당이라고 생각하나요?"

"아니요. 그렇게 생각하지 않아요."

늑대를 악의 상징으로 끊임없이 활용하는 사람들은 늑대와 사투를 벌이며 살아가는 몽골 유목민이 아니었다. 그림이나 말로만 늑대를 접하는 다른 세상 사람들이었다.

## 칭기스 칸을 바라보다

게르에 또 다른 늑대 사냥꾼이 나타났다. 그는 우리 게르 주인이 새끼 늑대 한 마리를 잡는 동안, 늑대를 세 마리나 잡고 세 마리에 부상을 입혔다고 한다. 늑대 사냥이 가을의 일상인 헹티, 그들은 오늘도 늑대를 잡으러 산속으로 들어간다고 한다.

우리 역시 간단히 짐을 꾸리고 게르를 떠나 헹티로 들어갔다. 헹티의 산줄기는 바쁠 것 없는 노회한 노인의 느린 발걸음으로 헤를렝강을 향해 걸어가고 있었다. 어디까지 올라갈 수 있을까, 멀리서라도 보르항 할동을 볼 수 있을까?

"가다보면 보르항 할동이 보이는 곳이 나와요."

별말 없이 차를 몰던 새럿이 내 마음을 알아챈 듯 말했다. 골짜기를 빠져나와 초원을 달리는 포르공 앞으로 거인국에나 있을 법한 거대한 새들이 날아오르기 시작했다. 느린 화면처럼 느릿느릿 날아오른 검은 물체는 동물의 사체를 먹고사는 초원의 청소부 타스였다. 겨울이면 살기 힘든 몽골 초원을 떠나 우리나라 파주나 철원으로 날아와 사람이 던져주는 먹이를 먹고 겨울을 나는 독수리가 이 새다. 진짜 사냥 독수리는 초원을 떠나지 않는다.

"저기 산 사이로 꼭대기가 네모난 산이 보이죠. 저 산이 보르항 할동이에요."

보르항 할동! 거리를 가늠하기 어려울 정도로 멀리 떨어져 있지만 그곳은 분명 꽃잎으로 겹겹이 쌓인 꽃의 중심부 같았다. 만약 헹티산맥에 하늘의 기운이 쏟아진다면 그곳으로 모여들지 않을까 싶었다. 일단 먼발치에서 한 번 본 것만으로 마음이 놓였다. 이제부터는 덤이다.

'이곳은 신성한 곳이니 마음을 경건하게 하라!'

길가에 세워진 안내판을 지나면서 마음이 달라졌다. 옛날 신성 구역이어서 함부로 들어갈 수 없었다는 소도에 들어가는 기분이었다. 어디까지 갈 수 있을지 아무도 몰랐다. 어쩌면 새럿은 알고 있을 것 같았지만 입을 굳게 다문 채 운전에 열중할 뿐이었다. 얼마 지나지 않아 차가 가야 할 길은 늪 속으로 흔적도 없이 사라졌다. 게다가 차들을 빼내는 데 사용했던 통나무들이 여기저기 나뒹구는 걸 보고 도저히 건널 수 없다는 것을 직감했다. 요란한 소리를 내며 물속으로 돌진한 우리 포르공 역시 늪의 초입에서 멈춰 서버렸다. 새럿은 '네 눈으로 보다시피 더 갈 수가 없어'라는 웃음을 지어 보였다. 더 가는 건 고사하고 일단 후진으로 늪부터 빠져나와야 했다.

"아주 오래된 늪 같아요."

동료의 말대로 먼 옛날 헹티산맥이 생길 때부터 있었던 것 같은 늪. 어쩌면 신화처럼 숨을 쉬는 헹티라는 거대 고래에 난 숨구멍은 아닐까.

"솔직히 어떻게 해서라도 더 가고 싶은데……."

그나마 여기까지 와서 다행이라는 나와 달리 동료는 적지 않게 아쉬워했다. 이제 무엇을 해야 하나, 걸어서 갈 수 있는 데까지 가볼까. 차를 빼내는 동안 우리는 카메라를 꺼내들고 늪 옆의 언덕에 올라가 사진으로 아쉬움을 달래며 마음을 정리하기 시작했다. 움직이는 건 바람과 구름뿐이었다. 적막했다. 그 사이 새럿은 앞바퀴에 톱니장치를 만지더니 차를 사륜구동으로 전환했다.

"더 이상 갈 수 없으면 돌아가야죠."

보르항 할동을 눈앞에 두고 차를 돌렸다. 다시 온다면 늪이 꽁꽁 얼어버리는 겨울에 오던가, 아니면 말을 타고 와야 할 것 같다. 그때는 산 아래까지 갈 수 있겠지.

"저 산에 올라가면 보르항 할동이 보일 거요. 올라가 보겠소?"

"좋아요."

차를 돌려 나오던 새럿이 차를 멈추며 말했다. 아무래도 우리 표정이 마음에 걸렸나보다. 새럿은 차에 남고 세 사람은 산으로 올라가기 시작했다. 몽골 산은 우리나라 산과 달라 보기에는 가까운 것 같지만 막상 오르면 오를수록 멀어진다. 다 올라왔나 싶으면 아래쪽에서는 보이지 않던 언덕이 나오고 다시 그 언덕을 넘으면 다음 언덕이 나온다. 일종의 희망 고문이라고 할까.

헹티의 산들은 잇닿은 하늘마저 갈색으로 물들일 기세였다. 어느새 내 눈도 갈색으로 물들었다. 가끔 '내가 어디에 있는 거지' 혹은 '내가 뭐하고 있는 거지'라며 정신은 다른 데 가 있고 덩그러니 몸만 남은 것 같은 느낌이 들 때가 있는데, 지금이 그렇다. 인간의 흔적이라곤 찾아볼 수 없는 동몽골의 오지 헹티 산속을 헤매고 있다는 사실이 비현실적으로 다가왔다. 눈앞에 숯처럼 검게 그을린 큰 나무를 보자 정신이 돌아왔다.

"벼락을 맞은 건 아닐까요?"

"산불이 났었나 봐요."

몽골에서는 산불이 나면 뾰족한 대책이 없다. 딱 한 가지 방법은 비가 오기를 간절히 기다리는 것이다.

산 중턱에 오르자 숲에 가려 보이지 않던 헤를렝강이 드디어 모습을 드러냈다. 넓은 저습지를 뱀처럼 구불구불 흐르는 강. 우리의 한강이나 낙동강처럼 몽골 역사에서 가장 많이 언급되는 강 가운데 하나다. 껴입은 옷을 하나둘 벗으며 가쁜 숨을 몰아쉴 즈음 마침내 넓은 하늘이 열렸다. 산 꼭대기였다. 그곳은 바람의 세상이었다. 오직 살아 있는 것은 바람뿐인 것 같았다.

산꼭대기에서 바라본 보르항 할둔은 우주의 중심이었다. 바람도, 강도, 구름도 모두 이 산을 중심으로 움직이는 것 같았다. 산 정상이 네모나게 불룩 솟아 이런 느낌이 더했다. 그곳 근처에 다녀온 사람들 말로는 산 정상은 사람이 일부러 돌을 쌓아 만든 제단처럼 되어 있다고 한다. 할리온은 그곳에 칭기스 칸이 잠들었다고 굳게 믿었는데, 그녀만 그런 것은 아니었다. 몽골 사람들 대부분이 그렇게 믿었다.

나는 왜 저 산에 가보고 싶었을까? 칭기스 칸의 무덤이 있는 곳이라서? 탕구트 원정을 마무리하다가 죽은 칭기스 칸을 이곳까지 운구하면서 도중에 만난 모든 사람들을 죽이고 또한 무덤을 만든 군사들까지 모두 죽였다는 전설 같은 이야기에 이끌려서? 칭기스 칸을 비롯한 몽골 제국의 대칸들의 무덤이 하나도 발견되지 않았다는 사실 역시 흥미롭기는 했다. 그러나 내 관심은 그 산의 어떤 영적인 힘이 칭기스 칸을 이끌었을까 하는 점이었다. 그곳에서 그 느낌을 알아보고 싶었다. 그러나 나는 지금 그 기운의 실체를 느끼기에는 너무 멀리 떨어져 있다.

칭기스 칸 이전부터 보르항 할둔은 동몽골 끝자락에서 몽골로 이동한 몽골족의 성산이었다. 칭기스 칸의 역사를 다룬 『몽골 비사』에서 처음 등장하는 곳이 이 산이었다. 몽골족은 조상의 묘역이 있는 이 산에 모여 주기적으로 제사를 지냈다. 한 연구자에 따르면 보르항 할동이라는 이름은 '조상들의 무덤이 있는 버드나무가 자라는 산'을 뜻한다고 한다. 버드나무는 동북아시아에서 오랫동안 생명, 치유, 부활을 상징했다.

칭기스 칸은 보르항 할동과 함께 그의 생애를 보냈다. 아버지가 죽은 후 보르항 할동 근처 오농강 상류에서 고난의 세월을 살았고, 이복형제 벡테르를 죽인 후 타이치우드족에게 붙잡혀 노예 생활을 하다 도망쳐 가족을 찾아간 곳이 보르항 할동 북쪽 개울가였다.

그와 이 산과의 관계는 메르키트족이 급습하면서 극적으로 바뀌었다. 이 산에 숨어들어 목숨을 건진 후부터 이 산을 그의 신으로 받들기로 하고 전쟁 등 중요한 결정을 할 때마다 이 산에 들어와 기도를 드렸다. 그가 산의 정령과 어떻게 교감을 나누었는지 알 수 없지만 적어도 그가 보르항 할동에 들어왔다는 자체만으로 사람들은 하늘의 뜻이 그에게 있다고 믿었다. 그는 이곳을 자기 가족 이외에는 아무도 들어오지 못하게 대금구大禁區로 정했으며 그의 후손들 역시 이 금기를 지켰다. 시간이 흐르면서 보르항 할동은 몽골 전체의 성산으로 확대되었다.

칭기스 칸은 죽은 후 이곳으로 돌아왔다. 당시 상황을 『몽골 비사』는 이렇게 적었다.

> 탕오드 사람들이 말을 하고 지키지 않았기 때문에 탕오드 사람들에게 칭기스 카한이 두 번째로 원정하여 무찌르고 돌아와 돼지해

⁽¹²²⁷⁾에 하늘로 올랐다.

칭기스 칸뿐만 아니라 그의 후계자인 대칸들도 이곳 어딘가에 묻혔을 것이다. 사회주의 시절에도 이곳은 계속해서 대금구였지만 그 이유는 사뭇 달랐다. 러시아가 이 산이 몽골 민족주의의 근원지가 되는 것을 두려워한 까닭이었다.

쉴 새 없이 바람이 불어왔다. 이번 여행은 칭기스 칸의 길을 따라가는 여정이다. 나는 칭기스 칸의 영웅적인 면모나 업적 혹은 세계사에서 그가 차지하는 위치보다 그가 어떤 사람인지에 관심이 갔다. 위인전 속의 영웅이 아니라 울고 웃고 고뇌하는 한 명의 인간으로 그를 만나고 싶었다. 줄곧 칭기스 칸의 영웅적인 면모를 부각시킨 『몽골 비사』에서 드물지만 칭기스 칸이 아니라 인간 테무진을 만날 수 있는 장면이 있다. 제국의 후계자를 결정하는 자리에서였다. 아들들은 이미 장성했고 제국의 권력을 둘러싼 중대한 사안이었기에 그동안 수면 아래 있던 아들들 사이의 갈등이 수면 위로 떠올라 폭발하고 말았다.

칭기스 칸이 아들들을 모아 놓고 후계 문제를 거론했다.

"내 아들들의 맏이는 조치⁽주치⁾다. 너는 무슨 말을 하겠는가? 말하라!"

이 말을 들은 둘째 차가타이가 발끈했다.

"조치가 말하라고 할 때는 조치에게 맡겨 말씀하시는 것입니까? 우리가 어떻게 이 메르키드⁽메르키트⁾의 잡놈한테 통치되겠습니까?"

칭기스 칸의 부인 부르테가 메르키트족에게 납치당한 뒤 돌아와 낳은 첫째 아들이 주치이다. 동생에게 혈통을 부정당한 주치는 가만히 있을 수 없었다. 주치와 차가타이는 칭기스 칸 앞에서 옷깃을 틀어쥐고 싸움을 벌였다.

『몽골 비사』에는 이때 칭기스 칸은 잠자코 앉아 있었다고 기록하고 있다. 이 기록에서 자식 사이의 문제에 고뇌하는 한 아버지를 보았다. 지금 아버지들도 자식들 사이의 갈등을 보며 '아이들이 어렸을 때 잘할걸' 하며 후회하지만 돌이킬 수 없는 경우가 많지 않은가. 결국 첫째 주치나 둘째 차가타이가 아닌 셋째 우구데이가 권력을 승계하는 것으로 타협을 했지만 형제 사이의 분열은 계속되었고 훗날 제국의 분열로 이어졌다.

그에 대해 적은 글은 많지만 그가 스스로에 대해 적은 글은 적다. 칭기스 칸은 1219년 중국 전진교의 교주 장춘진인에게 보내는 편지에서 보기 드물게 자신에 대해 이렇게 적었다.

"나는 북방의 초원에서 태어났소. 바라는 게 있다면 그저 사람들이 본래의 순박한 모습으로 돌아가길 원할 뿐이오. 나는 사치를 멀리하고 늘 절제한다오. 소치는 목동이나 말몰이와 똑같은 옷을 입고 똑같은 음식을 먹으오. 우리는 재물도 함께 나누고 제사 음식도 함께 나누오. 나는 백성들을 내 아이처럼 생각하고, 병사들을 친형제처럼 돌본다오." 『마음을 잡는 자, 세상을 잡는다』

그의 진짜 꿈은 무엇이었을까?

## 그들의 축제, 나담

흐흐호수에 언제 도착할지 아무도 몰랐다. 새롓은 베테랑이었지만 처음 가는 길이었고 할리온은 말을 타고 간 적은 있어도 차로는 가보지 못했다. 몽골 여행에서 의미 없는 질문 가운데 하나가 "언제쯤 도착해요?"다. 처음 몽골 여행을 할 때는 이 질문을 여러 번 했지만 "몇 시 몇 분"이라는 대답 대신 "조금만 더 가면 돼요"나 "몇 킬로미터 정도 남았다"는 말 혹은 "대답 없음"을 들었다. 처음에는 이해가 되지 않았으나 이틀 정도 지나면 자연스럽게 그 이유를 알았다. 초원길은 무슨 일이 일어날지 누구도 모른다는 것을. 그 후로 가급적 이 질문은 하지 않았고 처음 몽골 여행을 오는 동료들이 궁금해서 이 질문을 하면 "가다보면 나와"라고 대답하곤 했다.

포르공은 보르항 활동을 뒤로 한 채 어제 묵었던 게르를 지나쳐 헤를렝강을 따라 내려갔다.

"여기서 점심 먹고 가요."

얼마나 기다리던 초원의 식사였던가. 머리 위로 파란 하늘이 펼쳐지고 옆으로는 강물이 초원을 가로지르고 눈부신 햇살이 내리고 있었다. 잠시 후 새롓은 강으로 가 큰 그릇에 물을 떠온 후 아침에 늑대 사냥꾼이 했던 것처럼 설거지를 하기 시작했다. 완벽할 것 같았던 분위기에 찬물을 끼얹은 건 바로 그때였다. 갑자기 주방 세제를 꺼내더니 사정없이 짜 그릇을 비벼댔다. 그릇에는 온천이 솟는 듯 거품이 일었고 그런 거품을 물로 대충 몇 번 헹구더니 그것으로 설거지는 끝이었다. 평소에 세제가 남을까봐 그릇당 5초 이상 물로 헹구는 나로서는 소스라칠 만한 장면이었다. '내가 다시 닦겠다'고 말하려다 마음을 바꾸고 이곳의 형편에 따르기로 했다. 꼼꼼함이나 위생에 대한 기준은 상대적인 것이니까. 세제를 쓴 건 이때가 처음이자 마지막이어서 더이상 고민할 필요가 없었다. 라면에 밥을 말아먹고 커피까지 마시고 나니 세상 부러울 게 없었다.

이 순간이 좋으면 다 좋다. 어디인지 모를 흐흐호수를 찾아간다는 부담도 없었고 덜 닦인 세제가 입으로 들어갈 거라는 걱정도 사라졌다.

"몽골에서는 강물에 직접 그릇을 씻지 않아요. 쓸 만큼만 물을 떠와서 써요. 그리고 강물에 더러운 것을 버리지 않고요."

설거지를 돕던 할리온이 몽골의 관습이라며 알려주었다. 할리온뿐만 아니라 몽골 초원에서 만난 유목민들은 하나같이 물을 아껴 썼다. 아껴 쓴 게 아니라 필요한 만큼 쓴 것이겠지만.

예부터 몽골 사람들은 물을 아껴 쓰는 것뿐만 아니라 어떤 식으로든 물을 더럽히지 않도록 조심했다. 심지어 칭기스 칸은 물에 오줌을 눠 물을 더럽힌 사람은 살려두지 않겠다고 법으로 만들었을 정도였다. 한번은 몽골에 온 우리나라 학술조사단 중 한 명이 아무 생각 없이 개울에 오줌을 눠 조사가 중단될 위기에 처한 적까지 있었단다.

몽골을 여행하는 사람이라면 누구나 물 때문에 당황스러운 일이 한두 번쯤 생기기 마련이다. 사실 물에 대한 걱정은 여행을 떠나기 전부터 시작된다. 남자들이야 그렇다 쳐도 여자들은 씻는 일에 민감하니까.

"여행을 갈 때 뭘 준비해야 해요?"

여행을 준비할 때면 나오는 질문으로 대답은 늘 같다.

"물티슈!"

이 말을 들으면 '잘 씻기는 어렵겠구나' 하고 마음의 준비를 한다. 물이 콸콸 나오는 울란바토르를 떠나면 주로 게르 캠프에서 묵는데, 물이 잘 나오는 곳도 있지만 그렇지 않은 곳도 많다. 어떤 곳은 아래에 막대기가 달린 물통이 전부다. 막대기를 톡 쳐올릴 때에만 물이 쫄쫄 나오는데, 이때 재빨리 물을 두 손으로 받아 세수를 한다. 처음에는 불편하지만 쓰다보면 한 움큼의 물만으로 충분히 세수를 할 수 있다. 이런 불편함은 시간이 지나면 몽골에서만 겪을 수 있는 특별한 경험으로 남는다. 시간이란 이래서 좋다.

실제로 몽골 사람들이 세수하거나 설거지하는 모습이 그렇다. 세수는 물을 입에 머금었다가 조금씩 손바닥에 뿜으면서 얼굴을 씻고, 설거지를 할 때 물을 쓰지 않고 행주로만 닦기도 한다. 몇 년 전 몽골에 학술조사를 다녀온 한 선배는 "게르에 초대를 받아 갔는데, 그릇에 기름기가 덕지덕지 달라붙어 음식을 먹기가 너무 힘들었어"라고 토로했다.

사람과 동물이 겨우 살아갈 정도로만 비가 내리는 몽골. 우리가 보기에는 최소한의 물로 살아가고 있다. 우리 눈으로는 분명 부족해 보이지만 몽골 사람들은 그것으로 충분하다고 생각한다. 청결과 불결이라는 개념은 몽골의 상황을 고려하지 않은 타인의 기준일 것이다. 불결과 청결로 문화의 수준을 논하기에 앞서 물을 어떻게 바라보는가를 먼저 따져봐야 하지 않을까. 그러고보니 세수하고 이를 닦은 지 하루가 훨씬 지났지만 찝찝한 줄 모르겠다.

길은 더 험해져 물이 고인 늪지가 심심치 않게 나타났다. 그럴 때마다 새롯을 건널 수 있는 곳을 찾아 위로 아래로 차를 몰았다. 과연 헹티산맥의 산길다웠다. 어느새 헤를렝강은 사라지고 남자들은 늑대를 쫓아 산으로 가고 여자와 아이들만 게르에 남아 있는 촐로트라는 곳을 지나갔다. 헹티산맥 곳곳에서 유목민들이 늑대와 한판 승부를 벌일 즈음 여행자는 절벽이 병풍처럼 펼쳐지고 강물이 유유히 흐르는 풍경에 넋을 잃었다. 빠진 넋을 불러낸 건 할리온이었다.

"몽골에서는 아이들이 딱 한 번 전생에 대해 말한대요."
"어떻게요?"
"전생에 어디에서 살았는지, 아이는 몇 명이나 있었는지 말한대요."
"난 딸아이에게서 그런 이야기를 못 들었는데……."
불교의 나라답게 사람의 전생과 윤회를 믿는가보다.

"참, 나담 알아요?"
"알죠. 유명한 몽골 축제잖아요."
"씨름, 활쏘기, 말 경주가 있어요. 말 경주는 말의 나이 별로 있어요. 말 경주에서 일등한 말은 값이 비싸져요."
"말을 탄 기수보다 말 조련사인 오야치가 더 큰 영광이라죠. 홉스글 호수를 가다가 들린 게르에서 주인 할아버지가 말 조련사로 나담에 참여해 받은 메달을 엄청 자랑스러워 했어요."
"1등만 상을 주는 게 아니라 꼴찌에게도 상을 줘요. 살쪄서 잘 달리지 못하니까 다음에는 살을 빼서 잘 달리라고요."
"고비사막에 갔을 때 나담을 봤는데 1등 말이 들어오니까 사람들이 전부 말한테 몰려갔어요. 처음에는 왜 그런가 싶었는데 다 이유가 있더라고요."
나담은 '놀이하고 경기한다'는 나다흐에서 나온 말로 몽골의 전통축

제를 말한다. 전통적으로 말 경주, 활쏘기, 씨름을 했는데 요즘 활쏘기는 없어지는 추세이고 양의 복사뼈로 하는 경기인 샤가이 하르바흐가 들어가기도 한다. 나담은 울란바토르에서 열리는 국가 나담인 올신바야르 나담과 지방에서 열리는 허드니 나담이 있다. 국가 나담은 7월 11일부터 13일까지 열리고 지방 나담은 사정에 따라 다르다. 국가 나담이 열릴 때는 몽골행 비행기 표를 구하기 힘들 정도로 외국 사람들에게 인기가 좋다.

2007년 고비사막에서의 일이었다.

"오늘 여기에서 나담 한다는데 가볼래요?"

무엇이든 알려주고 보여주고 싶어 하던 열혈 가이드 슈렝이 물어왔다. 몽골에서 나담을 볼 수 있다니, 그것도 고비사막에서.

고비사막은 비를 머금은 낮은 구름으로 뒤덮였다. 사막에 내리는 비를 맞으며 도착한 나담 축제장은 넓고 나지막한 언덕이었다. 때마침 축원을 하는 스님들의 독경 소리가 사막에 울려퍼지고 있었다. 포르공이 경기장을 둥그렇게 에워쌌고 사람들은 덤불로 뭉쳐 자라는 사막의 관목처럼 옹기종기 모여 있었다.

이날은 일 년에 한 번뿐인 축제날이었다. 이날을 손꼽아 기다린 사막의 유목민들은 말을 타고, 포르공을 몰고, 오토바이를 덜덜거리며 언덕으로 모여 들었다. "머리핀 좀 다시 꽂을래요. 이 옷 예뻐요?"라며 새벽부터 부산을 떨었을 아이들 역시 들뜨기는 마찬가지여서 싱글벙글거리며 아이스크림과 호쇼르를 먹고 있었다. 델을 입은 어른들은 결혼식장에는 들어가지 않고 로비에서 시끌벅적 안부를 묻는 하객들처럼 밀린 이야기를 나누고 있었다. 이때만큼은 고비사막이 쓸쓸하거나 적막하지 않았다.

그때 갑자기 사막에 움직이는 점들이 나타났다. 점은 순식간에 말로 바뀌더니 어느새 코앞까지 달려왔다. 모여 있던 사람들이 흩어지는가 싶더니 우르르 결승선으로 몰려갔다. 노란 옷을 입은 꼬마가 가장 먼저 통과했고 뒤따라 들어온 모자에 별을 단 아이가 울음을 터뜨렸다. 사람들은 우승한 말 쪽으로 몰려가 말이 흘린 땀을 몸에 묻혔다. 그들은 우승한 말의 땀이 건강과 행운을 가져오고 자기의 영혼을 정화한다고 믿는다. 가끔 기수 없이 말만 들어오기도 한다는데, 이 말들은 기수가 떨어져도 결승선까지 달리도록 훈련을 받기 때문이다.

포르공으로 만든 원형 경기장에서는 씨름 경기가 한창이었다. 경기장 한가운데에는 몽골 국기가 꽂혀 있었다. 선수들은 허벅지와 엉덩이를 치고 시계방향으로 돌면서 날갯짓을 했다. 이 춤은 우아하고 힘이 넘치고 간결했으며 여럿이 어울려 추면 더욱 장관이어서 무리를 지어 하늘을 맴도는 독수리 같았다. 독수리와 같은 능력을 얻으려고 이 춤을 췄다는 말은 일리가 있었다.

독수리의 기운을 받고 땅으로 내려온 씨름꾼들은 어깨를 잡고 힘겨루기를 했다. 어찌나 힘껏 잡아당기는지 옷이 찢어질 것만 같았다. 팽팽하게 맞서다 한순간에 선수가 넘어지면 여기저기서 탄성과 박수 소리가 들렸다. 몽골 씨름은 시간 제한이 없고 경기장에서 모든 선수가 한꺼번에 경기를 했다. 여행자는 이내 지루해지기 쉽지만 몽골 사람들은 그들의 국민 스포츠답게 흥미진진하게 경기를 지켜봤다. 씨름에서 진 선수가 이긴 선수의 어깨 밑으로 들어가는 승복 방식이 인상적이었다. 이긴 선수는 국기를 돌며 승자의 춤을 추고 원로들이 앉아 있는 본부석으로 가서 아이락을 받아 마시고 아롤을 먹었다. 몽골에서 씨름은 최고의 인기를 누려 국가 나담에서 우승하면 명예와 돈을 한꺼번에 잡는다.

전 세계 1,000개의 볼거리 중 2개가 몽골에 있다고 한다. 하나가 고비사막이고, 또 하나가 나담 말 경주라고 한다. 그날은 고비사막에서 나담 말 경주를 보았으니 엄청난 행운이었다. 몽골 전통축제인 나담은 몽골 전통노래 창법인 흐미, 알타이산맥의 독수리 사냥과 함께 2010년 유네스코의 세계무형문화유산으로 등재되었다.

고비사막에서 나담을 본 후 서울에서도 나담을 볼 수 있었다. 서울에 있는 울란바타르 문화진흥원에서 개최한 나담이었다. 우리나라에서 가장 먼저 시작된 나담이었는데, 지금은 몽골 사람들이 늘어나면서 서울뿐만 아니라 의정부나 안산 등 몽골 사람들이 모여 사는 곳에서는 매년 나담이 열리고 있다.

"몽골인은 자력으로 스스로를 지키지 못하면 종족이 전멸한다고 믿어 왔습니다. 강대국에게 국방을 의존하면 수적으로 열세인 종족이 소멸된다고 조상들로부터 가르침을 받았습니다."

행사 팸플릿에 실린 나담의 의의다. 지금은 군사적 의미가 사라졌지만 나담은 몽골 사람들을 하나로 묶는 가장 중요한 행사다. 그들은 크든 작든, 그곳이 어디든, 나담이라는 어울림의 축제를 연다. 우리는 사람들을 하나로 묶을 수 있는 공통의 축제가 사라지고 없지만 아직 그들에게는 나담이 남아 있다.

## 몽골인의 초능력, 어디까지 사실인가

지도 밖으로 행군하라. 지금 우리의 여행이 그렇다. 흐흐호수로 가는 길은 지도 어디에서도 찾을 수 없었다. 새럿은 그런 사정은 아랑곳하지 않고 거침없이 앞으로 달렸다. 새럿의 두 눈은 앞길과 길 옆 지형지물 사이를 부지런히 옮겨 다녔고 늪이 나오면 늪을 헤치고 갈림길이 나오면 주저 없이 한쪽 길을 결정했다.

"어떻게 길을 그렇게 잘 알아요?"

"30년 동안 길을 보며 다니다보니 느낌으로 알지요. 느낌으로."

그래도 느낌이 이상하다 싶으면 게르로 달려가 묻고 또 물었다. 포르공과 나란히 달리던 강이 시야에서 사라지자 한눈에 담기 어려운 광활한 초원이 나타났다. 시야가 트여서일까. 그동안 별말 없이 길과 씨름하던 새럿이 침묵을 깼다.

"내 고향은 자브항아이막이죠. 사람들은 보통 몽골에 오면 고비사막, 홉스글호수 등 정해진 여행지만 가요. 내 고향에는 볼거리가 많아요. 어떤 동굴은 150미터 정도만 갈 수 있고 더 이상은 추워서 들어갈 수가 없죠. 특히 자브항에는 오트공 텡그리산이 있는데, 너무 신성한 곳이어서 근처에 살았지만 멀리서만 바라봤죠."

몇 해 전 알타이산맥의 을기라는 도시로 갈 때 비행기에서 우뚝 솟은 만년설산 오트공 텡그리를 보았다. 하늘에서 잠깐 내려다본 그 산이 아직도 기억에 남은 걸 보면 정말 영험한 기운이 있지 않나 싶다. 이번에는 할리온이 말을 이어갔다.

"지난여름에는 말을 엄청 많이 탔어요. 한국에서 승마를 하기 위해 여행을 오는데 어떤 사람들은 아예 승마 장비를 가지고 와요. 그런데 너무 심하게 달려서 어떤 말은 등뼈가 부러졌죠. 몽골에서는 어떤 일이 있어도 말 머리는 때리지 않는데 한국 사람들 가운데 그런 사람이 있어요. 그러면 말치기가 손님을 내리게 하고 말을 데리고 가버려요. 자기 말이 아니라고 함부로 대하는 사람이 많아요."

묵묵히 그저 들을 뿐이었다.

"말치기들은 밤새 말을 초원에 풀어놓고 아침에 데려오는데 만약 말이 보이지 않으면 귀를 땅에 대고 소리를 들어요. 땅의 진동 소리로 자기 말이 어디쯤 있는지 안다고 해요."

"어떻게 그럴 수 있죠? 초능력자도 아니고."

"내가 아는 말치기는 멀리 떨어진 산꼭대기를 보고 그곳에 자기 말이 있는지 다 안대요."

몽골 여행을 오기 전 몽골 사람들의 초능력을 전설처럼 듣곤 했다.

"저 멀리에서 먼지가 일어나더니 한참 후에 어떤 아가씨가 말을 타고 우리 일행에게 다가왔지. 지평선에서 우리를 봤다는 거야."

먼저 몽골을 다녀온 선배가 들려준 경험담이었다. 다음 해 몽골 울란바토르에서 홉스글호수로 가는 길에 몽골 사람의 초능력을 눈으로 직접 확인했다. 밤새 평평한 초원을 달렸을 때 불빛이라고는 오직 헤드라이트뿐 아무것도 없었다. 그때 운전기사인 버떠 아저씨는 길 한 번 잃지 않고 밤새 길을 달렸다.

"귀만 가지고는 안 되고, 기억력도 동원해야지. 말발굽에 밟히는 게 어떤 땅인지, 그리고 눈 아래에 있는 게 풀인지, 모래인지 아니면 자갈밭인지를 보고서 어디까지 왔다는 걸 알아야 해. 또 길을 잃지 않으려면 얼굴로 바람을 느껴야 해. 또 코로는 냄새를 맡아야 하고 바람 속에는 눈, 풀, 모래, 초석, 염분, 늑대, 여우, 말똥, 대대 주둔지 냄새까지 모든 냄새가 다 들어 있거든. 어떤 때에는 아무런 냄새도 안 나기도 해. 그런 때는 귀와 기억력에 맡기는 거지. 아무리 날이 어두워도 난 길을 다 알 수 있어." 『늑대토템 1』

자연 속에서 살아남으려면 온몸의 감각을 활짝 열어야 한다. 작은 변화에도 민감하게 반응하고 그 뜻을 헤아려야 적절하게 대처할 수 있는 게 초원의 삶이었다. 여행자에게는 아름답게만 보이는 저녁 하늘에서 유목민들은 내일의 날씨를 읽어낸다. 저녁 하늘의 회색 구름을 보고 내일 날씨가 흐릴 것을 예상하고 늦여름 윗부분이 빨간 구름에서 다음 날 아침 서리가 내리고 추워질 것을 예감한다. 해가 진 후에 빨갛게 보이는 구름은 며칠 후에 날씨가 나빠질 징조라고 말한다.

몽골 사람의 능력 중에 가장 놀라운 건 시력이다. 몽골을 잘 모르는 사람도 어디선가 몽골 사람의 시력이 매우 뛰어나다는 것을 한두 번쯤은 들어보게 마련이다. 어떤 사람은 몽골 사람의 시력이 2.0이나 3.0은 기본이고 심지어는 6.0이나 7.0이라고까지 말한다. 사실인지 아닌지 1킬로미터 정도 떨어진 곳에 있는 양이 암놈인지 수놈인지 구별할 수 있다는 사람, 5킬로미터 떨어진 곳에서 야구공보다 약간 더 큰 물체를 식별할 수 있다는 사람, 심지어는 수십 킬로미터 떨어진 곳에 있는 말이 자기 말인지 다른 사람 말인지 알 수 있다는 사람을 봤다는 증언까지 있다.

몽골 여행을 함께했던 친구에게 들은 말이다. 책을 무척 좋아하던 한 신부님이 있었다고 한다. 너무 책만 들여다보다 눈이 보이지 않을 지경에 이르자 의사가 "당장 책을 덮고 지평선이 있는 캐나다로 가세요!"라고 처방을 내렸다. 그 신부님은 캐나다로 떠났고 다시 눈이 좋아졌다고 한다. 만약 그 의사가 몽골을 알았다면 분명히 추천지를 바꿨을 것이다. 넓은 초원과 하늘을 보면서 사는 몽골 사람들. 그들은 우리 눈으로는 보이지 않는 먼 곳에 있는 작은 물체 하나까지 놓치지 않는다. 만약 그 물체가 늑대라면 단단히 준비를 해야 하니까.

사람들은 자기가 사는 환경에 적응하는 능력이 있다. 몽골 사람들 뿐만 아니라 하루에 두 시간씩 구름을 본다는 태국 모겐족의 시력은 9.0이라고 알려져 있다. 베네수엘라 바우라강 상류에 사는 예콰나족은 어두운 밀림 속에서 작은 새를 알아볼 수 있고 흐르는 강물 위에서 미세한 물결을 보고 물고기를 찾아낼 수 있다. 그들에게는 자연스러운 일이지만 우리에게는 신기한 초능력으로 보인다. 사람이 자연에서 멀어지고 기계에 의존하게 되면 예민하던 신체의 감각은 점점 둔해진다. 잘 알고 지내는 관광버스 운전기사 아저씨도 예전에는 눈을 감고 찾아갔던 길을 내비게이션을 쓴 후부터 점점 잊어버려 이제는 내비게이션이 없으면 찾아가지 못한다고 한탄했다. 몽골 초원에 내비게이션이 등장하는 순간 우리가 아는 유목민은 더는 없을지 모른다.

## 흐흐호수와 흡스글의 추억

그는 배우 오창석을 무척 닮았다. 길을 물으러 게르를 찾고 있을 때 어디선가 홀연히 말을 타고 나타난 그는 길을 잘못 들었다며 갈 길을 알려주었다. 그의 말대로 차를 돌려 들어선 계곡에서 마음이 더 조급해졌다. 길은 가도 가도 제자리인 것만 같은데 이미 해가 넘어가 어두워지기 시작했다. '제대로 가고 있는 것일까, 무사히 도착할 수 있을까?'

"저거 뭔지 알아요?"

새럿이 커다란 돌무더기를 보고 물었다.

"옛날 무덤인 께렉수르지요."

새럿은 흠칫 놀라는 표정이었고 그 표정을 보자 몇 마디를 덧붙였다. 그러자 보드카를 홀짝이던 동료가 한마디했다.

"너무 아는 체한다."

"그럼, 내 특기가 아는 체야. 흥분하면 더 그래."

이 흥분병은 중학교 때부터 시작됐다. 집 근처 산 어디쯤 절터가 있다는 말을 듣고 무작정 절터를 찾아 나섰다. 산길에서 뱀을 보고 돌아갈까 하다가 우여곡절 끝에 절터를 찾을 수 있었다. 나 혼자 힘으로 힘들게 찾아낸 만큼 너무 기뻤다. 그러고는 주변을 돌아다니며 깨진 기와와 형태를 알아볼 수 없는 그릇 조각을 모아 집으로 가져왔다.

"기와 쪼가리하고 그릇 쪼가리는 뭐하려고 가져왔어!"

부모님이 잔소리를 하시던 그 사금파리들은 내 삶의 방향을 결정했다. 나중에 박물관에 일하면서 유물을 만지게 되었으니까.

께렉수르는 보통 히르기수르라고 부르는 청동기 시대의 돌무지무덤이다. 우리나라 청동기 시대 사람들이 고인돌을 만들 때, 몽골 초원에서는 께렉수르를 만들었다. 2005년 홉스글호수 근처에서 처음 께렉수르를 만났다. 그때는 단지 돌무더기 무덤 정도로 알고 지나갔는데 나중에 알고보니 무덤과 제사 유적으로 그 형태도 서른 가지가 넘었다.

몽골 초원을 여행하다보면 인공적으로 쌓은 돌무더기를 심심치 않게 만난다. 그것은 께렉수르일 가능성이 높은데 기본적으로 가운데에 동그란 돌무지를 만들고 둘레에 사각형 돌담을 두른다. 보통 둥그런 형태는 영혼이 하늘로 올라가는 문이고 그 하늘은 조상들이 사는 곳이라고 해석한다.

그런데 께렉수르에는 사람만 묻히지 않았다. 말을 묻은 곳도 있다. 죽은 후까지 분신 같은 말을 데려간 몽골 초원의 유목민들. 그 후 초원을 장악하고 유목 제국을 만든 흉노 사람들 역시 말을 데려갔다. 어찌 흉노 사람들만 그랬겠는가. 우리나라 가야 사람들은 무덤에 철제 말 갑옷이나 재갈 등 수많은 마구류를 같이 묻었고 신라의 금령총에서는 유명한 말을 타고 가는 사람 모양 토기, 즉 기마인물형 토기가 발견되었다. 몽골 초원과 우리나라는 또 그렇게 이어졌다.

"내일 또 볼 수 있어요."

늦은 시간이라 내려서 보지 못해 아쉬워하는 나를 보고 새럿이 위로하듯 말했다. 지금은 한시바삐 계곡을 벗어나야 했다.

바람처럼 왔다가 바람처럼 사라진 몽골 초원 유목민의 삶. 땅 위에 남아 있는 삶의 흔적은 바람과 함께 사라졌지만 죽음의 흔적은 수천 년이 지난 오늘까지 저렇게 남았다. 돌을 보기 힘든 몽골 초원에서 많은 돌을 날라 무덤을 쌓도록 만든 권력의 출현, 그 속에 묻힌 권력자.

몽골 초원에도 역사의 수레바퀴는 움직이고 있었다.

늑대가 튀어나온다 해도 이상할 것 없는 저녁이었다. 몇 개의 고개와 몇 개의 계곡을 지났지만 끝은 보이지 않았다. 저 너머 어디에 푸른 호수 즉 '흐흐노르'가 기다리고 있었다. 칭기스 칸에게는 굴욕의 땅이자 영광의 땅이었다. 이복형제를 죽였다는 이유로 타이치우드족에게 붙잡혀 노예 생활을 하다 탈출한 칭기스 칸은 그들의 추적을 피해 궁벽한 흐흐호수로 도망쳤고 그곳에서 숨을 고른 후 헤를렝강으로 나가 꿈을 펼쳤다. 그는 훗날 고난의 시절을 보낸 흐흐호수에서 몽골족의 칸으로 추대되었다.

역사적 의미가 깊은 호수였지만 정작 나는 『몽골 비사』에 기록된 "검은 심장 모양의 산 옆에 있는 푸른 호수"라는 구절에 관심이 갔다. 검은 심장 모양의 산이란 도대체 뭘까. 지금 불안에 떨며 검은 심장 모양의 산으로 한 발 한 발 들어가고 있다.

고개 너머 또 고개를 반복하다 어느 순간 눈이 환하게 열리며 신작로 같은 길을 만났다. 비로소 안도의 한숨을 내쉬었다.

"저기 호수가 보여요."

사위어가는 풍경 속에서 아주 살짝 수면에 반사되는 하늘이 보였다. 드디어 두 번째 목적지에 도착했다. 그런데 여름이 지나고 여행객들이 없어서인지 호숫가의 게르 캠프는 문을 닫았다. 급한 대로 근처 민가 게르에서 묵기로 하고 주인을 따라 집 안으로 들어갔다. 주인 부부가 쓴다는 게르는 깔끔했고 세면대까지 갖춰져 있었다. 그동안 수많은 게르를 다녀봤지만 세면대를 갖춘 곳은 처음이었다. 방값을 치르고 짐을 정리하고 있는데 새럿이 우당탕탕 문을 열어젖혔다.
"술병 감춰!"
영문을 모른 채 얼떨결에 술병이 담긴 상자 위에 다른 짐을 얹어 놓자 잠시 후 아주머니가 들어와 난로에 불을 지폈다.
"시골 사람들은 술을 보면 달라고 해요. 할 일이 없는 밤에 술 마시는 걸 좋아하는데 여긴 술을 구하기 힘드니까요."
아주머니가 나가자 할리온이 말했다. 어제도 우리가 가지고 온 술병 상자를 보고 유목민들이 술을 달라고 해서 방값에 보드카 한 병을 얹어 주었다. 밤은 길고 보드카를 살 수 있는 가게는 멀리 있으니 귀할 수밖에. 얼떨결에 숨기기는 했지만 그들과 술 한잔 기울이며 이야기를 나누는 맛도 꽤 쏠쏠할 텐데 몸이 따라주지 않았다.

저녁을 먹고 밖으로 나가보니 바로 앞이 호수라는데 보이는 건 온통 어둠뿐이었다. 잠시 주위를 서성대다 게르 안으로 들어가 난롯가에 앉았다.
"할리온, 한국에 있을 때 어디가 가장 인상적이었어요?"
"바다요. 몽골에서는 바다를 볼 수 없잖아요. 이곳 몽골에서는 홉스글호수를 바다라고 불러요."
몽골 사람들의 바다 홉스글호수, 그곳은 우리나라 사람에게 금강산이나 만주벌판과 같았다. 드넓은 초원은 있지만 바다는 볼 수 없는 내륙 국가이기에 그들에게 바다는 특별했다. 한번은 모임에서 만난 몽골에서 이주한 여성에게 몽골에서 어디를 가장 가고 싶으냐고 물었다.
"홉스글호수요."

몽골 사람들이 그토록 가고 싶어 하는 홉스글호수는 몽골 여행팀의 두 번째 해 여행지였다. 울란바토르에서 3일 밤낮을 육로로 여행한 끝에 만난 호수는 그들의 말대로 바다였다. 몽골 초원의 모든 물이, 고비사막으로 가야 할 모든 물이 이 호수로 모여든 것 같았다.

길이 136킬로미터, 폭 36.5킬로미터, 깊이 260미터, 제주도보다 1.5배나 큰 면적, 전 세계 민물 가운데 0.4퍼센트를 차지하며 그 물은 세상에서 가장 깨끗하다고 알려진 곳, 연어와 송어가 헤엄치고 산에서는 얼마 전까지 전설의 눈표범이 살았던 곳, 절벽에는 붉은부리까마귀가 둥지를 틀고 부드러운 모피를 자랑하는 붉은 여우가 산을 누비는 곳, 땅다람쥐 조름과 덩치 큰 쥐 타르박이 얼굴을 내미는 곳. 그곳이 홉스글이다.

홉스글호수의 겨울과 여름은 전혀 다르다. 영하 40도를 오르내리는 추위로 모든 것이 얼어붙는 겨울. 그때는 꽝꽝 얼어붙은 호수 위로 차가 다닐 수 있다. 이 얼음은 6월에 가서야 녹는다. 얼음이 녹고 짧은 여름이 오면 하늘에는 후투티가 날고 땅에서는 하얀 꽃과 보라색 꽃 야루구이가 발 디딜 틈 없이 피어난다. 이때가 되면 숲 속에서 생활하던 사람들은 시원하고 해충이 없는 물가로 나오고 새들은 짝을 찾아 다니기에 바쁘다. 초원을 뒤덮은 노란색 꽃, 보라색 꽃에 흠뻑 빠진 것이 이때쯤이었다.

호수의 물은 보면 볼수록 맑았다. 호수 가장자리에는 동그랗고 하얀 돌들이 깔렸고 투명한 물빛은 호수 안으로 멀어지면서 차츰 파랗게 되었다가 검푸른색으로 바뀌었다. 살랑살랑 부는 바람에 햇빛이 수면 위로 눈부시게 퍼졌다. 호수에 두 손을 담그면 파란빛으로 물들

몽골 사람들이 가장 가고 싶어 하는 곳, 몽골의 바다 흡스글호수 ⓒ 김동훈

고 어여쁜 초록빛 손이 될 것 같았다. 어떤 다큐멘터리에서 홉스글호수를 수중촬영하고 나온 카메라맨은 이렇게 말했다.

"호수 바닥까지 햇살이 들어요."

화장기 없이 깔끔한 민낯 그대로 자신의 모습을 보여주는 호수. 큰 바다를 뜻하는 '달라이'라는 말에 어울릴 만한 곳이다. 호수 주위에는 몽골의 소수 민족인 차탕족이 하얀 순록을 키우며 살아간다. 홉스글호수는 바이칼호수과 더불어 샤머니즘이 발생한 곳으로 전설 속 샤만이 신화처럼 살아 있는 곳이다.

흐흐호수 옆 작은 게르 난롯가에서 겨울이 되면 꼭 한번 놀러오라던 홉스글의 말치기 대장 호이가를 떠올렸다. 그리고 눈 덮인 호수를 말로 달리는 상상을 했다.

"여기는 쥐가 나와요."

침대가 두 개뿐이어서 바닥에 침낭을 깔고 자려는데 할리온이 웃으며 말했다.

"놀리는 거죠?"

"진짜라니까요. 호숫가라 그래요."

설마하며 침낭을 깔고 있는데 어디선가 소리가 들렸다.

"찍찍!"

틀림없는 쥐 소리였다. 쥐와 같이 자는 사태를 막기 위해 동료가 자고 있는 좁은 침대로 올라가 발가락을 침대 끝에 걸었다. 이렇게라도 해야 바닥으로 떨어지지 않을 것 같았다.

"신발 속이 따뜻해서 쥐가 들어가 자기도 해요. 그것도 모르고 신발을 신었다가는……."

어렵게 잡은 자세를 풀고 내려왔다. 쥐에게 신발을 내주는 불상사를 막으려고 신발을 상자 위에 올려놓았다. 쥐 소리와 코 고는 소리가 묘한 조화를 이루며 흐흐호수의 밤이 깊어갔다.

'설마 칭기스 칸이 흐흐호수를 떠난 건 쥐 때문은 아니겠지?'

## 3. 아무도 죽지 않는다

## 칭기스 칸의 개혁

초원으로 들어온 지 3일째 아침, 일어나자마자 상자 위에 놓아둔 신발을 들어봤다. 다행히 쥐는 없었다. 아침을 먹고 작은 고민에 빠졌다. '이를 닦을까 말까.' 울란바토르를 떠난 후 지금까지 세수는 물론 이도 닦지 않았다. 입 안은 분명 텁텁한데 굳이 닦고 싶은 마음이 들지 않았다. 그래도 칫솔을 들고 밖으로 나간 건 평소의 습관 때문이었다.

몽골 초원에서 며칠 지내다보면 어느새 시간을 잊어버린 자신을 발견한다. 도시라는 공간은 촘촘하게 짜인 시간의 그물로 사람을 몰아넣는 곳이다. 일 분 일 분이 돈으로 환산되는 그곳에서 사람의 삶은 하루가 24시간 1,440분으로 잘게 쪼개져 흩어진다. 사람이 시간의 주인이 아니라 시간이 사람의 주인 노릇을 하는, 자유롭기 어려운 곳이다.

"지금 몇 시지?"

초원에서는 이런 질문이 점점 줄어들다가 이틀 정도 지나면 큰 의미가 없다는 것을 깨닫는다. 이곳의 시간은 도시의 시간과 다르게 흐른다. 자연의 시간을 나의 시간으로 받아들이고 시간이 주는 긴장으로부터 서서히 벗어나면서 자신과 주위의 사람, 자연에 집중하게 된다. 간혹 일행과 잠시 떨어졌다 다시 만날 시간을 정할 때 잠깐 시계를 볼 뿐, 다시 시계를 볼 때는 몽골을 떠날 때뿐이다. 호숫가를 거닐며 잠깐의 여유를 가졌다. 만약 이곳에 여름에 왔다면 모기와 파리로 고생깨나 했을 것 같다.

800여 년 전, 그날이 그날 같던 호흐호수에서 큰 소동이 일어났다.

들쥐를 잡아 겨우 목숨을 이어가던 칭기스 칸이 애지중지하던 말을 도둑맞은 것이다. 그때 말을 되찾으러 간 그는 일생을 함께할 친구이며 동지이자 용맹한 부하인 보오르츠를 만났다.

누군가는 평생 동안 진정한 친구 두 명만 있다면 그럭저럭 성공한 인생이라고 말했다. 그런 점에서 보면 칭기스 칸은 대단히 성공한 삶을 살았다. 돈이 아니라 흔쾌히 자기 목숨을 내줄 수 있는 친구들을 만났으니. 그것도 한두 명이 아니었고 더구나 그들 중에 배신한 사람은 없었다.

거기서 함께 나아가 보르칸 성산(보르항 할동)의 남쪽, 구렐구 안에 있는 셍구르 개울의 카라 지루겐의 쿠쿠 호수(흐흐호수)에서 살 때는 땅굴토끼, 들쥐를 잡아 연명했다. 『몽골 비사』

『몽골 비사』의 기록을 보면 칭기스 칸이 흐흐호수에서 어떻게 살았을지 자세히 설명하지 않아도 알 것 같았다. 호수 주위는 온통 산뿐이다. 많은 가축을 키우기에 벅찬 곳이며 그런 까닭에 사람들이 외면하는 곳이다. 들쥐를 잡아먹으며 그는 무슨 생각을 했을까? 목숨 같은 말 여덟 필을 도둑맞았을 때는 모든 게 끝나버린 비통한 심정으로 어떤 일이 있어도 말을 되찾아야겠다는 마음뿐이었을 것이다. 그때 만난 친구 보오르츠는 혈혈단신으로 도둑 맞은 말을 찾으러 간다는, 생면부지인 칭기스 칸을 외면하지 않고 함께 말을 찾아 떠났다. 사람들을 자기편으로 만드는 칭기스 칸의 놀라운 능력 때문인지, 진솔한 태도 때문인지, 젊은 시절의 호기 때문인지 알 수 없지만 보오르츠는 젖을 짜다 말고 같이 길을 떠났고 말 도둑에게서 말을 되찾았다. 그 후 그들은 평생 동안 함께하는 친구가 되었다. 말을 되찾은 칭기스 칸이 고마움의 대가로 말을 나누자는 제안에 보오르츠는 이렇게 답했다.

"나는 그대 좋은 동무가 고생하며 온다고, 좋은 동무에게 도움이 되겠다고, 동무하여 왔다. 무슨 전리품이라고 내가 갖겠는가?"

『몽골 비사』

이 말을 들은 칭기스 칸은 전리품을 나누어 갖지 않거나 피를 나눈 혈족이 아니어도 충분히 좋은 관계가 형성될 수 있다는 새로운 희망과 가능성을 보았을 것이다.

아버지 예수게이가 죽은 후 그의 가족은 혈족에게서 철저하게 버림받았다. 혈족에게 그들은 버려야 할 쓸모없는 짐이었다. 오히려 위기의 순간에 도움의 손길을 내민 사람은 피 한 방울 섞이지 않은 사람들이었고 게다가 그들의 신분은 미천했다. 이 점은 앞으로 그가 갈 길을 예시해주었고 훗날 그는 혈연에 의한 세습 신분을 없애고 능력과 충성도에 따라 몽골 사회를 재편했다.

호수 옆 숲길을 지나니 몇 해 전 만들었다는 칭기스 칸 추대 기념 광장이 있었다. 사람 얼굴이 새겨진 장승 같은 큰 나무 기둥들이 둥그렇게 호위한 가운데, 중앙의 네 개의 기둥이 우리를 내려보고 있었다.

"가운데는 부르테(부인), 칭기스 칸, 예수게이(아버지), 후엘룬(어머니)의 얼굴이고 주변에 있는 사람들은 다른 칸과 장군들이에요."

가축을 풀어놓고 기를 만한 땅이 없던 이곳을 떠나 헤를렝강으로 터전을 옮긴 칭기스 칸은 메르키트족에게 빼앗긴 아내 부르테를 되찾고, 이미 강력한 세력을 구축한 친구 자무카와 공동 유목을 시작한다. 그러나 그는 곧 독자적인 세력을 구축하기 위해 자무카를 떠난다. 그로부터 8년 후 칭기스 칸의 추종자들은 이곳 호호호수로 속속 모여들었다. 이 자리에서 유력한 가문의 대표자들인 알탄, 코차르, 사차 베키는 테무진을 몽골족을 대표하는 칭기스 칸으로 추대했다.

> "전쟁의 날에 그대의 공격 명령을 어기면 우리의 모든 비복들로부터 여자와 아내들로부터 떼어내어 우리의 검은 머리를 땅바닥에 버리고 가라! 평화의 날에 그대의 마음을 어지럽히면 우리의 모든 속민들로부터, 아내와 자식들로부터 떼어내어 주인이 없는 땅(=사람이 살지 않는 곳)에 버리고 가라." 『몽골 비사』

그 당시 충성을 맹세한 당사자들은 실제로 자신들이 이런 운명에 처해지리라는 걸 아무도 몰랐다. 당시 초원 세계의 충성 서약이란 상황에 따라 언제든지 깨질 수 있는 유리 그릇에 불과했으니까. 귀족들은 오랜 세월 혈연과 신분 상속을 통해 그들의 권위를 유지하며 초원 세계를 지배해 왔다. 그러나 그들은 칭기스 칸을 과소평가하거나 오해했다. 칭기스 칸은 몽골족의 칸이 되자 가문과 신분이 아니라 능력에 따라 권력을 재편하기 시작했다. 귀족 가문 최대의 적은 바로 그들이 추대한 칭기스 칸이었다. 기득권을 가진 가문들, 특히 사차 베키의 주르킨 가문은 몇 년 후 벌어진 칭기스 칸의 타타르 원정에 불참하는 것으로 불만을 표출했다.

"옛날부터 우리의 할아버지, 아버지들을 시해한 타타르를 이제 이 기회에 협공하자. 함께 출정하자!" 『몽골 비사』

칭기스 칸은 전갈을 보내고 6일을 기다리며 명분을 쌓았다. 예상대로 주르킨 가문은 그의 요청에 응하지 않았다. 칭기스 칸이 공격할 빌미를 스스로 만든 셈이었다. 게다가 칭기스 칸이 타타르 원정을 떠난 사이 칭기스 칸의 본거지를 습격하여 사람들의 옷을 벗겨가고 10명을 죽이기까지 했다. 칭기스 칸은 기다렸다는 듯이 주르킨 가문을 공격했고 충성 서약의 주인공 사차 베키와 타이초를 사로잡았다.

"우리가 언약한 말을 우리가 안 지켰다. 우리의 약속대로 시행하라!" 『몽골 비사』

그들은 충성 서약대로 죽임을 당했다.
"여기서 노래를 불러도 되고 소리를 질러도 돼요."
호숫가에 있는 작은 전망대에 도착했을 때 할리온이 말했다. 하지만 조용한 호수에 대고 아침부터 소리를 지르는 것보다는 전망대에 올라 주변을 둘러보는 것이 좋겠다는 생각이 들었다. 호수 건너편에 삼각형으로 불쑥 솟은 산이 보였다. 『몽골 비사』에 언급된 심장 모양의 산이었다. 내가 이름을 붙인다면 삼각산으로 하겠지만 유목민들은 같은 삼각형을 보고 신체 기관인 심장으로 표현했다. 『몽골 비사』에 등장한 지명을 지금도 찾을 수 있는 건 이들이 신체 장기에 밝은 유목민이기 때문일 것이다.

우리가 "간 떨어질 뻔했다, 간땡이가 부었나, 비위가 약하다"는 말을 하는 것처럼 그들도 신체 기관을 비유한 표현을 많이 썼다. 몽골 신화에서 놀랐다는 표현을 보면 "나뭇잎이 부딪히는 소리만 나도 허파와 염통이 입으로 나올 듯이 놀라 정신을 잃을 만큼……"『몽골 비사』이라고 했다. 또 흐흐호수에서 헤를렝강으로 무대를 옮긴 칭기스 칸이 초원의 실력자인 케레이트족의 옹 칸을 찾아가 검은담비 가죽을 예물로 바치자 옹 칸은 약속을 잊지 않겠다는 의지를 이렇게 표현했다.

"검은 담비의 외투의 답례로 흩어진 너의 나라를 모아 주마! 담비 외투의 보답으로 헤어진 너의 나라를 합쳐 주마! 콩팥이 있는 허리 밑에, 흉추뼈 있는 가슴에 있도록 하라!" 『몽골 비사』

그런데 이 산은 검은색으로 불릴 만큼 검지는 않았다. 그런 뜻보다는 무겁고 탁한 것을 의미할 때 쓰는 검은색이 아닐까 싶었다. 불뚝 솟은 검은 심장의 산을 계속 바라보고 있노라니 거인이 점점 다가오는 것 같은 착각이 들었다.

## 오보, 영원한 푸른 생명

검은 심장의 산 꼭대기에 올라가 흐흐호수를 내려다보고 싶었다.
"게르 캠프 울타리를 따라가면 산으로 갈 수 있어요."

할리온이 호숫가의 풀이 무성한 곳을 가리키며 말했다. 멀리서 보기에는 건너는 데 큰 문제는 없을 것 같았다. 그곳에는 소들이 풀을 뜯으며 한가롭게 아침을 즐기는 중이었다. 차는 다른 길로 보내고 우리는 걸어서 호숫가 지름길로 향했다. 그러나 가까이 다가가자 예상과는 다르게 그곳은 곳곳에 물이 고인 늪이었다. 그래도 징검다리처럼 군데군데 흙이 솟아 그곳을 밟고 건널 수 있을 것 같았다. 일단 들어갔고 금방 후회했다. 징검다리는 간격이 들쑥날쑥했고 밟으면 쑥 주저앉았다. 그 사이를 개구리처럼 팔짝팔짝 뛰는 수밖에 없었다.

"아니 제대로 가르쳐준 것 맞아? 소만 다닐 수 있는 길이잖아."

되돌아가기에는 이미 늦었다. 할리온은 신고 있던 어그 부츠가 젖기 시작하자 아예 신발을 벗어들고 맨발로 텀벙거리며 건넜다. 몽골 사람들이 장화 같은 신발인 고탈을 신는 이유를 실감했다. 신발이 젖을까 안절부절못하는 나와 달리 텀벙거리며 늪을 건너는 할리온에게 소리쳤다.

"괜찮아요?"

"갈 수 있어요."

겨우 늪을 통과하자 산기슭에 샘이 졸졸 흐르고 있었다. 검은 심장의 샘물이라고 부르는 물맛이 좋다는 샘이었다. 샘 입구에는 "더럽히지 말고 깨끗이 쓰세요"라고 쓴 작은 간판이 세워져 있었고 샘 주위에 신성한 장소임을 알리는 하닥이 묶여 있었다. 샘에서 흘러나오는 물에 생각 없이 손을 넣어 손에 묻은 흙을 닦을 찰나 할리온이 기겁을 했다.

"물에 그렇게 손을 넣어서 닦으면 안돼요."

몽골에서는 마실 물에 손을 씻는 건 불경이었다. 칭기스 칸의 대법

령은 아직까지 살아 있었다. '제14조, 사람들이 먹는 물에 직접 손을 담가서는 안 된다. 물을 뜰 때는 반드시 그릇을 사용해야 한다.'

샘물은 다디달았다. 물을 마시고 검은 심장의 산 아래로 가자 새럿이 이미 차를 끌고와 기다리고 있었다. 이럴 줄 알았으면 차로 오는 건데…….

"산 위에 올라가 오보를 돌아야지."

오보가 있는 산 정상은 금방 뛰어올라갈 것같이 가까워 보였지만 아니나 다를까 급경사로 금세 숨이 가빠졌다. 그럴 때마다 돌아서서 호수를 보았다. '저 꼭대기에서 보면 훨씬 더 아름다울 거야'라며 주문을 걸었다. 마침내 정상에 오르자 흐흐호수가 한눈에 들어왔다. 그 호수 너머 황금색으로 물든 산들이 아스라이 펼쳐지고 있었다. 세찬 바람이 뒷산에서 불어왔다. 몽골은 어디를 가나 바람이다. 정상에 세워놓은 오보에 걸린 깃발이 세차게 펄럭였다. 먼저 시계방향으로 세 바퀴를 돌고 돈을 돌 사이에 끼워 넣고 소원을 빌었다.

'이번 여행이 무사히 끝나기를…….'

할리온은 향을 피웠다. 그동안 몽골에서 수많은 오보를 만났지만 향을 피우는 건 처음이었다. 칭기스 칸의 기운이 서린 곳이어서 그럴까. 바람이 세차게 요동쳤지만 마음은 더 차분해졌다.

몽골 여행을 하면 꼭 만나는 게 오보다. 여행을 하다가 이제 좀 쉬어가면 좋으련만 하면 어김없이 오보가 나타나곤 했다. 끝도 없는 초원에 지쳐 갈 때쯤 언덕 위나 산꼭대기의 오보에 서면 보이는 아스라한 풍경에 탄성을 내지른다.

"그래. 이게 몽골이야!"

'검은 심장의 산' 꼭대기에 있는 칭기스 칸 기념 오보

칭기스 칸은 흐흐호수에서 몽골족의 칸으로 추대되었다.

오보를 유심히 살펴보면 우리네 성황당을 금방 떠올릴 수 있다. 이런 유사성에 놀란 사람들은 몽골과 우리나라의 문화가 같은 뿌리에서 나온 것으로 믿는다. 하지만 아직까지 어떤 영향을 주고받았는지 속 시원하게 밝혀지지 않았다. 오보는 다른 말로 나무라고 부를 수 있겠다. 돌무더기 가운데 어김없이 보이는 나무 기둥은 언뜻 보면 하닥을 걸기 위한 깃대처럼 보인다. 그렇지만 그 자체로 신령스러운 나무였고 본래 그 나무는 버드나무였다.

중국 명나라 때 이시진이 쓴 『본초강목』에는 "양류(버드나무)는 세로든, 가로든, 거꾸로 꽂든, 바로 꽂든 모두 산다"라고 기록하였다. 버드나무는 생명력이 강해 어떻게든 사는 나무였고 빨리 자라는 나무였다. 그래서 사람들은 중국 내몽골 쿠부치사막에 버드나무를 심어 사막화를 막고자 했다. 모래가 언덕을 이루는 사막에서도 물이 조금이라도 있는 곳이면 꿋꿋하게 자라났다. 옛날부터 사람들은 버드나무를 끝끝내 죽지 않고 또다시 살아나는 영원한 생명을 지닌 나무로 받아들였다.

이런 나무였기에 동아시아, 특히 산림과 초원 지대에서는 신령스런 대접을 받았다. 유럽 정주민의 나무가 올리브나무라면 유목민과 수렵민의 나무는 버드나무였다. 버드나무는 초원의 유목민뿐만 아니라 동아시아 정주민에게도 무척 소중했다. 유명한 고려불화인 〈수월관음도〉를 보면 관음보살 옆에 늘 중생의 고통을 치료해주는 버드나무 가지가 꽂혔다. 실제로 버드나무에는 진통 성분이 있어 아스피린의 재료로 쓰인다. 조선 성종이 대비들을 위해 창덕궁을 짓고 빨리 자라라고 심은 나무 역시 이 나무였다.

겉보기에는 소박하지만 오보에는 신이 산다. 물의 신 로스다. 물이 귀한 몽골이기에 물의 신은 더욱 중요하다. 오보를 돌 때마다 물의 신에게 예를 드리는 셈이다. 또한 오보는 다른 시각에서 보면 어머니인 땅의 신 사브닥과 아버지인 하늘의 신 텡그리를 이어주는 우주나무. 땅은 모든 생명들이 살아가는 터전이며 하늘은 인간과 만물의 근원이자 모든 생명에게 영향을 주는 절대적인 존재로 그 사이에 오보가 있다.

나무에 잎이 있듯이 오보 나무에도 잎이 있는데 바로 몽골 사람들이 신성하게 여기는 푸른색 천, 즉 하닥이다. 대부분의 오보 기둥에는 하닥을 둘둘 감지만 이 오보는 달랐다. 칭기스 칸의 땅에 세워진 신성한 오보여서일까. 오보의 기둥에 하닥뿐만 아니라 노란색, 초록색, 하얀색 천을 둘둘 말았고 오보 주위 네 곳에 나무 기둥을 박고 오보 중앙 기둥에서 줄을 내달아 천과 불경을 찍은 천 조각인 히모리까지 달았다. 하닥 하나하나에 깃든 소원은 나무를 타고 하늘로 올라가고 사연은 바람을 따라 초원으로 흩어지고 있었다.

오보를 만나면 돌 하나를 주워들고 시계방향으로 세 바퀴 돈 다음 오보에 던지거나, 돌 세 개를 들고 한 바퀴 돌 때마다 하나씩 던진다. 바쁠 때는 차를 타고 세 바퀴를 돌거나 더 바쁠 때는 경적을 울리며 지나간다. 세 바퀴를 도는 동안 비는 간절한 소원은 땅의 신 사브닥과 하늘의 신 텡그리에게로 전해진다. 돈다는 것은 자신을 낮추고 신에게 공경을 표하는 방법이다. 히말라야의 성산 카일라스를 도는 순례자들이나 고갯길의 어느 작은 오보를 도는 사람들이나 돌고 돌아 신을 만난다는 점에서는 본질적으로 같다.

처음 오보를 봤을 때 '왜 이렇게 지저분하지?'라는 의문이 들었다.

빈 보드카 병, 플라스틱 병, 목발, 심지어 자동차 핸들 가죽까지 얼핏 쓰레기처럼 보이는 것들이 오보에 던져져 있었다. 알고보니 신에게 바치는 공양물이었다. 부러진 목발에는 말에서 떨어진 사람이 빨리 낫기를 기원하는 마음이, 낡은 핸들 가죽에는 더는 교통사고가 나지 않기를 바라는 마음이 깃든 것이다. 이런 사정을 알면 빈 병도 더 이상 쓰레기로 보이지 않는다.

그런데 몽골 문화의 상징인 오보에는 몽골의 쓰라린 역사가 담겼다. 땅과 물의 신을 모시고 또한 각 지방의 신을 모시던 오보가 청나라 때 갑자기 늘어났다. 중국을 장악한 청나라는 몽골족의 힘을 누구보다 잘 알아서 몽골족이 모이고 단결하는 것을 막기 위해 각 지역의 경계마다 오보를 세워 일종의 통행금지선을 설정했다. 이동을 금지당한 몽골은 오랫동안 청의 속박에 신음했다.

오보를 다 돌고 자리에 앉아 호수를 내려다보았다. 흐흐호수는 크고 작은 두 개의 호수를 이어 만든 눈사람 같았다. 산과 산으로 겹겹이 둘러싸인 흐흐호수가 햇살을 받아 반짝거렸다. 힘들 때면 쉬어가고 숨을 고르며 자신을 되돌아보는 내 마음의 오보는 어디에 있을까? 그건 아마 몽골 초원이 아닐까.


## 누구나 죽지만 아무도 죽지 않는다

힘들여 올라간 게 아까울 정도로 내려올 때는 순식간이었다. 기다리고 있던 새럿이 웃으며 나무 위를 가리켰다. 청설모 한 마리가 바쁘게 나무 위를 뛰어다니고 있었다.

"얼른 사진 찍어요."

나무가 드문 몽골에서는 청설모를 보기 힘들 것이다. 이런 순간이면 새럿의 배려 깊은 속마음이 보였다. 아침 일찍 호수를 둘러보고 산 정상에 다녀오느라 오전이 후딱 지나갔지만 새럿은 싫은 기색 하나 없었다.

오늘 일정은 흐흐호수에서 발단 베레벵 사원을 거쳐 빈데르솜까지 간다. 차가 출발한 지 얼마 지나지 않아 멀리서 커다란 검은 물체들이 나타났다. 독수리 떼다.

"아저씨가 독수리 있는 쪽으로 차를 몬대요."

할리온의 말이 채 끝나기 전에 차는 길을 벗어나 독수리 쪽으로 맹렬히 달려갔다. 새럿식 이벤트다. 밥 먹을 때는 개도 안 건드린다는데……. 한창 배를 채우던 독수리들이 깜짝 놀라 느린 화면처럼 커다란 날개를 퍼덕이며 가까스로 차를 피해 날아올랐다. 새들이 피한 자리에는 그놈들이 뭘 하고 있었는지가 한눈에 드러났다. 커다란 짐승의 사체였다.

"말이나 소 아닐까?"

저 독수리가 영화에 출연한 적이 있다. 몽골 영화 〈동굴에서 나온 누렁개〉의 마지막 장면이었다. 유목민 가족이 정신없이 이사를 하는 동안 실수로 갓난아이 혼자 남겨진다. 그 주위에서 동물의 시체를 뜯어먹던 독수리가 아장아장 걷는 아기를 발견하고 표독스러운 눈으로 아기를 본다. 그때 불길하다며 쫓겨난 개 조호르가 묶인 줄을 풀고는 필사적으로 독수리들을 쫓아내고 아기를 구해낸다. 이 장면을 본 아버지는 개가 늑대와 함께 있어서 위험할 거라는 오해를 푼다.

영화감독 비암바수렌 다바아는 몽골 사람 자신의 눈으로 몽골을 바라본 영화를 만들고 싶었다. "당신들이 알고 있는 몽골은 잊어라"라고 외치면서.

그 영화 가운데 한 편이 〈동굴에서 나온 누렁개〉로 첫 장면은 죽은 개를 안고 가는 아빠와 딸로 시작한다. 개 꼬리를 자르는 아빠를 보던 딸이 물었다.

"아빠, 꼬리로 뭐하는 거예요?"

"꼬리를 머리맡에 놓아주려고. 그렇게 해야 꼬리 달린 개가 아니라 사람으로 다시 태어난단다."

"정말 그래요?"

"누구나 죽지만 아무도 죽지 않는단다."

영화의 첫 장면은 영화 전체를 관통하는 주제 의식이고 감독이 말하고 싶은 몽골 사람들의 생명에 대한 태도다.

빗속에서 길을 잃은 주인공 소녀 난사가 외딴집에서 한 할머니를 만났을 때였다.

"할머니, 제가 다음 생에 사람으로 태어날 수 있나요?"

"다음 생애에 사람으로 다시 태어나기란 쌀알이 바늘 끝에 얹히는 것만큼이나 어렵단다, 얘야. 그래서 사람으로 살고 있는 지금의 삶이 그토록 소중한 거란다."

발단 베레벵 사원으로 가는 길은 롤러코스터를 타는 기분이었다.

몽골 국민의 90%가 믿는 불교는 몽골을 이해하는 중요한 코드다.

크고 작은 늪을 지나고 쉴 새 없이 몸을 상하좌우로 흔들도록 만드는 길이 계속되었다. 게다가 제법 굵은 가을비가 내리기 시작해 포르공의 와이퍼도 점점 빨리 움직였다. 작은 고개를 넘을 때는 '그동안 지은 죄를 용서하세요'라는 고해성사가 절로 나올 정도로 차는 옆으로 기운 채 움직였다. 겉으로는 대담한 척했지만 바람이 불면 계곡 아래로 떨어질 것 같아 팔에 쥐가 나도록 손잡이를 쥐었다. 새럿은 '이 정도쯤이야'라는 듯 태평했지만.

사원에 도착하자 새럿은 꼭 필요하지만 살짝 긴장시키는 충고를 해줬다.

"돌 틈에 뱀이 많으니까 조심해."

사원이 들어선 자리는 한눈에 봐도 명당이어서 뒤로는 바위산이 병풍처럼 늘어섰고 앞에는 호수와 초원 그 너머 산들이 아스라이 펼쳐졌다. 티베트 불교 사원에서 쉽게 볼 수 있는 흰색 건물이 육중한 모습을 드러냈다. 사원에는 인적이 없었다. "스님들이 추워서 도시로 갔을지 몰라요"라던 새럿의 말이 맞았다.

하얀 사원 앞에서 경통인 마니차를 돌렸다. 마니차는 동그란 통에 경전이 새겨져 있어서 한 번 돌리면 경전을 한 번 읽는 것과 같다고 한다. 이 비슷한 것이 우리나라에는 경북 예천 용문사에 있는 윤장대이다. 글을 모르는 어른들은 물론이고 아장아장 걷는 아이들도 경통을 돌릴 수 있다. 참 편한 방법인데 결국 마니차를 돌리는 이의 지성한 마음이 중요할 것이다.

하닥으로 묶인 본당 문고리는 꿈쩍하지 않았다. 본래 내 나름대로 사원을 보는 방식이 있다. 일단 천천히 걷기, 주위에 시선을 보내면서 보기, 툇마루에 앉아 눈 감기, 그중에서 제일 큰 즐거움은 불교 신자는 아니지만 본당에 들어가 삼배를 하고 가만히 앉아 부처님 바라보기다. 이렇게 문이 잠겼으니 큰 즐거움이 사라졌다. 얼마나 추웠으면 절을 두고 스님이 떠났을까?

본당을 지나쳐 바라본 산기슭 쪽은 곳곳이 건물의 폐허였다. 한두 채가 아니었다. 이 정도 규모의 절이라면 몽골에서도 손꼽힐 정도로 컸을 텐데. 무슨 일로 폐허가 되었을까? 폐허를 지나 지붕이 사라진 건물 안으로 들어갔다. 마치 경주 남산 신선대의 마애불을 보는 듯 바위에 새겨진 보살이 우리를 맞았다. 비로소 사원에 온 기분이 들었다.

"어디가 발이지? 발이 어떻게 된 거지?"

작은 보살상은 마모되고 파괴되었다. 불상을 보고 밖으로 나가려는데 할리온이 말했다.

"몽골에서는 부처님께 엉덩이를 보이면 안돼요. 뒷걸음으로 나가야 해요."

임금님 앞에서 신하가 물러날 때처럼 조심조심 뒷걸음으로 물러났다.

"옴마니반메훔이라고 쓴 걸까?"

커다란 구멍이 숭숭 뚫린 거대한 바위에 새겨진 산스크리트어가 보였다. 오랫동안 불교 미술품에 새겨진 산스크리트 진언의 정체가 궁금했다. 알고보니 산스크리트 진언은 뜻으로 새기는 글자가 아니라 그냥 음으로 읽는 글자였다. 말 그대로 진언이었다. 가장 유명한 진언인 옴마니반메훔은 '연꽃 속의 보석'이라는 뜻이지만, 그 뜻보다는 소리가 중요하다.

"옴마니반메훔 옴마니반메훔 옴마니반메훔……."

얼마 전 이 진언을 계속 읊조리면서 진언의 힘을 비로소 알았다. 글자를 읽는 소리 자체의 울림에 사람을 정화시키는 힘이 있었다. 그레고리안 찬트에서 "할렐루야"를 반복해서 부를 때 느끼는 자기 정화의 느낌과 비슷할 것이다.

바위를 따라 내려가니 새럿이 우리를 기다리고 있었다. 돌아 나오는 길, 사원 앞 호수를 지날 때였다.

"저기 보이는 호수 있죠. 저기는 엄청 깊어요. 그래서 동물조차 얼씬 거리지 않아요."

호수 깊이를 상상해 보려는데 새럿이 덧붙였다.

"옛날에 저 호수에 불상을 던져 넣었어요."

이 말을 듣는 순간 사회주의 시절 몽골이 떠올랐다.

> "몽골의 문화를 연구하려면 종교를 연구해야 하고, 종교를 연구하려면 불교를 연구해야 합니다. 몽골인들의 일상생활에 종교는 큰 영향을 줍니다. 특히 나이 드신 분들의 종교는 자연, 결혼식, 장례식 등 모든 일상과 관련되어 있지요." 「현대 몽골불교의 부흥과 일반 신도의 신심활동에 관한 고찰」

몽골 다쉬초이링 사원의 주지 담바자브의 지적처럼 몽골을 이해하기 위해서는 그들의 종교, 불교를 알아야 한다. 몽골 불교는 당시의 권력 관계 속에서 살펴볼 때 잘 보인다. 몽골에 불교가 본격적으로 들어온 때는 16세기였다. 당시 몽골 각 지역을 지배하던 칸들은 분열된 몽골을 정신적으로 통일시키고 자신들의 권력을 강화하는 방편으로 불교를 주목했다. 삼국시대 때 각 나라가 왕권을 강화시키려는 방편으로 불교를 수용한 것과 같은 이유였다.

당시 몽골은 할하몽골, 내몽골, 서몽골로 쪼개져 있었다. 권력의 지지 속에 불교가 등장하면서 많은 사람들이 믿었던 샤머니즘은 탄압을 받았다. 샤머니즘을 없애기 위하여 신령의 상징물을 불태우거나 샤만이 제의를 하면 벌금을 물리는 한편 불교가 샤만의 기능을 흡수하기도 했다. 우리나라 불교가 산신을 모시는 산신각이나 칠성신을 모시는 칠성각을 지어 전통신앙을 흡수한 것과 같은 방법이었다. 이렇게 해서 불교는 샤머니즘을 누르고 몽골의 대표적인 종교로 자리 잡았다.

그런데 몽골 불교를 적극적으로 활용한 사람들은 몽골족이 아니라 청을 건국한 만주족이었다. 그들은 몽골족의 힘을 약화시키기 위해 "라마 불교로서 몽골 민족을 유순하게 길들인다以黃教柔訓蒙古"는 의도로 불교를 적극 이용했다. 외몽골 불교 수장을 몽골 사람이 아닌 티베트 사람 가운데 찾았고 장남 이외의 남자는 출가시키는 정책을 실시하여 19세기에는 몽골 사람 세 명 가운데 한 명이 승려였을 정도다.

절대 권력은 부패한다는 말처럼 번성하던 불교도 부패하기 시작했다. 20세기 초의 몽골을 무대로 한 소설 『맑은 타미르강』의 상당 부분이 불교의 폐해를 다룬 것은 초심을 잃은 불교의 모습 때문이었다. 몽골이 러시아에 이어 두 번째로 사회주의 국가가 되면서 불교는 커다란 위기를 맞았다. 우리나라에서도 조선의 태종이 부패한 불교를 개혁하기 위해 강력한 억불 정책을 폈지만 그렇다고 없애지는 않았다. 그런데 이 시기 몽골에서는 불교를 탄압하여 모조리 없애려고 했다. 탄압을 주도한 이는 몽골 사람이 아니라 러시아 사람, 스탈린이었다.

"당신의 나라에서 라마승 수가 늘어날수록 그만큼 인민정부를 반대할 세력이 강해진다. 당신의 정부와 라마는 함께 존재할 수 없으며 누군가가 승리를 하고 말 것이다. 라마와 함께할 수 있는 정부는 존재하지 않기 때문에 그들과 투쟁하여 파괴시켜야 한다. 라마야말로 당신의 적이다." 「현대 몽골불교의 부흥과 일반 신도의 신심활동에 관한 고찰」

결과는 참혹했다. 1937년부터 1940년 사이에 이루어진 대대적인 탄압으로 승려 22,000여 명이 목숨을 잃고 전국의 사원 750곳 대부분이 파괴되었으며 오직 간당 사원만이 대외적인 이미지 때문에 간신히 명맥을 유지했다. 사회주의 시절 공식적으로 불교는 존재하지 않았다.

그러나 불교를 믿었던 사람들이 하루아침에 불교를 포기했을까. 불교가 그랬다면, 종교가 그랬다면 역사에서 종교는 이미 사라졌을지 모른다. 가정에 있던 불상이나 기도를 위한 도구들이 압수되는 상황에서도 사람들은 몰래 불교 의례를 거행했고 정부 역시 강력하게 감시하거나 처벌하지 않았다. 심지어 낮에는 스님을 고발한 관리조차 밤에는 몰래 스님을 찾아갈 정도였다.

마침내 사회주의가 끝나고 나자 불교는 부활했다. 러시아에 의해 파괴된 몽골의 전통문화를 되살리자는 운동이 일어나면서 불교가 다시 주목받았다. 사원이 복구되어 사람들의 발길이 늘어났고 집 안에 제단을 만들어 불상, 달라이라마 그리고 신령한 신들을 모셨다. 먼 길을 떠날 때나 무사히 돌아왔을 때 부처님께 향을 피웠다. 중요한 물건을 사고팔 때도 사원에서 점을 쳐서 결정했다.

몽골 불교의 중심지인 간당 사원의 관음보살상은 이런 흐름의 정점에서 있었다. 그곳에 있는 '믹지드 잔라이식 숨'이라는 추녀가 멋있게 올라간 이층집 안에는 26미터에 이르는 엄청난 크기의 불상이 모셔져 있다. 1911년 복드 칸이 나라와 가정의 행복을 위해 만든 이 불상은 1937년 러시아에서 실어가 무기를 만들어버렸다고 한다. 1996년 다시 이 불상을 만들었는데, 불상의 머리를 러시아에서 되찾아왔다고 전한다.

"저것 불상 아니에요?"

동료가 가리킨 산 중턱의 절벽에 어렴풋이 불상이 보였다. 급하게 차를 세우고 헉헉거리며 올라선 곳에 바위를 깎아 만든 마애불을 만났다. 아름다웠다. 마애불은 유목민과 가축들을 굽어보며 이렇게 말하고 있는 건 아닐까?

"누구나 죽지만 아무도 죽지 않는다."


### 하늘로 오르는 사슴돌

목적지인 빈데르를 향해 달렸다. 회색빛 하늘과 대기, 빛바랜 초원에 흩뿌리는 가을비로 초원은 스산했다. 간간이 보이던 게르도 어느 순간부터 보이지 않았다.

"오늘은 빈데르 못 가서 있는 새럿 아저씨의 친구분 게르에서 잘 거래요."

빈데르에 도착해 여관에서 잘 계획이었지만 게르라면 언제든 환영이다. 어떠한 상황에서도 잠을 잔다는 본인 말처럼 할리온은 목을 길게 늘어뜨리고 질주하는 포르공에서 리듬을 타며 잠이 들었다. 말이 없어진 우리는 그저 창밖만 바라보았다. 그때 차 앞으로 거대한 돌무더기가 나타났다.

"저기 유적지 같아요."

말뜻을 알아챈 듯 새럿은 돌무더기 앞에 차를 세웠다. 문을 열자 차가운 가을바람이 얼굴을 때렸다. 그곳에는 돌무더기가 높이 쌓여 있었고 주위에는 작은 돌들이 새끼처럼 달라붙었다. 바로 께렉수르였다.

"홉스글 근처 사슴돌이 있었던 곳처럼 사방이 탁 트였어요."

"그래, 마치 우주의 중심에 선 것 같아."

"저건 사슴돌 같은데요?"

사슴돌! 께렉수르 근처에 꽂힌 작은 돌 기둥에는 주둥이가 긴 사슴 네 마리가 멋진 뿔을 뽐내며 하늘로 날아오르고 있었다. 생각지도 못한 횡재였다. 다시 사슴돌을 보니. 그 옛날 초원을 누비던 전사들은 사슴과 함께 하늘로 올라갔겠지.

"새럿, 고마워요. 사슴돌을 볼 수 있게 해줘서."

달리던 차는 새럿의 웃음이 채 끝나기 전에 다시 멈췄다. 또 다른 사슴돌이다. 이번에는 돌판으로 만든 무덤인 판석묘와 함께 서 있었다.

사슴돌을 처음 만난 때는 홉스글호수로 갈 때였다.

"아저씨, 므룽에 가면 꼭 사슴돌 유적지를 찾아가야 해요."

홉스글의 관문 도시 므룽에 가까워지자 버떠 아저씨에게 부탁했다. 땅에 착 달라붙은 집들이 모여 있는 므룽은 마법에 걸린 것처럼 좀처럼 다가갈 수 없었다. 근처 주민들에게 길을 물어물어 사슴돌을 찾아갔다. 허허벌판을 달리자 회색 언덕들 사이로 바위 기둥이 하나둘 보였고 직감적으로 사슴돌이라는 것을 알았다.

그러나 가까이 가자 엄청나게 큰 바위 기둥인 줄 알았던 사슴돌이 겨우 2미터 조금 넘는 크기여서 약간 실망을 했다. 그때 유적지 둘레에 줄을 쳐놓고 입장료를 받는 관리소 청년이 마중을 나왔다.

"그냥 밖에서 볼까?"

우리는 아무런 편의시설 없이 초원 한복판에 줄을 치고 입장료를 받는다는 사실에 금방 언짢아졌다. 하지만 여기까지 와서 밖에서 볼 수는 없는 노릇이니 속는 셈치고 3,000투그릭씩 내고 유적지 안으로 들어갔다. 하지만 첫 사슴돌을 보자 입장료가 아깝다는 생각은 사라지고 관리인 청년의 자세한 설명이 시작되자 입장료의 열 배를 주고서라도 봐야 했다는 것을 깨달았다. 야구 모자를 돌려쓴 관리인 청년은 복사해서 만든 팸플릿을 나누어주더니 사슴돌 하나하나마다 자세히 설명하기 시작했다. 청년의 눈빛은 진지했고 자부심이 넘쳤다.

"사슴돌은 몽골에서 550여 개가 발견되었어요. 옛날 사람들은 하늘을 중요시했어요. 그래서 하늘에 기도를 했어요. 위쪽 동그란 문양은 태양과 달입니다. 중간에는 뿔이 강조된 사슴들이 있고 아래쪽 격자 무늬는 허리띠이고 그 아래에 칼과 도끼를 새겼습니다."

사슴돌은 마모되어 한번에 문양을 찾기는 어려웠는데 약간 떨어져서 사슴의 몸통을 찾으면 그때 다른 문양들이 한꺼번에 눈에 들어왔다. 사슴돌 가운데 사람 얼굴이 새겨진 사슴돌은 잊을 수가 없었다. 그 옛날 초원을 주름잡던 전사였을 그의 몸통에는 사슴·방패·거울·

사슴돌

오시깅 으브르의 사슴돌 유적. 전 세계 700여개의 사슴돌 중 550여개가 몽골에 있다.

화살·도끼가 새겨져 있었다. 이런 장식 구성은 어디선가 본 것이다. 기억을 더듬어보니 신라 무덤에서 발견된 황금 허리띠 장식과 비슷했다.

관리인 청년은 주변에 있던 커다란 돌무더기를 가리키며 말했다.

"몽골과 일본이 함께 발굴을 하고 있어요. 사람의 무덤일 가능성이 있는데 지금까지는 말뼈가 많이 발견되었어요. 이곳에는 근래 들어 한국 사람들로는 여러분이 처음이에요. 주로 일본 사람이나 프랑스 사람들이 오죠."

이 말을 듣자 다들 수군거렸다.

"안 들어왔으면 큰일 날 뻔했네."

이곳이 오시깅 으브르 사슴돌 유적지이다. 몽골뿐만 아니라 세계에서 가장 유명한 사슴돌 유적지로, 14개의 길쭉한 사각형 돌 기둥 위에 사슴들이 조각되어 있다. 일반적으로 사슴돌과 께렉수르는 기원전 16세기에서 6세기 사이에 만든 것으로 추정한다. 그즈음 우리나라 청동기인은 고인돌을 만들고 그곳에 칼을 묻었다.

찬찬히 사슴돌을 둘러보았다. 사람이 다다를 수 없는 세상으로 날아가는 사슴들. 사슴의 핵심은 뿔이었다. 뿔은 등을 따라 유난히 크고 길게 이어졌고 그 위에 난 작은 뿔들은 바람에 날리는 불꽃처럼, 무성한 나뭇가지처럼 하늘로 펼쳐져 있었다. 뾰족한 주둥이, 단순한 몸통, 대지를 박차는 듯 길게 뻗은 뒷다리는 그대로 하늘로 날아오르는 새 같았다. 사슴돌은 마치 하늘이라는 지붕을 떠받드는 기둥처럼 보였다.

사슴돌에는 사슴 외에도 여러 가지 그림이 있다. 가장 위에는 크고 작은 동그라미 두 개가 있는데 해와 달로, 아래쪽의 동그라미는 샤만의 거울로 추정한다. 이들은 낮과 밤을 밝히는 영원한 빛이며 생명의 근원이다. 아래쪽에는 사선이나 격자를 그었는데, 허리띠와 비슷하며 여기에는 칼과 도끼와 활과 화살이 달려 있다. 모두 전투에 사용된 무기들로 권력의 상징이다. 실제로 몽골 서부 올랑곰 찬드만 유적과 이웃 나라 투바공화국과 알타이산맥의 일부 무덤에서는 이런 뾰족한 도끼에 의해 구멍이 뚫린 두개골이 발견되었다.

사슴돌과의 인연은 그 후에도 이어졌다. 오시깅 으브르 유적지를 다녀온 지 1년 후, 당시 근무하던 박물관으로 일본의 가나자와대학교에서 학술지를 보내왔다. 그 책에는 오시깅 으브르 사슴돌 유적에 대한 발굴보고서가 실려 있었다. 그때부터 사슴돌에 대한 궁금증이 더욱 커졌다.

사슴돌의 정체를 풀 수 있는 열쇠는 무엇일까. 동물의 머리에 난 뿔은 예로부터 권력을 뜻했다. 특히 사슴뿔은 하늘과 땅을 이어주는 나무, 즉 우주나무로 여겨져 신성성이 더해졌다. 우주나무를 머리에 단 사슴은 다른 동물과는 다른 특별한 존재로 취급되었다. 이때 사람들은 뿔을 과장하는 방법으로 사슴의 신성성을 드러내곤 했다. 우리나라의 신라 금관에서도 이 사슴뿔을 찾아볼 수 있다.

1993년 알타이산맥 얼음 속에서 수천 년간 잠들어 있던 한 여인이 깨어났다. 사람들은 그 여인을 얼음공주라고 불렀다. 인도산 실크 블라우스를 입고 있던 그녀는 놀랍게도 피부가 온전하게 남아 있었다. 두 팔에는 2,500년이 지난 지금까지 선명한 문신을 볼 수 있는데 특히 왼쪽 팔에 새겨진 문신이 다름 아닌 뿔이 강조된 사슴이었다. 몸속까지 파고든 사슴. 그녀는 분명 사슴에게서 신령스러운 힘을 얻고자 했을 것이다.

사슴돌은 초원의 전사이자 샤만이었으며 권력자였던 그들의 자화상이었다. 그들은 금속 무기를 이용해 다른 사람들을 복종하도록 만들었고, 죽어서는 다시 하늘로 올라가는 특별한 존재였다. 죽어서도 영원한 권력자이기를 바란 것이다. 그러나 그들의 바람은 초원의 먼지 속으로 사라지고 이제 그들이 살았던 초원에는 사슴돌만 남았다. 사슴뿔에서 신성한 힘을 얻고자 했던 시대는 지나갔다. 하지만 아직도 시베리아 아무르강 숲에서는 짐승을 잡으면 그 머리를 나무에 걸어 놓고 짐승이 좋은 세상에서 태어나기를 기원할 때 사슴뿔이 장식된 모자를 쓰곤 한다. 사슴뿔의 역사는 아직 끝나지 않았다.

오랜만에 다시 만난 사슴돌 앞에서 발걸음이 떨어지지 않았다. 흐린 하늘은 여전히 개일 기색이 없었다. 간간이 구름 속으로 태양의 자취가 어렴풋이 나타났다. 온몸을 휘감는 바람만 아니었다면 완벽한 진공 상태였다. 사슴돌처럼 땅에 뿌리박은 채 초원에 그렇게 서 있고 싶었다. 사슴뿔이 바람에 날리는 불꽃처럼 그려진 것은 초원의 바람 때문이 아니었을까?

## 어떻게 감동하지 않을 수 있지

사슴돌을 가슴에 새기고 다시 길을 떠났다. 몽골 여행을 오면 끊임없이 이동한다. 한곳에 머무르면 좋으련만 사람 마음이 그렇지 않다. 언제 다시 올 수 있을지 모르기 때문에 새로운 곳을 가고 싶은 마음이 바쁘다. 이번 여행 역시 머무르기보다는 다음 장소로, 다음 목적지로 이동의 연속이다. 처음에 여행 계획을 세울 때면 천천히 느리게 가자고 하면서 막상 구체적으로 일정을 잡을 때면 여기도 가보고 저기도 가보고 하면서 언제 그랬냐는 듯이 늘 빡빡한 일정이 되고 만다. 언제쯤 한곳에 머무는 여유가 생길까.

"아저씨가 시간이 되면 열여덟 살 여자가 발굴된 곳을 보여주신대요."

새럿은 우리가 무엇을 보러 몽골에 왔는지 잘 알고 있었다. 예정에 없던 께렉수르와 사슴돌을 봐 횡재한 기분인데 발굴된 무덤까지 볼 수 있다니. 협곡을 빠져나가자 다시 평원이 펼쳐졌다.

만주부터 헝가리까지 펼쳐진 유라시아 스텝 지대 가운데 가장 비옥하다는 몽골 초원. 몽골 초원을 장악한 유목민은 아시아의 강자로 떠올랐다. 흉노가 그랬고 돌궐이 그랬고 몽골이 그랬다. 흉노는 중국 한나라로부터 조공을 받았고 몽골은 세계를 호령했다.

차는 초원을 질주했다. 비를 뿌리던 구름이 걷히자 저녁 해가 마지막 빛을 초원으로 보냈다. 광막한 초원은 이내 따뜻한 노란빛으로 가득 채워졌다.

"차 좀 세워주세요."

지인의 게르를 찾아 정신없이 차를 몰던 새럿에게 미안하지만 이런 빛은 그냥 놓치기에는 너무 아깝다. 끝이 보이지 않는 평원은 빛의 세상이었다. 세상을 살아 있도록 만드는 신비한 빛, 사진가들이 제일 좋아한다는 빛이 온 세상을 감싸고 있었다. 투명한 대기와 거침없는 초원은 상상할 수 없는 빛의 바다를 만들었다.

처음 몽골 여행을 왔을 때부터 지금까지 여러 황홀한 빛들을 만났다. 우리나라에서는 볼 수 없는 몽골의 빛이었다. 사람을 미치게 만들었던 테르힝 차강호수의 마지막 노을빛, 홉스글호수에서 보았던 장엄한 일출, 바이칼호수에서 만난 구름 사이로 내리던 저녁 빛, 고비사막의 고요한 핏빛 일출, 알타이산맥 최고봉 타왕복드를 붉게 물들이던 저녁 빛. 헤아리자면 끝이 없지만 모두 숨 막히도록 아름다웠다.

고비사막을 같이 여행한 선배는 한 신문에 이런 글을 기고했다.

> 그곳에서 내가 만난 것은 세상의 모든 것들이었다. 세상의 모든 바람, 세상의 모든 햇빛, 세상의 모든 빗방울, 세상의 모든 언덕, 세상의 모든 초원, 세상의 모든 별들, 세상의 모든 꽃들, 세상의 모든 건조함과 세상의 모든 밝음과 세상의 모든 어둠, 그리고 세상의 모든 웃음. 텅 빈 것처럼 보이는 대지 위에 그렇게 세상의 모든 충만함이 자리하고 있었다.

맞다. 그 선배 말처럼 몽골의 빛은 '세상의 모든 빛'이며 그중에서 저녁 빛은 단연 으뜸이었다. 눈을 깜빡이는 순간에도 끊임없이 변하는 저녁 빛은 경이로웠다. 흙길은 그림자로 입체감을 더하고 마지막 온기를 머금은 게르는 포근해 보였다. 이 강렬한 마지막 빛이 사라지면 그때부터 진짜 빛을 만난다. 햇볕이 자취를 감춘 하늘에 화선지에 먹물이 번지듯 어둠이 번지기 시작하는 장면은 보지 않고는 설명할 방법이 없다. 이런 저녁 빛을 단 한순간 만났다는 것만으로 몽골 여행은 이미 본전을 뽑은 것이나 다름없었다. 찰나의 충만함. 이 빛을 맞고 있으면 온몸이 정화되는 기분을 몽골 사람 새릿은 이해할 수 있을까?

가을 해를 뒤로하고 고개를 오르자 어슴푸레 뭔가가 보였다. 오보였다. 바쁜 와중에 차를 세우는 걸 보니 범상치 않은 모양이다.
"칭기스 칸이 만들었다는 오보예요."
그래서 세웠구나. 오보 앞으로 일망무제로 펼쳐진 초원과 그 사이로 꾸불텅꾸불텅 흐르는 강이 보였다. 칭기스 칸이 만든 오보여서일까. 다른 오보와 달리 나무로 사각형 단을 쌓고 그 사이에 돌을 끼워 놓았다. 게다가 모서리 기둥에는 몽골 국기가 펄럭였고 남쪽에는 작은 제단까지 만들어 격을 높였다. 분명히 보통 오보가 아니라 지극한 신앙의 대상으로 모시는 오보였다. 오보를 세 바퀴 돌고나자 새릿이 우리를 불렀다.
"할리온, 한국 사람들에게 이 시 좀 읽어줘요."
새릿이 선 곳에 몽골어가 적힌 입간판이 서 있었다.

젊은 나이에
불처럼 타오르고
심장 가슴 둘로
타가는 시절에
진실된 여인에게
말하지 않은 말

너를 위해 죽으리라고

난 조국에게 말했다.

-체덴잡-

시를 다 읽고 나자 새럿과 할리온은 감동에 겨운 표정이었다. 이래서 우리에게 시를 들려주려고 한 것 같은데, 별 감동이 없었고 오히려 상투적으로 다가왔다. 우리 표정을 본 할리온이 물었다.

"감동적이지 않아요?"

"글쎄. 그렇게 감동적이지 않은데요."

"어떻게 감동하지 않을 수 있지! 멋지고 감동적인 시인데."

새럿도 의아스러운 듯 쳐다봤다. 나도 그들에게 묻고 싶었다.

"어떻게 감동할 수 있냐고?"

조국을 둘러싼 그들과 우리 사이의 간극은 여행이 끝난 후까지 머리에 남았다. 나에게 조국이란 어떤 의미일까? 들이켜보면 나에게 조국은 저절로 생겨난 것이 아니라 강요되거나 교육된 것이었다. 어렸을 때부터 나라에 무조건 충성을 해야 했고 조국에 대한 사랑 역시 무조건적이어야 했다. 때로 조국은 폭압적인 권력자들의 허울 좋은 방패막이로 전락했고 개인의 희생을 당연시하는 강력한 논리로 작용했다. 늘 조국과 민족은 선이었고 어떠한 물음조차 허용하지 않았다. 이 시를 들었을 때 나는 본의를 잃은 채 도구화된 조국을 떠올리며 그 이미지로 이 시의 조국을 받아들였기 때문에 그들의 마음을 이해하지 못했다.

그들의 감정을 이해한 건 한 권의 시집을 본 후였다. 몽골 시인 바오

긴 락그와수렌이 지은 『한 줄도 나는 베끼지 않았다』. 그의 시에서 자연과 조국은 하나였다. 자연에서 태어나 그 속에서 자라다 그 속으로 돌아가는 그들의 삶에서 조국은 그들이 태어나고 자라고 묻힐 땅, 대자연이자 어머니 그 자체였다. 그들의 삶이고 분신이어서 조국을 사랑해야 한다고 굳이 가르칠 이유조차 없었다. 억지로 강요된 조국이 아니라 어머니같이, 땅같이 자연스러운 것이었다. 몽골의 서정시인 락그와수렌조차 조국을 기리는 시를 남겼다.

〈국경에서 쓴 시〉
……
조국을 내어주느니 차라리 죽는 게 낫다고 피가 끓었다.
활시위, 사나운 검의 후손을 몽골이라 한다.
숨기고 있지만 고개를 비죽비죽 내미는 생각을 가져가라!
내 조국을 향해 드리운
탐욕의 눈을 가져가라!
조상이 자신의 뼈에 받쳐 세운
높은 내 나라를 탐내는 것은
당신네 운명으로 가당치 않다.

『한 줄도 나는 베끼지 않았다』

## 진짜 몽골 술

새럿이 어둠에 잠겨가는 지평선 부근의 가물거리는 불빛을 가리켰다.

"내가 아는 집이 저 불빛 근처에 있어요."

불빛으로 어떻게 알 수 있을까. 차는 불빛을 향해 미끄러지듯 고개를 내려갔다. 마지막 햇빛이 산 너머로 사라지고 있었다.

"아직 이사 오지 않았대요."

한참을 달려 도착한 통나무집은 텅 비어 있었다. 이곳은 지인의 겨울집이라는데 아직 그들이 오지 않은 모양이다. 불안했다. 새럿은 다시 차를 몰아 어느 외딴 게르 앞에 멈췄다. 사람보다 먼저 개들이 낯선 손님을 보고 달려나와 제 본분을 다하려는 듯 컹컹거리며 짖어댔다. 몽골은 어느 게르를 가나 개들이 무섭게 짖어대 우리의 "누구 없소?"에 해당하는 말이 "노호이 호르" 즉 "개 좀 잡아주세요"이다. 몽골 사람들은 개를 게르 안으로 들이지는 않지만 가족으로 여기고 절대 때리지 않으며 개가 죽으면 꼬리를 자르고 입에 양고기 조각이나 비계 덩어리를 물려 다음 생에는 사람으로 태어나기를 기원한다. 게르 안으로 들어간 새럿이 한참 만에 나왔다. '잘 수 있는 걸까?'

"아저씨 아시는 분이 읍내로 볼 일을 보러 가서 아직 오지 않았대요. 우리는 저 옆에 있는 게르에서 잘 거예요."

옆 게르는 지인의 아들 부부가 살고 있단다. 천만다행이다. 게르로 들어가니 아직 앳돼 보이는 엄마와 아기가 텔레비전을 보고 있었다. 낯선 이가 들어가도 어색한 기색 없이 당연하다는 듯 우유로 만든 요

초원 노을

게르의 밤, 진짜 술을 마시며 진심을 털어 놓다.

구르트 타락과 빵을 내놓았다. 타락은 약간 시큼하면서도 고소하고 담백했다. 그리고 화로에 장작을 집어넣었다. 손님을 위해 장작을 많이 넣는 것 같은데, 과식한 화로 덕분에 게르는 금세 훈훈해졌다. 그리고 오며가며 우유를 담은 통을 막대기로 저었는데, 그럴 때마다 "쑤억 쑤억" 소리가 들렸다.

"술을 만드는 거예요."

"나도 한번 해볼게요."

긴 나무 막대기를 받아 통에 넣고 위아래로 저었다. 아주머니가 할 때는 스카이 다이빙 선수가 물방울 하나 튀기지 않고 물속으로 들어가듯 부드러운데 내가 해보니 우유가 사방으로 튀었다. 잘할 때까지 해보려고 하다가 민폐를 끼치는 것 같아 그만두었다.

아주머니가 고기가 든 노란 통을 우리 앞에 가져다 놓았다. 삶기만 할 뿐 별다른 양념을 하지 않은 몽골 사람들의 전통적인 음식 마흐였다. 고기를 좋아하지는 않지만 그 맛이 궁금했다.

"말고기예요. 말고기 여러 부위가 들어 있어요."

이곳 사람들이 말고기를 많이 먹는다는 이야기를 듣기는 했다. 태어나서 처음 먹어보는 말고기는 제법 맛이 있었다. 평소에는 고기 가운데 삶은 고기는 입도 대지 않던 내가 삶은 고기를 우적우적 먹고 있다니. 게다가 저녁까지 배부르게 먹었는데. 심장, 곱창 가릴 것 없이 쉬지 않고 배속으로 들어갔다. 언제 다시 이런 고기를 맛볼 수 있을까. 말고기는 질기고 맛없을 거라는 건 편견이었다.

"몽골 사람들이 무슨 얘기하는지 알아요? 채식해서 팔십까지 사느니 차라리 고기 먹고 육십까지 살자. 그게 행복한 것이다."

라면과 즉석밥으로는 성에 차지 않았는지 말고기로 배를 채운 할리온이 이제야 만족한다는 듯 말했다.

고기를 먹다 말고 어디론가 차를 몰고 나갔던 새럿이 투명한 페트병을 들고 돌아왔다.
"아저씨가 들고 온 게 뭐예요?"
"우유로 만든 몽골 전통술이에요. 아저씨가 보드카 같은 술은 가짜고 이것이 진짜 술이래요."
"진짜 술?"
새럿은 가짜 술 보드카가 아니라 진짜 술을 우리에게 맛보여 주려고 주위 게르를 찾아 수소문한 것이다. 새럿이 하얀 잔에 술을 가득 따라 주었다. 맑은 술이었는데 맛은 텁텁해 입에 댄 채 머뭇거리자 할리온이 말했다.
"도수가 낮아서 먹기 좋아요. 그런데 너무 많이 마시면 다음 날 머리가 너무 아파요."
많이 마시면 머리가 아픈 건 소주도 마찬가지다. 아까부터 우리 이야기를 듣던 아주머니가 한국에도 이와 같은 술이 있냐고 묻자 동료가 손짓 발짓을 섞어가며 전통소주 제조법을 설명했다.
"술이 든 단지에 불을 막 피워서 수증기가 똑똑 떨어지면 소주가 돼요."
"니르미히도 끓여서 이슬처럼 맺힌 것을 받아서 만들어요."
아무리 들어도 니르미히로 들리는 이 술은 몽골의 전통술 '쉬밍아리흐'다. 내가 들은 니르미히는 쉬밍아리흐의 다른 이름인 네르멜아리흐였다. 우리나라 전통소주는 눈앞에 있는 쉬밍아리흐에 빚지고 있다. 소주의 제조법인 증류 기법이 고려시대에 몽골이 세운 원나라에서 전해졌기 때문이다. 전통소주로 유명한 안동도 옛날 몽골군의 주둔지였다.

우리나라가 곡물을 이용해 소주를 빚은 반면 몽골 사람들은 동물의 젖으로 술을 빚었다. 그런데 몽골이 세계로 뻗어나가면서 기후와 풍토에 상관없이 젖을 원료로 한 술을 만들려고 방법을 찾다가 중동의 증류 기법을 채택한 것이 소주의 기원이라고 한다. 증류를 해두면 오래 지나거나 온도가 높아도 상하지 않고 먹을 수 있었다. 증류 기법은 몽골 바람을 타고 우리나라에 들어와 곡물로 빚은 소주가 되었고 유럽으로 건너가 보드카와 위스키를 만들어냈다.

그런데 몽골 사람들이 보드카 공장이 세워지면서 주당이 된 것처럼 우리나라 역시 소주가 대세가 되면서 세계적인 주당의 나라에 올랐다. 본래 쌀을 발효시켜 만든 소주는 값이 비싸 쉽게 먹지 못했고 대신 싼 막걸리를 주로 먹었다. 그러다가 1965년 쌀로 술을 빚지 못하게 하는 양곡관리법이 시행되었다. 이때부터 막걸리는 쌀 대신 밀로 만들게 되었는데, 맛이 떨어지고 숙취가 심했다. 또 쌀을 발효시켜 만든 소주는 사라지고 고구마로 만든 희석식 소주가 등장했다. 이 소주는 전통소주에 비해 알코올 도수가 낮을 뿐만 아니라 값도 저렴했다. 한국의 음식 문화를 연구하는 주영하 선생은 "이때부터 한국인들은 소주를 마치 막걸리 마시듯 벌컥벌컥 마시기 시작했다"고 말한다.

"몽골에서는 술병에 술을 조금 남겨요. 그렇게 하지 않으면 술에 중독된다고 해요."

그래도 마지막 한 방울까지 탈탈 털어 마셔야 제맛이지!

## 내 머리에 GPS가 들어 있어요

드디어 과묵한 새럿이 입을 열었다.

"내일은 칭기스 칸 시대 이전에 쌓은 성을 보고, 말발굽이 새겨진 바위를 볼 거예요. 사람들은 거기 잘 몰라요. 그리고 칭기스 칸이 몽골 제국을 선포한 곳을 보고 다달솜으로 가요. 다달은 볼거리는 많지 않지만 자연이 좋죠. 칭기스 칸이 태어난 곳을 가봐도 '여기는 칭기스 칸이 태어난 곳입니다'라는 팻말밖에 없어요. 이번 여행 코스는 일반 관광객이 잘 안 오는 곳이에요. 일반 관광객은 고비사막이나 홉스글호수를 많이 가요. 보통은 고비에서 낙타를 타고 초원에서 말을 타고 홉스글에서 순록을 타죠."

나도 맨 처음에는 다른 여행자들처럼 일반적인 여행 코스를 따라갔다. 몇 년 동안 그렇게 다니다가 어느 순간부터 특별한 곳, 몽골의 오지를 가보고 싶은 욕심이 생겼다. 그렇게 해서 찾아간 곳이 알타이산맥이었다. 그 후부터 여행팀에서는 주로 알타이산맥을 중심으로 몽골의 서쪽 오지를 다녔다.

"자브항아이막은 몽골에서 야생 동물이 제일 많은 곳이고, 그곳의 모래사막은 고비의 모래사막 홍고링 엘스보다 열 배는 클걸요. 알타이산맥에 있는 뭉흐 하이르항산은 너무 아름다워요. 고비사막 고르왕 사이항산맥 뒤로 돌아가면 그곳은 석탄이 널려 있어 그냥 갖다 쓰면 되요. 동몽골은 100킬로미터, 200킬로미터를 가야 사람을 볼까말까 할 정도로 인적이 드물어요. 그래서 그쪽으로는 발도 디디지 않았어요……."

새럿은 몽골 각 지역의 명소를 짤막하게 이야기해주었다. 이 이야기를 모아 노래를 만들면 〈몽골 팔도유람〉이 나올 것 같았다. 새럿이 말한 곳 대부분은 가본 적이 없었는데 이 정도는 가봐야 몽골을 봤다고 할 수 있지 않겠냐고 반문하는 것 같았다. 그만큼 앞으로 가봐야 할 곳이 많이 늘어났다. 끊이지 않는 몽골 각 지역 소개에 놀라 어떻게 그렇게 잘 아는지 궁금했다.

"다른 지역도 사람들에게 물어볼 것 없이 다 알아요. 30년 동안 수도 없이 다녔으니까. 캄캄한 밤에도 길을 다 알 수 있을 정도예요."

이 정도면 길의 달인이라고 불러야겠다. 문득 운전을 하면서도 끊임없이 좌우를 살펴보던 새럿의 모습이 떠올랐다. 이야기를 듣던 동료가 궁금증을 참지 못하고 물었다.

"빠르게 달리면서 어떻게 길을 찾죠? 표지판도 없고 다 비슷비슷하잖아요."

"내 머리 안에 GPS가 들어 있다고요. 저번에 고비사막에 갈 때 유럽 여행자들이 GPS를 가져왔는데, 길을 단축해서 지름길로 갔더니 그들이 길을 잘못 갔다고 해서 그럼 GPS대로 가보자고 했죠. 그랬더니 한 자리를 계속 맴돌았어요. 그러자 그들이 GPS를 집어던지더라고요."

때로는 최첨단 장비를 지나치게 믿지 말아야 할 때가 있다. 지난 2008년 알타이산맥에서 비슷한 경험을 했다. 운전기사가 가는 길이 아무래도 GPS와 달라 길을 잘못 든 게 아니냐고 따졌는데 알고보니 지도상에 표시된 길은 끊어져서 갈 수가 없었다. 최종 판단을 내리는 건 GPS와 지도가 아니라 사람이다.

아까부터 텔레비전에서 우리나라에서 만든 드라마가 방송되고 있었다. 딸과 함께 텔레비전을 보고 있던 아주머니도 어느새 우리들 이야기에 귀를 기울이고 있었다. 이야기가 무르익자 새럿이 보르항 할동 이야기를 꺼냈다.

"원래 내 차는 웬만한 진흙이나 늪은 갈 수 있지만 갈 수 없는 곳은 억지로 가지 말아야 해요. 몽골에는 가면 안 되고 보면 안 되는 곳이 있는데, 그중의 하나가 그 산이에요. 그 산에 칭기스 칸이 있기 때문에 사람이 가려고 하지 말아야 해요. 생각도 하지 말아야 해요. 안 되는 건 안 되는 거예요. 거기는 사람이 가면 안돼요. 어떻게든 가면 갈 수 있지만 안 가는 게 나을 것 같아요. 내 차에는 진흙에 빠졌다 해도 빠져나오게 할 수 있는 장비가 있지만 가지 말아야 하는 곳이니까 안 갔어요. 관리소 사람들이 나보고 계속 가지 말라고 했어요."

첫날 우리에게는 차마 하지 못한 이야기였다. 보르항 할동에 대한 새럿의 생각은 확고했다. 바가노르 나착도르지 시비 앞에서 보르항 할동을 나중에 가면 안 되겠느냐고 갑자기 이야기한 게 이제야 이해가 되었다. 정말 가고 싶지 않았던 것이다. 국립공원 관리원들이 그곳에 가지 말라고 한 건 우리뿐만이 아니었다. 할리온은 어땠을까.

"사람들이 가지 말라는 데는 가지 않는 게 좋아요. 산 위에 네모난 게 있었잖아요. 사람들은 그것을 칭기스 칸의 무덤이라고 믿어요. 만약 거기 가면 칭기스 칸을 밟는 건데, 많은 왕들을 밟는 건데, 그 왕들이 가만히 있겠어요. 외국 사람을 못 가게 하고 나도 여자니까 못 가게 했어요. 왠지 처음 출발할 때부터 긴장이 됐어요. 가고 싶지 않았어요."

몽골 사람들에게 보르항 할동은, 성산은 이런 존재였다. 이제야 그들의 정서를 조금은 알 것 같았다.

"나도 억지를 써서 꼭대기까지 가보고 싶은 마음은 없었어요. 보르항 할동이 어떤 느낌인지 근처에서 느껴보고 싶었죠. 지금은 멀리서 본 것만으로 만족해요."

새릿과 할리온에게 내 심정을 전한 후 동료에게 말했다.

"『론리플래닛』도 내용을 바꾸어야겠어. 정확한 정보를 알려주는 것도 필요하지만 현지 사람들이 무엇을 중요히 여기는지 함께 알려주어야 해. 갈 수는 있지만 가지 말아야 할 곳도 있다는 걸 알려주어야 진짜 정보지."

새릿은 아직 남은 이야기가 많았다. 그의 고향에 있는 몽골 제일의 성산인 오트공 텡그리를 언급했다.

"오트공 텡그리는 여름집에서 20킬로미터 정도로 가까이 있지만 근처에는 얼씬도 하지 않았어요. 옆에서 자라기는 했지만 한 번도 가본 적이 없죠. 갈 용기가 나지 않았어요. 자연이 제일 무서운 거예요. 50년을 살았지만 한 번도 가지 않았다는 걸 생각하면 자연이 얼마나 대단한지 알 거예요."

이 여행을 다녀온 다음 해 여름 새릿이 말한 오트공 텡그리산을 비롯해서 몽골의 성산인 뭉흐 하이르항산, 참바가라브산을 다녀왔다. 그 산들은 여행자가 봐도 독특한 기운이 서려 있었다. 여행자의 눈에도 그렇게 보이는데 하물며 그곳에 사는 사람들이 그 산을 신으로 모신다 해도 이상할 것 없었다.

시골에서 자란 동료는 새릿의 말에 공감했다.

"우리나라도 몇십 년 전 농사를 지을 때는 자연이 얼마나 무서운가를 알았던 것 같아요. 하지만 농사가 중요하지 않게 되면서 바뀐 것 같아요. 자연의 위험에 대비하기 위해서 사람들이 더 단결하지만 위험이 사라지면 사람끼리 싸우게 되죠."

"도시에 사는 사람들은 많이 누리는 것 같지만 그 뒤에는 엄청난 스트레스가 쌓여 있어요. 몽골 시골 사람들은 스트레스가 적어요. 배고프면 밖에 가서 잡아먹으면 되고, 땅이 꺼질까 집이 무너질까 걱정이 없죠. 무너져봤자 다시 세우면 되고요. 도시에 살면 건물이 쓰러질까 벽돌이 날아올까 걱정이죠."

새릿의 말대로 울란바토르에 많은 사람들이 모여 살면서 우울증과 자살이 증가했다. 몽골은 지금 두 개의 다른 세계로 이루어졌다. 시간과 속도를 돈으로 따지는 도시 울란바토르와 유목민 정신이 남아 있는 초원. 그래서인지 나 같은 여행자에게 아직 울란바토르는 초원을 가기 위해 스쳐지나는 곳이다.

아마 내 몽골 여행의 마지막 여행지는 울란바토르가 아닐까.




### 몽골의 별이 아름다운 이유

몽골은 별이다.

"똥을 누고 있는데, 머리 위로 은하수가 쫙 지나가고 별똥별이 막 떨어져요."

밤중에 화장실을 다녀온 동료가 들떠 말했다. 몽골의 밤하늘에는 언제나 별이 쏟아지지만 정작 별을 유심히 바라보는 건 이럴 때뿐이었다. 밤바람 맞으며 별을 보기에 추워서 그랬을까, 별 박사로 통하는 동료가 없기 때문일까.

몽골 여행팀에서 만난 별 박사는 세 권의 천문 서적을 낸 자동차 회사 연구원이다. 그와 여행을 처음 간 건 홉스글호수에 갈 때였다. 그 후로 여행사에서는 우리 여행팀을 '별 보는 팀'이라고 불렀다. 한번은 그에게 어느 별이 가장 아름답냐고 물은 적이 있었다.

"저는 별이 아름답기보다는 무서워요. 게르에서 몇 발자국 나가면 암흑 속에 나 혼자만 있는 것 같아요. 별은 침묵하고 있지만 우주의 눈이 나를 쳐다보는 것 같죠. 마치 살아 있는 것처럼. 특히 북두칠성이 그래요. 몽골에서 북두칠성은 지평선 바로 위에 보이잖아요. 중국 사람들은 북두칠성을 관을 끌고가는 모습이라고 했어요."

사람들은 별을 보러 몽골에 온다. 몽골로 여행을 간다고 하면, 몽골 여행을 가고 싶다는 사람을 만나면 늘 별 이야기를 꺼낸다.

"몽골에서 별이 잘 보이는 이유는 뭘까?"

"일단 별을 잘 보려면 어두워야 해요. 몽골은 다른 지역하고 달라서 불빛이 거의 없어요. 그리고 지대가 높고 공기 중에 부유물이 적어 별 보기에는 이상적이죠."

별 박사는 밤에 선글라스를 끼고 별을 봤다. 함께 별을 공부한 적 있는 친한 선배가 호주에 가서 선글라스를 끼고 별을 보았다고 자랑을 했단다.

"몽골에서도 잘 보이네." 몽골의 별은 크고 밝았다. 그래서 몽골에서

ⓒ 김동훈

별을 본 사람들은 살짝 허풍쟁이가 된다. 별이 주먹만 하다는 사람은 그래도 낫다. 낮게 뜬 북두칠성이 얼마나 큰지 축구를 하고 왔다는 사람까지 있다.

사진 속의 별은 소금을 뿌린 것보다 많지만 실제 눈으로 보면 그 정도까지 많지 않다. 구름 기둥처럼 하늘을 가로지르는 사진 속의 은하수를 기대한 사람이면 약간 실망할 수 있다. 사진 속의 별과 눈으로 본 별, 무엇이 진실일까?

"카메라는 오랫동안 노출을 하면서 별빛을 모으잖아요. 눈으로는 감지하지 못하는 별빛도 장시간 노출하면 사진에는 나와요."

그렇다. 카메라는 별빛을 모은다. DSLR카메라는 물론 일반 똑딱이(콤팩트 디지털 카메라)도 별 사진을 찍을 수 있다.

"일단 카메라를 고정시킬 수 있는 삼각대가 필요하죠. 여기에 카메라를 고정시켜요. DSLR이나 똑딱이 카메라 모두 수동 모드로 전환해야죠. 초점은 무한대로 맞춰요. 초점이 잘 맞았는지 보려면 라이브뷰 화면에서 밝은 별을 확대시켜서 초점이 맞았는지 확인하면 편해요. 초점이 맞으면 초점 링을 테이프로 고정시켜야 하죠. 감도(ISO)는 최대치로 높여요. 그런데 감도가 높을수록 노이즈 현상이 심하기 때문에 감도를 줄여가면서 찍으면 좋죠. 셔터 속도는 10초에서 30초 사이에 놓으면 돼요. 그 이상 노출을 하고 싶으면 DSLR은 릴리즈를 사용하면 되지만 똑딱이는 힘들다고 봐야죠."

그런데 막상 이렇게 하고 뷰파인더나 화면으로 몽골의 밤하늘을 보면 막막하다. 어떤 별을 기준으로 찍어야 한다지?

"몽골에서는 은하수를 쉽게 찾을 수 있죠. 북쪽 하늘에서 천장을 가로질러 남쪽으로 아치를 그리며 떨어지잖아요. 그런데 은하수를 잘 보면 천정에 직녀별, 남쪽에는 견우별, 그 사이에는 백조자리가 보여요. 밝게 빛나는 이 세 별을 기준으로 삼으면 편해요. 그리고 광각렌즈를 쓰면 주위 풍경을 잘 잡을 수 있어요. 플래시는 터뜨리지 말고 숙소에서 새어나오는 불빛도 피하는 게 좋죠. 달빛은 별빛을 잡아먹기는 하지만 지상의 풍경을 은은하게 비춰줘 별과 풍경을 함께 담는 데 도움이 되요"

세상의 모든 별이 모인다는 몽골. 여행을 갈 때마다 별을 봤고 잊을 수 없는 기억도 많았다.

흡스글호수에 갔을 때다. 그곳에서 마지막 날 밤, 다른 동료들은 호숫가에서 술잔을 기울였고 별 박사와 나는 호숫가에서 별 사진을 찍고 있었다. 그런데 빛이라고는 없는 호수에 한 줄기 붉은 빛이 희미하게 드리웠다. 그 빛의 정체가 궁금했다.

"화성 같아요. 화성 빛은 약해서 다른 곳에서는 물결에 비치지 않는데 워낙 대기가 투명한 곳이라 그런 것 같네요."

몽골이어서 화성 빛이 물에 비쳤고 별 박사와 함께여서 그 이유를 알았다.

3년 후 알타이산맥에서 본 완전 개기일식은 어제처럼 선명하다. 우리는 을기 시내 근처에 있는, 독수리가 많아 이글 캠프라고 이름 붙은 곳에서 묵었다. 왜 갑자기 외국 사람들이 이상한 장비를 들고 이곳으로 모였는지 영문을 몰랐던 캠프 관리인들에게 이유를 알려주고 개기일식용 안경을 준 사람이 별 박사였다. 우리는 캠프 강가에 장비를 설치하고 자리를 잡았다.

"이제 개기일식이 시작됩니다. 달이 해를 먹기 시작하죠."

그의 말과 함께 달은 해를 가렸고 나중에는 완전히 해를 가리는 개기일식이 1분 30초 동안 진행되었다. 달이 해를 잡아먹자 영문을 모르는 양들은 밤인 줄 알고 집으로 움직였고 독수리들은 둥지로 날아들었다. 우리도 처음 보는 장면에 넋을 잃었다. 말로는 도저히 설명할 수 없는 그 1분 30초, 난생 처음 만난 개기일식은 너무나 큰 충격이었다. 개기일식이 모두 끝나자 별 박사에게 말했다.

"정말 고마워. 덕분에 개기일식이 이렇게 장엄한 줄 알았어."

개기일식이 일어나는 곳을 따라서 하늘로 비행기를 띄우거나 배를 빌려 바다로 나간다는 사람들이 미치지 않았다는 걸 비로소 알았다.

한번은 개울가에서 야영을 했다. 물을 뜨러 개울에 갔다가 물위에 반짝이는 빛을 보았다. 무슨 빛일까. 그 빛은 하늘에서 내린 별빛이었다. 개울에 별이 뜨는 곳이 몽골이었다.

"다른 어떤 곳보다 몽골에서는 엄청난 별을 볼 수 있지만 사람들은 겨우 1~2분 정도밖에 별을 보지 않아요. '별, 참 많다' 그러고는 잠을 자거나 술을 먹곤 하죠. 그건 비극이에요. 별이 이렇게 많은데. 몽골에서 별을 즐겁게 볼 수 있는 방법이 있죠. 먼저 별자리를 알고 가면 좋아요. 견우별, 직녀별, 백조자리는 밝아서 쉽게 찾을 수 있고 여기에 기본 별자리 일곱 개 정도 알면 더 좋죠. 별자리의 기본적인 모양과 상대적인 위치를 아는 거죠. 지도에서 이웃 나라를 아는 것과 비슷해요. 이걸 배우고 별을 보면 흥미롭죠."

알고 보는 것과 "별, 참 많다" 하고 그냥 보는 건 달랐다.

"나만의 별자리를 만들어보면 재미있어요. 나중에 내가 만든 별자리를 찾으려면 기본적인 별자리를 알아야 하죠. 자신의 별을 정해보는 것도 좋아요. 홉스글호수에 갔을 때 누군가가 왕관별을 보고 '저건 내 별이야!'라고 했잖아요."

"다른 지역과는 다르게 몽골에서는 지평선에서 별이 오르잖아요. 별이 서쪽에서 뜨는 것으로 생각하는 사람이 많은데 해처럼 동쪽에서 뜨죠. 오래 별을 보려면 누워서 보면 좋아요. 목도 안 아프고 유성까지 볼 수 있죠. 장난감 쌍안경이라도 가져가면 별이 잘 보여요. 우리 눈이 커졌다고 생각하면 돼요."

"별은 제각각 색이 달라요. 다 하얄 것으로 생각하는데 남쪽 하늘에 낮게 떠 있는 전갈자리의 안타레스는 붉죠. 참, 별을 많이 보고 싶다면 보름달은 피해야 해요. 음력 1일 전후 일주일이 좋아요."

몽골로 별 사진을 찍으러 가는 사람들이 늘어나면서 눈을 휘둥그레하게 만드는 사진들이 많아졌다.

"몽골에 와서 나보다 좋은 별 사진을 찍은 사람들이 많아요. 가끔은 '나는 몽골에 몇 번씩이나 다녀왔는데'라는 아쉬움이 들죠. 하지만 내 별 사진에는 같이 여행을 갔던 사람들의 이야기가 들어 있잖아요."

별은 아름다웠다. 하지만 그 별을 더 아름답게 만드는 건 함께한 사람들이었다.

그런데 늘 별을 보고 사는 몽골 사람들은 별을 어떻게 생각할까? 그들은 내가 살아 있는 동안 내 별이 하늘에 떠 있고 언젠가 내가 죽어 하늘로 올라가면 하늘에 있던 내 별이 땅으로 내려온다고 믿었다. 자신의 별을 하늘에 두고 사는 사람들, 그들이 몽골 사람이다.

## 4. 늪에 빠지다

## 몽골 사람을 키워준 다섯 가축

"우리 아버지의 아버지 때부터
우리 어머니의 어머니 때부터
밥상에 오르내리며
나를 키워준 것들
쌀밥, 보리밥, 조밥, 콩밥, 팥밥, 오곡밥
……."

딸아이와 자주 흥얼거리던 노래가 백창우의 〈밥상〉이다. 이 밥들 가운데 팥 대신 기장을 넣으면 딱 오곡이다. 농사를 짓는 우리나라에 오곡이 있다면 가축을 기르는 몽골에는 다섯 가축이 있다. 몽골 사람들이 중요하게 생각하는 다섯 가축으로는 몽골 하면 떠오르는 말, 힘센 소, 사막의 배라는 낙타, 초원을 낭만적으로 만드는 양, 싸움꾼 염소가 있다.

주변에서 가축을 볼 수 있지 않을까 싶어 해 뜨기 전에 게르를 나왔다. 게르 옆에는 네모난 태양열 집열판과 텔레비전 전파를 잡는 원형 안테나가 설치되어 있었다. 어젯밤 아주머니가 우리나라 드라마를 보며 깔깔 웃었던 것도 다 이것 덕분이었다. 아주머니가 자전거라 불렀던, 유목민의 필수품 오토바이도 보였다. 초원에 오토바이 열풍이 불자 고비사막의 나이든 유목민은 젊은이들이 낙타를 팔아 오토바이를 산다고 한탄했다고 한다.

게르 바로 앞은 양 우리였다. 아무리 봐도 초원에서 사람이 살 수 있는 건 다 이 양 덕분일 게다. '순한 양'이라는 말이 나올 정도로 말 잘 듣고, 생존력 강하고, 게다가 사람이 매서운 추위를 견딜 수 있도록 따뜻한 양털을 주었다. 기르는 사람 입장에서는 고맙기 그지없을 것이다. 아낌없이 주는 동물, 양이 없었다면 애당초 유목은 꿈도 꾸지 못했을 것이다. 여름날 초원을 여행하다 무리지어 느릿느릿 움직이는 양들을 보면 하늘에서 양떼구름이 내려온 것처럼 보인다.

양들이 침묵을 지키는 반면 침묵을 참지 못하는 놈들도 있다. "메에 메에" 소리의 주인공 염소다. 양들이 초원에서 안심하고 풀을 뜯을 수 있는 건 이 시끄러운 놈 덕분이다. 염소는 양과 달리 경계심이 많고 전투적이다. 예전에 훕스글호수 관문 도시 므릉에 갔을 때였다. 한 동료가 양을 만져보려고 다가가자 무리 속에 있던 염소들이 소리를 지르며 뿔로 치받을 기세로 달려들었고 동료는 부리나케 도망칠 수밖에 없었다. 작은 고추가 맵다는 말처럼 날렵하고 싸움꾼 기질이 다분한 염소는 양떼 사이에 투입되어 늑대로부터 양을 보호하고 양의 앞길을 인도하는 길잡이 역할을 맡는다.

몽골의 사막화가 심각해지면서 염소가 그 주범으로 지목되었다. 염소 털인 캐시미어 가격이 오르자 너나 할 것 없이 염소를 기르기 시작한 것이다. 문제는 염소가 식물의 뿌리까지 몽땅 파먹는다는 점이다. 염소 떼가 훑고 지나간 초원은 초토화되고 그런 땅은 황무지가 된다. 따지고보면 염소는 풀을 먹었을 뿐인데 사람의 욕심을 염소에게 덮어씌우는 격이다. 몽골의 사막화는 지구 온난화로 인한 기온 상승과 강수량이 줄어든 것에 있다. 사막화의 주범은 돈을 더 벌기 위해 온실가스를 펑펑 쏟아낸 소위 선진국이라는 나라들이지 몽골의 염소가 아니다.

몽골에서는 울란바토르를 기준으로 동쪽으로 가면 소들이 많다고 한다. 초원에서 제일 팔자가 늘어진 게 소가 아닌가 싶다. 소는 풀어 놓으면 자기들끼리 알아서 다니고 덩치가 크고 힘도 세서 늑대에게 쉽게 공격당하지 않는다. 때로는 수레를 끄는데, 옛 수레 중에는 소 스물두 마리가 끄는 이동식 게르도 있었다.

염소가 사막화의 주범으로 누명을 쓴 것처럼 소 역시 오존층 파괴의 주범으로 지목되었다. 소가 트림을 하거나 방귀를 뀔 때 나오는 메탄가스가 오존층을 파괴한다는 것이다. 아예 뉴질랜드에서는 소에게 방귀세까지 물리려고 했단다. 정작 방귀뀐 놈은 사람인데 소에게 뒤집어씌우려는 혐의를 지울 수가 없다. 고산 지대로 가면 털이 길고 한눈에 봐도 힘이 장사일 것 같은 소를 볼 수 있는데, 이 소가 야크, 즉 사를라크다. 실제로 사를라크는 힘이 장사인 데다 소보다 순하다. 관광지에 가면 현지인들이 자꾸 타보라고 하는 소라면 십중팔구 사를라크다. 탈 때는 돈 얘기가 없다가 일단 타면 돈을 달라는 경우도 있다.

사막에서는 뭐니 해도 낙타다. 극한 환경인 사막에 최적화된 동물로 낙타를 따라올 것이 있을까. 우선 낙타의 상징인 혹. 몽골 낙타는 등에 혹이 두 개가 솟아 보통 쌍봉낙타라 불린다. 사람이 보기에는 혹이지만 비상식량 역할을 하는 지방덩어리다. 물이 부족한 사막에서 낙타는 물의 손실을 줄이기 위한 갖가지 방법을 터득했다. 일단 한 번에 100리터까지 물을 마실 수 있다. 만약 체내에 물이 부족할 때는 피를 물로 바꾸는 마술을 부린다. 또한 자기 체온을 올렸다 내렸다 하여 땀으로 배출되는 물의 손실을 줄인다. 춥고 더운 일교차가 큰 사막 날씨를 견디기 위해 두꺼운 가죽과 털로 열과 추위를 막는 것은 기본이다.

그리고 다른 동물에 비해 다리가 긴 데는 다 그만한 이유가 있다. 땅으로부터 몸통의 위치를 높여 뜨거운 지열로부터 몸을 보호하기 위해서다. 고비사막에서 낙타를 처음 탔을 때 앉아 있을 때는 몰랐다가 낙타가 일어서자 그 높이에 깜짝 놀랐다. 또 낙타의 발바닥은 말랑하여 걸을 때 땅에 잘 붙는다. 땅을 딛고 있을 때에는 빈대떡처럼 커지고 뗐을 때는 작아진다. 강원도 산간 지방에서 눈길을 갈 때 신발에 대는 설피와 비슷해 모래에 빠지지 않고 잘 걸어갈 수 있는 비결이다. 사막의 배라는 별명답게 많게는 240킬로그램의 짐을 싣고 하루에 60킬로미터까지 갈 수 있는 놀라운 동물이다.

2004년 하르호링 근처 바양고비 게르 캠프에 들렀을 때였다. 낙타를 타러 갔는데 어찌된 일인지 낙타는 그림자도 보이지 않았다. 그 이유인즉 "낙타가 짝을 찾아 사막으로 갔다"는 것이었다. 몇 년 후 고비사막을 갔을 때 사막 곳곳에서 방랑하는 낙타 무리를 만났다. 처음에는 주인이 없는 자유로운 야생 낙타일 것으로 추측했는데, 예상이 빗나갔다. 모두 주인이 있다는 말을 듣고 "저렇게 다니면 자기 낙타가 어디 있는지 어떻게 알아요?"라고 물었다. 그랬더니 유목민들은 눈에 보이지 않아도 지금 자기 낙타가 어디쯤에 있는지 훤하게 안단다.

낙타는 감수성이 예민해서 몽골의 유명한 악기인 마두금 즉 '모링 호르' 소리를 들으면 눈물을 흘린다고 한다. 어렵게 새끼를 낳은 어미 낙타는 고생한 기억 때문인지 새끼를 멀리할 때가 있는데 이때 모링 호르를 연주하면 눈물을 주르륵 흘리고 새끼에게 젖을 먹인다고 한다. 모링 호르가 낙타의 아픔을 위로해주기 때문이란다. 영화 〈동굴에서 나온 누렁개〉를 만든 비암바수렌 다바아 감독의 첫 작품이 〈낙타의 눈물)이었다. 또 기억력이 좋고 방향감각이 뛰어나서 죽은 이의 무덤을 찾을 때도 이용된다. 죽은 이의 장지를 정할 때 어미 낙타와 새끼 낙타를 함께 데려가 장지가 결정되면 새끼 낙타를 죽인다. 어미 낙타는 새끼가 죽은 곳을 잊지 않아 사람이 다시 장지를 찾아갈 일이 있으면 어미 낙타를 데리고 간단다. 어미가 발걸음을 멈추는 곳, 그곳이 새끼가 죽은 곳이다.

몽골에 다섯 가축만 있는 건 아니다. 돼지는 중국 사람들이 많이 사는 곳에서 기른다고 하는데, 몽골 여행을 하면서 딱 한 마리 봤다. 홉스글호수를 갈 때였는데 마을을 이리저리 배회하는 자유로운 영혼의 돼지였다. 이밖에 홉스글호수에 사는 소수민족 차탕족은 뿔이 아름다운 순록을 기른다. 순록은 양, 말, 소를 합쳐 놓은 역할을 하는데 이들이 순록을 길들이는 비결은 소금이다. 순록은 소금을 주는 사람의 곁을 떠나지 못한다. 차탕족은 여행자에게 순록뿔로 만든 기념품을 팔기도 한다. 한편 몽골 서부 홉드아이막에서는 당나귀를 많이 기른다.

참, 몽골에서 제일 비싼 고기는 쇠고기도, 돼지고기도 아니다. 바로 닭고기다.


## 어머니의 냄새

"직장으로 출근하고 다시 집으로 출근해요. 나는 도대체 언제 퇴근

하죠!"

우리나라 한 워킹맘의 고백이다. 아이를 직접 키우지 않았다면 좀처럼 이해되지 않았을 이 말. 이번 몽골 여행과 이전 몽골 여행의 다른 점은 초원 여인들의 삶이 전과는 다르게 보인다는 것이다. 이전에도 게르에 들릴 때면 한가로운 남자들과 달리 일거리를 손에 놓지 않았던 여인들을 보며 우리나라나 몽골이나 비슷하다고 느끼기는 했다. 『우리 집을 공개합니다』라는 책에서는 세계 여러 나라 아버지와 어머니의 주당 평균 노동시간을 기록해 흥미로웠는데, 그중에서 과테말라는 아버지가 60시간인 반면 어머니는 '쉴 새 없이'라고 되어있다. 내가 직접 아이를 키우고 살림을 하게 되니 관찰자가 아니라 당사자의 입장으로 바뀌어 그들의 삶이 더 애틋하게 다가왔다.

유유자적하는 소를 구경하다 게르로 돌아왔다. 잠에서 깬 아주머니는 게르를 받치는 서까래에서 뭔가를 잡는 중이었다.

"날씨가 추워서 파리가 움직이지 못해요."

그러더니 손으로 파리를 훑어 밖으로 내던졌다. '맞아, 옛날 시골에서 저렇게 파리를 잡았지'라는 옛 기억이 떠올랐다. 아주머니는 게르에서 파리를 잡는 일로 하루를 시작했다. 아주머니가 젖을 짜러 나가자 마침 할리온이 침대에서 놀던 주인집 딸 아기마의 옷을 입혀주었다. 이제 막 걸음을 뗀 아이를 남겨두고 일하러 가는 아주머니를 보고 처음에는 "아기를 두고 가면 어떻게 하지!"라며 당황스러웠다. 내 경우는 아이가 어렸을 때 아이 곁에서 떨어질 때라곤 어쩔 수 없이 화장실에 갈 때뿐이었으니까. 그러나 여기는 몽골 초원이었다.

아기마의 얼굴은 초원의 아이답게 빨갛게 물들어 있었다. 몽골은 해

발고도가 높고 자외선이 강한 데다 바람마저 세서 피부가 빨리 상한다. 그래서인지 몽골 사람들을 만나면 적게는 다섯 살, 많게는 열댓 살 이상 나이 들어 보였다. 새릿도 처음 보았을 때는 예순쯤으로 보였는데, 알고보니 나와 불과 일곱 살밖에 차이가 나지 않는 쉰한 살이었다. 몽골 사람들이 우리나라 사람들을 보고 피부가 곱다고 말하는 건 이상한 일이 아니었다. 심지어 제 나이보다 더 나이 들어 보인다는 말을 듣는 나조차 몽골에서는 나이보다 어리다는 말을 들었으니까.

"소젖 짜는 거 볼래요?"

소 우리에서 아주머니가 젖을 짜는 중이었다. 지금까지 말젖을 짜는 것만 봤는데, 소젖은 처음이었다. 아주머니가 소 뒷다리 옆에 앉아서 젖을 짤 때마다 "쐬악" 하며 젖 줄기가 양동이 안으로 쏟아졌다. 꼭 해보고 싶었다.

"아주머니, 젖 한번 짜볼게요."

아주머니는 웃으며 자리를 내주었다. 의기양양하게 작은 의자에 앉아 양동이를 가랑이에 끼고 소젖을 움켜쥐었다. 미끌미끌하고 탄력이 좋았다. 이제 젖만 힘차게 나오면 끝이었다. 아주머니 설명을 듣고 나서 젖을 쭉 잡아당겼는데, 젖은 기대와 달리 찔끔찔끔 나오다 그쳤다. 보기보다 쉬운 일이 아니었다. 다시 젖을 꽉 쥐고 힘껏 잡아당기라는 말을 듣고 힘을 주어보았지만 나오는 둥 마는 둥 했다.

젖을 짜는 것 보다 젖을 짜기까지의 과정이 흥미로웠다. 소젖을 짜기 위해서는 먼저 송아지를 끌고 와 어미 소의 젖을 물린다. 젖이 돌기 시작하면 송아지를 떼어내 어미 곁에 묶어 놓는다. 만약 송아지를 멀리 떼어 놓으면 젖이 잘 나오지 않는다. 어미 소가 곁에 있는 송아지를 봐야 계속 젖이 돈다고 한다. 사람이든 동물이든 어미 마음은 같다. 젖 한 양동이를 받고 나자 비로소 송아지 차례가 돌아왔다.

소젖 짜는 모습을 지켜보다 아기마가 궁금해 게르 안으로 들어가 봤다. 아기마는 침대에 혼자 있다 주르르 미끄러져 내려왔다. 아장아장 걷는 아기마를 보자 조바심이 났다. 게르 안에는 화로가 뜨거운 열을 내고 있었다. 집 안에서만 아이가 다칠 수 있는 요인이 500가지가 넘는다고 하지 않던가. 그래서 집에서는 아이가 뜨거운 것 근처에는 얼씬거리지 못하게 했다. 게르에는 위험이 훨씬 적겠지만 그래도 아기마는 아기이지 않은가. 걱정과는 달리 아기마는 화로 근처에도 가지 않고 바로 문밖으로 나가더니 엄마가 젖을 짜는 소 우리로 아장아장 걸어갔다. 맞다. 나도 저렇게 컸다.

파리 잡고, 젖 짜고, 아침 준비하고, 수테채 끓이고……. 매일 해도 티 안 나고 안 하면 금방 티가 나는 게 집안일이다. 그나마 초원에서는 빨래를 자주 하지 않고 청소할 집도 넓지 않고 무슨 음식을 해야 하나 걱정을 덜 하는 게 낫다면 나은 점이다. 또 학교에 다니는 아이들은 모두 기숙사 생활을 해서 아침마다 "세수해라, 옷 입어라, 밥 먹어라, 준비물 챙겨라" 하는 잔소리를 하지 않아도 되기는 하다. 몽골 유목민의 하루를 온전히 겪은 적은 없지만 어머니들의 삶이 어떨지 알 것 같았다. 남자들은 그들이 대수롭지 않게 여기는 살림이 사실 사람을 살리는 근본이라는 것을 알고 있을까.

몽골 사람들은 어머니에 대한 정서가 매우 각별하다. 몽골의 이름 있는 시인치고 어머니를 주제로 시 한 편 남기지 않은 사람이 없다. 이스돌람은 〈어머니〉라는 시에서 "눈을 부시게 할 만한 장식도 없다 / 분으로 곱게 단장한 얼굴 치장도 / 어머니에게서는 찾아볼 수 없다 / 언제나 가축의 젖이 묻어 있는 옷섶, 젖 냄새 / 경사진 지구의 저편에서 어머니의 냄새가 풍겨온다"『몽골 현대시선집』고 어머니의 냄새를 묘사했다.

몽골 최고의 소설로 꼽히는 『맑은 타미르강』. 이 소설의 주인공은 에르덴이며 그의 부인은 돌고르다. 이 소설에서 가장 흥미롭고 가슴 아팠던 인물이 돌고르였다. 남편의 오해를 받아 그만 강물에 뛰어든 그녀는 초원의 여인들이 겪어야 했던 아픔을 고스란히 안고 있었다. 그런데 1부에서 강물에 뛰어들어 죽은 것으로 암시된 돌고르가 어찌된 일인지 2부에는 부활한다. 그녀의 죽음을 가슴 아파했던 독자들의 성원으로 작가인 로도이담바는 2부에서 그녀를 살려내야 했다고 전한다.

## 이동하는 집, 게르

초원에 나온 사흘 동안 현지인의 게르에서 밤을 보냈다. 몽골 유목민의 집 게르. 중앙아시아에서는 유르트라고 부르는 게르는 겪어 볼수록 매력적이다. 몽골 제국의 두 번째 수도 하르호링 근처 작은 모래사막에 갔을 때 처음으로 게르에서 하룻밤을 보냈다. 그때 침대에 누워 구멍 뚫린 천장으로 별빛을 찾다 스르륵 잠이 들었다. 허름한 겉보기와 달리 너무나 포근해서 불면증이 심해 잠이 들려면 몇 시간을 뒤척이던 선배도 놀랄 정도로 잠을 잘 잤다고 한다.

한번은 고비사막에 갔을 때였다. 이 선배는 여행을 가기 전부터 고비 모래사막에서 벌거벗고 뛰겠다는 의지를 불태웠다. 그런데 정작 사막에 가던 날 마음이 바뀌었다.

"게르에서 더 잘래. 잠이 너무 잘 와."

그 선배에게 게르는 수면제 그 자체였고 너무 아늑해서 하루 종일 다른 것 하지 않고 게르에서 지낼 수 있겠다고 했다. 문밖으로 내다보이는 경치가 아름다워 액자가 따로 필요 없었고 게르 안에서 듣는 빗소리는 근심을 스르르 녹이는 음악과 같았다.

가을철 게르는 갈색 평원 위의 하얀 점이다. 하얀 점으로 가까이 다가가면 점은 하얗고 동그란 통으로 바뀌고 더 가까이 가면 고깔모자를 씌운 원통처럼 보인다. 양을 하늘로 날려버린다는 거센 바람 속에서도, 소 꼬리마저 부러뜨린다는 겨울 추위 속에서도 게르는 초원의 유목민을 품어왔다. 바람의 나라 몽골, 그곳에는 폭풍 같은 바람이 몰아친다. 땅속에 기둥을 박지 않은 집이, 시멘트나 철 구조물을 쓰지 않는 집이 어떻게 바람을 견딜 수 있을까. 답은 간단하다. 가장 안정적인 구조인 원형이 답이다. 바람은 게르의 원통형 몸통과 고깔형 지붕을 타고 흐른다. 바람이 닿는 면을 최소화시키면서 바람을 흘려보낸다. 바람을 이기는 길은 바람과 싸우지 않는 법에 있었다.

몽골의 겨울은 혹독하다. 소 꼬리가 부러질 정도라는, 상상할 수 없는 추위. 어떻게 게르가 그 추위를 막아줄까. 비밀은 양털이다. 이스끼라고 부르는 게르 벽은 양털로 만든다. 양이 그 털로 겨울을 나듯 사람 역시 그 털로 집을 보온한다. 양털 벽은 양털을 두드리고 또 두드려 압축해서 만드는데 게르에 여러 겹을 두르면 보온성이 높아져 게르 안의 열기를 잘 보존할 수 있다. 그리고 게르 가운데에는 화로를 두는데 취사용이며 난방용이다. 연료는 가축의 똥이다. 뜨끈뜨끈하지는 않지만 겨울을 날 정도로 훈훈하다. 양털과 가축의 똥으로 유목민은 겨울을 난다.

게르는 움직이는 집이다. 몇 시간이면 해체하고 간편하게 조립하는 텐트라는 개념이 더 어울릴 법한 조립식 주택이다. 쉽게 움직일 수 있도록 부재를 단순화했다. 게르의 뼈대는 벽인 한느, 서까래인 온, 천장인 터너, 터너를 받치는 두 개의 기둥인 바가나로 구성되어 있고 나무로 만든 이 모든 부재들은 끼고 묶을 수 있다. 게르의 벽체는 탄력이 좋고 벼락을 맞지 않는다는 버드나무로 만든 격자 모양으로 주름처럼 펼쳤다가 접을 수 있다. 게르는 능숙한 사람이라면 한 시간 안에 해체할 수 있고 세 시간 내에 조립할 수 있다. 무게도 가벼워 우리네 집과 견주면 깃털 같다고 할까.

게르에는 여행자의 눈에는 보이지 않는 규칙이 있다. 우선 공간은 성별과 나이에 따라 나뉜다. 들어가는 사람 입장에서 보면 왼쪽이 남성, 오른쪽이 여성의 공간이다. 따라서 왼쪽에는 말과 관련된 도구나 무기가 있는 반면에 오른쪽에는 주방용품들이 있다. 입구 맞은편인 북쪽 벽 가운데는 신성 공간 즉 '호이모르'다. 이곳은 제단으로 불상, 달라이 라마 사진, 조상들의 사진이 모셔진다. 안쪽에는 나이 든 어른, 귀한 손님이 앉는다. 손님들은 남성의 공간인 왼쪽으로 들어가 앉는다. 게르 입구 쪽에서는 작업도 하고 겨울에는 동물의 새끼를 기르기도 한다.

게르 곳곳은 상징 세계다. 게르는 문과 천장 두 곳을 통해 외부로 이어진다. 문은 사람들이 드나들고 지붕 가운데의 구멍 터너는 연기

ⓒ 김동훈

ⓒ 김동훈. 단언컨대 게르는 가장 완벽한 집이다.

가 나가고 공기를 순환시키고 햇볕이 들어와 해시계의 역할을 한다. 또한 이곳은 신이 드나드는 신들의 통로이다. 천장이 신의 통로라는 개념은 시베리아 다른 부족에서도 보인다. 천장을 지탱하는 기둥은 하늘과 집을 연결하는 통로다. 임신부가 출산을 위한 진통을 할 때에 기둥에 실타래를 감아 천장 밖으로 빼내는데, 이 실을 타고 새 생명이 하늘에서 내려온다고 그들은 믿는다.

게르에는 금기가 많다. 집 안으로 들어갈 때는 손아랫사람이 먼저 들어가거나, 나올 때 손윗사람이 먼저 나오는 것을 금한다. 남의 집에 들어갈 때는 모자를 벗고 들어가지 않는다. 소매를 걷은 채 남의 집에 들어가지 않는다. 문지방을 밟거나 그 위에 서 있지 않는다. 게르 벽이나 기둥에 기대서지 않는다. 화로 주변을 더러운 물건이나 쓰레기 따위로 더럽히지 않는다. 화로 위로 물건을 주고받지 않는다. 화로를 향해 침을 뱉거나 가축의 젖을 떨어뜨리지 않는다. 화로에 있는 재를 뒤척이거나 뒤섞지 않는다. 화로에 소금을 넣지 않는다. 또한 화로에 양파를 넣으면 눈이 먼다는 속설도 전한다. 화로는 유난히 금기가 많고 집안의 흥망을 상징하기 때문에 지금도 몽골 사람들은 무척 신중하게 화로를 고른다.

몽골 제국 시절 몽골을 방문한 카르피니(Giovanni de Piano Carpini, 1182?-1252)는 금기에 대해 이렇게 적었다.

> 그들은 비록 올바른 일을 행하고 죄를 범하지 말라고 규정한 정해진 법은 없지만, 현재 그들 또는 그들 조상들이 고안한, 전통적으로 죄로 간주되는 것들이 있다. 예를 들면 칼을 불에 쑤시거나, 어떤

식으로든 칼을 불에 대거나, 솥에서 칼로 고기를 꺼내거나, 불 옆에서 도끼로 나무를 자르는 행위가 그러한 것들이다. 왜냐하면 그들은 이러한 행위를 불의 머리를 자르는 것으로 믿었기 때문이다.

『몽골 신화의 형상』

800년 전 그에게도 불과 화로에 대한 금기가 눈에 띄었나 보다. 지금은 거의 사라졌지만 한때는 우리 역시 그랬다. 시어머니는 시집온 며느리에게 "절대 부엌 아궁이에 있는 불을 꺼뜨리지 말라"고 했고 이사를 갈 때에는 아궁이에 있는 불씨를 가지고 갔다. 이때 불씨는 재산을 상징했다.

게르 밖으로 눈을 돌려보면 이웃사촌처럼 모여 있는 게르들을 볼 수 있다. 어제 잠을 잔 게르도 형제자매가 가까이 붙어살고 조금 떨어진 곳에 삼촌이 살고 있었다. 마치 우리나라의 집성촌 같다. 이렇게 친척들이 모여 유목을 같이하는 집단을 호트 아일이라고 부른다. 이들은 특별한 일이 없는 한평생을 함께한다.

몽골 초원에서는 친척이 없는 사람을 가난한 사람이라고 부른다. 한 집만 외따로 살 수 없는 곳이 초원이다. 칭기스 칸 가족은 아버지 예수게이가 죽은 후 친척들에게서 내침을 당해 죽을 고생을 한다. 무리에서 내침을 당한 늑대가 홀로 초원을 떠돌다 죽는 것처럼 초원에서 한 가족이 공동체에서 배제되었다는 것은 곧 죽으라는 뜻이었다. 이곳에서 서로 돕고 사는 건 미덕이 아니라 생존을 위한 필수 조건이었다.

초원을 여행하다 보면 절대 빠뜨릴 수 없는 것이 게르 방문이다. 이

때 여행자는 게르에서 지켜야 하는 중요한 예절을 기억하는 것이 좋다. 한번은 여행자가 게르 기둥 근처로 가려고 하자 주인이 무의식적으로 기둥을 꼭 끌어안는 걸 봤다. 게르의 예절은 이처럼 그들의 생활 속에 깊이 자리 잡고 있는 것이다. 하나 더 이야기하자면 게르를 방문할 때는 조그마한 선물을 준비할 것을 권한다. 그동안 우리가 준비한 선물은 아이를 위한 문방구나 장난감이 많았고, 초원에서 구하기 힘든 상비약인 진통제, 소화제, 상처에 바르는 연고 때로는 바느질 세트도 들어 있었다.

이번 여행에서 현지인 게르에서 묵는 건 어제가 마지막일 것 같았다. 아기마는 아침나절 동안 옆 게르에서 놀러온 사촌 언니와 침대에서 놀았다.

## 몽골의 말, 하나도 지칠 줄 모른다고?

"몽골 말은 똑똑해요. 베트남전쟁에 갔던 몽골 말이 베트남에서 집까지 돌아왔는데, 말발굽이 닳아서 붉은 속살이 보였어요. 그 말을 기리는 노래와 시도 있죠. '땅을 보고 가는 말을 놀라게 하지 말라'는 시가 있어요. 말이 땅을 보고 고향을 찾아가는데 놀라게 되면 고향을 찾아가기가 힘들다고 해요. 그리고 한 가지 더, 팔린 말이 원래 주인에게 세 번 돌아가면 그 말은 원래 주인에게 돌려주어야 해요."

사회주의 국가로 대미전쟁을 지원하기 위해 몽골에서 베트남으로 보낸 말 중에 한 마리가 몽골로 다시 돌아와 신문에 대서특필된 적이 있었단다. 몇 백 마리 말 중에서 자기 말을 정확히 찾아내는 그들이니 다른 말과 착각하지 않았을 것이다. 어떻게 그 먼 길을 달려 집을 찾아왔을까. 말은 아니지만 우리나라에도 비슷한 사례가 있었다. 1993년 진도에서 대전으로 팔려간 진돗개가 300킬로미터 떨어진 진도의 옛 주인을 찾아갔다는 이야기다. 이 이야기를 듣고 "역시 진돗개야"라며 감탄했는데, 이쯤 되면 몽골의 말은 신화가 될 것 같다.

몽골의 다섯 가축에서 가장 앞에 놓이는 말. 몽골 여행의 로망 중 하나는 말 타기다. 말을 타고 초원을 질주하는 장면은 상상만으로 흥분된다. 특히 빠른 속도로 걷던 말이 어느 순간 내달리면 마치 둥실둥실 하늘을 나는 것 같은 기분을 느낄 수 있다. 이럴 때는 비마飛馬가 허튼소리가 아님을 실감한다.

"말을 탈 때는 왼쪽에서 타서 왼쪽으로 내리고 말 뒤로는 가지 말아야 해요. 등자에는 발을 깊숙이 넣지 말고 조금만 걸쳐야 하는데 너무 깊이 넣었다가 말에서 떨어지면 끌려가다 다쳐요."

할리온은 승마팀 가이드를 한 경험자답게 주의사항을 알려주었다. 대부분의 여행자가 말을 타는 곳은 관광지에서다.

"평생 관광객을 태우느니 차라리 햄이 되는 게 낫겠다."

말치기들은 매일 사람을 태워야 하는 관광지 말들에게 이런 위로의 노래를 불러준다.

외국 사람들이 가장 많이 가는 관광지인 테렐지의 말들은 눈치가 보통 빠른 게 아니다. 탈 사람의 기가 세면 말을 잘 듣고 만만하다 싶으면 잘 가지 않다가 주인이 오면 그제야 가는 척한다. 테렐지에 갔을 때 한 선배는 지친 말을 보더니 안쓰러운지 말에서 내려 그냥 끌고다 니기도 했다. 홉스글호수에 갔을 때에는 승마 트래킹을 하고 돌아오는 데 갑자기 말이 무너져 내리듯 고꾸라졌다. 그 말은 우리 일행 중 가장 무거운 친구가 탔었다. 아마 말이 이 친구를 처음 봤을 때 "이제 죽었구나"라며 긴 탄식을 내뱉지 않았을까.

"말이 아름다운 것은 움직임과 행동 때문이다."

〈하늘에서 본 지구〉 사진으로 유명한 사진작가 얀 아르튀스 베르트랑은 말에도 관심이 많았다. 우리나라에서 열린 〈하늘에서 본 지구〉전에는 말 사진이 함께 전시되었는데, 가장 먼저 만년설을 배경으로 당당하게 서 있던 키르키스 종마가 등장했다. 다음으로 아이슬란드 말, 아랍 말, 순혈 영국 말, 클라드루버 종마, 카라차이 종마가 보이더니 드디어 몽골 말이 나왔다. 나담에 참가한 어린 기수가 탄 말이었다.

"정말 특이한 동물로 하나도 지칠 줄 모르는 탈것이다. 몽골은 사람 숫자보다 말이 많은 유일한 나라다."

하나도 지칠 줄 모른다고 약간의 과장을 덧붙여 설명한 말이 몽골 말이다. 몽골에서 말을 보기 전부터 말에 대한 관심이 많았다. 박물관에는 옛 무덤에서 발굴한 유물을 전시하는데, 꼭 등장하는 것이 말갖춤이다. 쇠로 만든 재갈, 발걸이인 등자, 그리고 가끔씩 말안장도 보인다. 특히 등자는 '등자를 사용하면서 기마술이 비약적으로 발전했고 등자의 등장으로 역사가 바뀌었다'는 평을 받는다. 이 말을 몽골에서 말을 타보고 실감했다. 등자는 땅이나 마찬가지여서 등자에 발을 끼워 넣으면 말에서도 자유롭게 움직일 수 있어 달리는 말에서 안정적인 자

잡으려는 유목민과 도망가는 말, 그러나 그들은 평생의 친구다.

세로 활을 쏠 수 있고, 죽은 체하고 쓰러져 있을 수 있고, 아예 말 옆구리로 몸을 숨길 수도 있다.

사람보다 말이 많은 유일한 나라 몽골. 아무리 못된 말 도둑이라도 말 한 필 정도는 남겨놓는 게 예의라고 하니 이쯤 되면 말은 친구가 아니라 자기 목숨이다. 드넓은 초원에서 말 없이 두 다리로 걸어 어디를 간다는 것은 아무리 고행을 하는 탁발승이라도 고개를 흔들 일이다. 알타이산맥에 갔을 때 초원을 오랫동안 걸어볼 요량으로 말을 먼저 보내고 걸었던 적이 있다. 생각보다 길이 멀어서 장장 여섯 시간 동안 초원을 걸으면서 초원에서는 말이 없으면 죽을 수 있겠구나 싶었다. 걷고 또 걸어도 목적지는 나오지 않고 날은 어두워져 길도 보이지 않는 데다가 그 지역에 늑대가 자주 출몰한다는 말까지 생각나자 "진작 말을 타고 갈걸"이라는 후회를 몇 번이나 했는지 모른다.

초원에 사는 유목민들에게 말은 친구이자 동료다. 어디를 가도 말과 함께 가고 양을 돌보러 나가면 하루 종일 말과 보낸다. 몽골 사람들은 걷기 시작할 무렵부터 말 타기를 시작해서 죽을 때 비로소 말과 이별한다. 이 정도면 분신이라 해도 부족하지 않겠다. 그래서 죽은 말을 그리워하다 결국 그 말뼈로 모링 호르라는 악기를 만들었다는 전설까지 생겨났다.

말은 유목의 형태에 큰 영향을 미쳤다. 말을 이용하면 사람의 행동 반경이 엄청 넓어지는데, 말은 다른 동물과 달리 시속 70킬로미터 속력으로 오랫동안 달릴 수 있다. 유목민이라고 해서 모두 말을 타지는 않는다. 터키 아나톨리아의 유목민은 말을 타는 대신 사람이 부지런히 돌아다닌다. 그러나 말을 타고 다니는 유목에 비하면 행동 반경이 훨씬 좁고 돌볼 수 있는 가축 역시 적다. 지금은 이동하면서 가축을 기르는 유목보다 한곳에 정착해서 가축을 기르는 목축으로 점점 바뀌는 추세지만 몽골은 말을 이용하여 넓은 초지를 이동하는 유목이 압도적이다.

말은 몽골 사람들에게 많은 것을 베풀었다. 행동 반경을 넓혀준 것은 물론이거니와 역사까지 바꾸었다. 초원에서의 삶은 오랫동안 부족 간의 약탈과 방어, 늑대와의 싸움이었다. 그 싸움의 중심에 말이 있었고 칭기스 칸이 벌인 전쟁도 말을 전제로 했다. 몽골 제국이 만든 유라시아대륙의 광역 통신망인 잠치(역참)는 말이 없으면 불가능했다. 당시 기록에 따르면 30킬로미터마다 설치된 잠치를 통해 하루에 200킬로미터 정도까지 이동할 수 있었는데, 허풍쟁이 백만 선생으로 놀림을 받은 마르코 폴로는 빠르면 320~400킬로미터까지도 갈 수 있다고 했다. 그의 말대로라면 서울에서 부산까지 하루 만에 소식을 전하는 셈이다.

몽골 말을 처음 보는 사람은 "에이. 조랑말이네"라며 실망한다. 흔히 경마장에서 볼 수 있는 말보다 덩치가 작아 좋은 풀이 나는 지역이라도 어깨 높이가 보통 130센티미터 정도다. 하지만 몽골 말은 지구력과 환경 적응력이 대단하다. 한겨울에 사람을 태우고 초원을 달리거나 사냥을 하는 말들을 보면 "과연 몽골 말이구나" 하는 감탄사가 나온다. 키르키스 종이나 카라차이 종마, 아프리카 모로코산 바브 종마도 지구력이 좋다고 알려졌지만 그중에서 최고는 몽골 말이다. 또한 몽골 말은 순간 회전력이 뛰어나다. 몽골군이 잘 구사하던 도망을 치는 척하다가 순간적으로 회전하여 역습하는 전술도 몽골 말의 회전력에 바탕을 두었다.

"츄! 츄!"

말을 몰 때 쓰는 우리말 "이랴" 같은 몽골 말이다. 가끔 나도 모르게 "츄. 츄"라고 입을 오므리면 잠시나마 초원을 달리는 느낌이 든다. 언젠가는 말을 타고 동몽골 대초원에서 서쪽 끝 알타이산맥까지 "츄. 츄"를 외치며 초원을 횡단할 날이 오겠지.

### 아무도 모르게 하라

"뱀 조심해요."

차에서 내리기 전 새럿이 주의를 줬다. 초원을 가로 막은 성벽은 자그마한 산 능선으로 이어지고 있었다. 자선가들의 성벽을 뜻하는 '우글륵칭 헤렘'이었다. 우리나라의 성에 견주어 정교하거나 웅장하지 않았지만 초원에서 성을 만난다는 자체가 너무 낯선 풍경이다.

성문은 따로 없었다. 성벽이 허물어진 곳으로 들어가자 너른 땅이 펼쳐졌고 그 위로 누렇게 변한 가을 풀들이 일렁거렸다. 발을 디딜 때마다 무의적으로 돌다리를 두드리듯 풀을 툭툭 건드렸다. 뱀 때문이었다. 동료와 할리온은 성큼 앞서 갔다. 뱀을 무서워하는 건 나뿐인가. 풀밭을 지나 자작나무 숲으로 들어가자 지붕이 땅에 붙은 특이한 집이 나타났다.

"어제 아저씨가 말한 열여덟 살 여자가 발굴된 무덤이에요."

엎드려서 좁은 틈으로 무덤 안을 들여다보았지만 깜깜해서 아무것도 보이지 않았다. 오래전 발굴을 끝내고 구덩이를 지붕으로 덮어 놓은 모양이다.

고개를 드니 성의 뒤편으로 바위가 듬성듬성 박힌 산꼭대기가 가까이 다가와 보였다.

"저 산에 오르지 않을래요? 산 정상에 올라가면 성을 다 볼 수 있고 경치도 좋을 것 같은데."

"다녀오세요."

피곤한 모양인지 둘은 고개를 가로저었다. 정상에 올라 꼭 멋진 장면을 보리라. 그리고 말해주리라. 그러나 멀리서는 작아 보이던 바위들이 가까이 다가가자 설악산 흔들바위보다 컸다. 간간이 발을 멈추고 숨을 몰아쉬며 뒤를 돌아보니 멋진 풍경이 눈에 들어왔다. 어느새 포르공은 멀리 한 점이 되어 있었다. 정상에는 내 키보다 서너 배는 큰 바위가 수호신처럼 우뚝 서 있었다. 성 앞으로는 물결치며 뻗어나간 산 사이로 초원이 길게 자리 잡았고 초원이 끝나는 계곡의 입구에 성이 자리 잡고 있었다. 산은 두 팔을 벌려 성을 감쌌다. 성 근처 산기슭의 겨울집에는 성큼 다가온 겨울을 대비한 건초더미가 수북하게 쌓여 있었다.

"우리는 수많은 바나나를 찾았다."

2002년 칭기스 칸의 무덤을 찾는 데 막대한 자금을 댄 미국의 한 사업가는 미국의 일간지에서 이렇게 밝혔다. 바나나는 '매우 중요한 것'을 뜻하는 발굴팀의 암호였다. 참고로 '코코넛'은 아무것도 찾지 못했음, 여러 가지 과일을 넣은 아이스크림인 '투티 푸르티'는 칭기스 칸 무덤을 뜻했다. 그가 수백 개의 바나나를 찾았다는 곳이 바로 이곳 우글륵칭 헤렘이었다. 열여덟 살 여자의 무덤도 바나나 중 하나였을 것이다. 그러나 그는 꿈을 다 이루지 못했다. 발굴 소식을 들은 몽골의 전 총리 다쉬인 비암바스렌은 몽골 대통령인 나츠사기인 바가반디에게 항의 편지를 보냈다.

"신성한 땅에서 차를 모는 등 성지를 더럽혔고 이 발굴이 상업적 이해 관계에 얽혀 있다."

이 편지 한 장으로 여론이 들끓었고 발굴은 중단되었다. 몽골 사람들은 무덤을 파헤치는 행위를 죽은 이에 대한 모독으로 여겼고 저주가 내릴 것이라고 믿었다. "이 주변 일대에서 고분을 발굴하기 시작하자 언덕을 오르던 차가 뒤집혔고 수천 마리의 뱀이 출현했으며 전염병이 돌았다"며 언론은 과장보도를 했다.

그런데 우글륵칭 헤렘은 이미 여러 차례 조사된 바 있다. 그 결과 이곳은 몽골 제국의 유적이 아니라 10세기 거란의 유적으로 판명되었다. 상황이 이런데도 미국 조사단이 이곳을 칭기스 칸의 무덤이라고 주장하자 몽골과학아카데미 역사연구소 촐론 교수는 "이 성벽을 칭기스 칸의 무덤을 감싼 성벽이라고 발표한 것은 어딘지 성급하다"는 이야기를 했다.

칭기스 칸의 무덤뿐만 아니라 후계자들인 몽골 대칸의 무덤은 어느 것 하나 발견되지 않았다. 『원사元史』에서는 칭기스 칸이 "사아리 평원의 갈로트 행궁行宮에서 영원히 눈을 감았으며 기련곡起輦谷에 매장되었다"고 기록하였고 『집사集史』에서는 보르항 할동에 매장되었다고 기록하였다. 아직까지 기련곡이나 보르항 할동이 어딘지 정확하게 알려진 바가 없다. 몽골 헤를렝강 상류 보르항 할동, 내몽골의 어디, 심지어 중국 쓰촨성의 한 동굴이라는 주장까지 제기되었다. 몽골에도 보르항 할동이라는 지명을 가진 곳이 여러 곳이다.

사람들이 칭기스 칸의 무덤에 관심을 갖는 중요한 이유는 부장품 때문이다. 세계를 제패한 인물답게 그의 무덤에는 상상할 수 없을 정도로 많은 금은보화가 묻혀 있을 거라는 상상을 한다. 마치 이집트의 피라미드나 중국 진시황의 무덤처럼 당대 최고 수준의 유물이, 그것도 엄청난 양일 것으로 생각하기 쉽다.

이 시점에서 몽골의 저명한 학자 페를레의 말을 들어볼 필요가 있다. 현재까지 많은 학자들은 칭기스 칸의 무덤이 헤를렝강, 오농강, 톨강 유역에 있을 것으로 추정했다. 페를레는 특히 헹티산맥의 보르항 할동을 유력한 후보지로 지목했다. 그는 몽골족 조상들에게 제사를 지내는 곳 혹은 조상을 묻은 성스러운 곳인 '에케스 가자르'를 13~14세기의 유물이 발견된 '이흐 가즈린 다와'(보르항 할동에 있는 고개 이름)로 비정했다. 페를레의 주장이 아니더라도 칭기스 칸과 보르항 할동의 관계를 생각하면 그가 진정 묻히고 싶었던 곳은 헹티산맥의 보르항 할동이었을 것이다.

1245년 몽골을 방문한 수도사 카르피니의 몽골 여행기에서 칭기스 칸의 무덤과 관련된 단서를 찾아볼 수 있다.

그들은 그들의 수장을 매장할 때는 다른 방법을 사용한다. 즉 비밀리에 광야로 이동한 뒤 그곳에서 [일정 구역 내의] 풀을 뿌리까지 완전히 들어내어 [한곳으로] 옮겨놓은 다음 큰 구덩이를 판다. 그리고 이 구덩이의 측면을 파내 지하무덤을 만든다. …… 그런 다음 그들은 무덤 앞에 파헤쳐진 구덩이를 메운 뒤 원래대로 풀을 심어 이후 누구라도 그 지점을 알아볼 수 없게 만든다. …… 그들의 나라에는 2개의 공동묘지가 있다. 하나는 황제나 수장 및 모든 귀족들이 매장된 곳으로 그들이 어떠한 곳에서 사망했는가를 불문하고 만약 운반이 가능하다면 이곳으로 옮겨와 묻는다. 그리고 수많은 금과 은이 그들과 함께 부장된다. 『배반의 땅, 서약의 호수』

누구도 알지 못하도록 무덤을 만든다는 원칙은 칭기스 칸도 예외는 아니어서 당연히 무덤을 알리는 비석 하나 세우지 않았을 것이다. 무덤의 위치를 아무도 모르도록 하는 것은 초원의 관습이다. 고고학자 강인욱 선생이 말한 것처럼 무덤을 훼손당하는 것은 왕조가 멸망하는 것을 뜻했다. 발굴된 흉노의 무덤 가운데 후대에 고의적으로 훼손당한 흔적이 이를 증명한다. 고려를 공격한 몽골군이 명종의 무덤인 지릉을 훼손한 것 역시 이런 이유가 아니었을까.

한번은 우리나라에 유학 온 몽골 국영방송 피디를 만났을 때였다.

"사람들은 칭기스 칸의 유해가 지나는 길에 만난 모든 사람과, 무덤을 만든 모든 사람을 죽였다고 하는데 그건 진실이 아니에요. 장례를 치르는 동안 누군가를 죽이는 일은 하지 않아요. 아마도 칭기스 칸의 무덤이 어디인지를 모르니까 무덤을 만들 때 동원된 사람들을 모두 죽였다는 살벌한 전설이 후대에 생겼겠죠. 그리고 칭기스 칸의 삶이나 철학을 보면 무덤 안에 부장품은 많이 넣지 않았을 거예요."

그의 말에 공감했다. 그런데 사람들의 호기심은 막을 수 없어 역사상 많은 사람들이 칭기스 칸의 무덤을 찾으려고 했다. 그중에는 칭기스 칸이 구사한 병법으로 자기 나라를 강대국으로 만들려는 사람까지 있었다. 심지어 그는 군사 원정대까지 보내 무덤을 찾으려고 했다. 그가 스탈린이었다.

칭기스 칸의 무덤을 둘러싼 소문과 의혹은 지금도 계속되지만 몽골 사람들은 칭기스 칸이 헹티의 보르항 할동에 묻혔고, 그래서 그곳을 신성한 땅이라고 굳게 믿고 있다.

### 바위에 새겨진 삶의 이야기

우글룩칭 헤렘 계곡을 빠져나와 말발굽이 새겨져 있다는 바위로 향했다. 이쯤 되면 고고학 탐험대라고 불러도 되겠다. 포르공이 낮은 언덕을 오르자 바위들이 모습을 드러냈다. 분명 그리 높지 않은 언덕이었는데 눈 아래로 끝이 보이지 않는 초원이 펼쳐졌다. 그 언덕 위 바위들은 개선장군처럼 위풍당당했고 넓은 바다 위의 거대한 전함 같았다. 분명 뭔가 있을 것 같았다.

새릿의 뒤를 따라가자 커다란 바위에 새겨진 산스크리트어와 불상이 눈에 띄었다. 신라시대 화랑이 수행했다는 경주 단석산 신선사 마애불처럼 신령스러운 느낌이 들었다.

"여기에 말발굽이 있어요!"

할리온이 너럭바위 한 곳을 가리켰다. '몽골이라서 암각화도 말발굽인가'라고 중얼거리며 그곳으로 다가갔다. 암각화를 볼 때면 과거로 들어가는 비밀의 통로를 발견한 것 같은 묘한 기분이 든다. 거대한 초원을 한눈에 굽어보는 곳, 예부터 성소로 여겨질 만한 충분한 이유가 되었다. '도대체 말발굽은 무엇을 뜻하는 것일까.'

마침내 승용차만 한 너럭바위를 보았을 때 입을 다물지 못했다. 그곳에 마치 고암 이응로의 추상화처럼 말발굽과 동심원 모양을 한 암각화가 빼곡하게 들어차 있었다. 암각화의 나라 몽골에서 처음 보는 암각화였다. 나중에 알고보니 이것이 동몽골을 대표하는 암각화였다. 몽골 고고학의 아버지 페를레가 1973년에 이곳을 조사했을 때 원, 십자가, 굽, 삼각형, 점이 보인다고 기록한 바위였다.

말발굽 문양의 해석을 둘러싸고 학자들 사이에 의견이 분분했다. 일부 학자들은 말발굽이라고 했고 다른 쪽은 가문의 문장이라고 했다. 또 일부는 전혀 달랐다. 그들에 따르면 다산과 풍요를 상징하는 여성의 성기라는 것이다. 이들과는 달리 칭기스 칸과 자무카가 이곳에서 공동 유목을 할 때 새겨 놓은 문장으로 보는 사람도 있다. 나는 여성의 성기일 가능성이 높지 않을까 생각하는데, 말을 그리고 싶었다면 말발굽이 아니라 차라리 말 그림을 그리지 않았을까 싶다. 말발굽 암각화는 내몽골과 우리나라 안동 수곡리 암각화에서도 발견되었다.

몽골은 암각화의 나라다. 몽골 서쪽 끝 알타이와 그 너머 러시아 알타이에서는 헤아릴 수 없이 많은 암각화가 발견되었고 지금도 새로운 암각화가 발견되고 있다. 그림으로 풀어낸 삶의 이야기인 암각화를 읽어내기 위해서는 상상력이 필요하다. 몽골에서 발견된 암각화 가운데 흥미로운 것이 있는데 바로 뿔을 달고 망토를 걸친 사람이다. 망토는 새의 날개를 상징한다. 암각화의 주인공은 하늘의 새, 특히 독수리와 어떤 식으로든 관련이 있다. 이 내용을 종합하면 수수께끼의 인물은 누구일까? 바로 샤만이다. 그중에서도 다산을 상징하는 여성 샤만일 가능성이 높다.

또 하나 재미있는 그림은 성교를 하고 있는 남녀상이다. 신라 무덤에서 나온 토우에도 보이는데 우습기도 하고 조금 민망하다. 보통 남녀의 성교는 다산을 뜻한다. 우리나라 울주 반구대 암각화에 보이는 다리를 벌린 여인상도 같은 맥락이다. 그런데 문제는 성교하는 남자 옆에 활을 겨누고 있는 또 한 명의 인물이 등장한다는 점이다. 전형적인 삼각관계인가, 부정을 저지르는 남자를 응징하는 것인가. 학자들 생각은 다르다. 활을 쏘는 사람은 주인공을 괴롭히던 사람으로, 이 장면은 주인공이 갖가지 고난을 이겨내고 마침내 여인을 얻는 영웅 설화로 해석한다.

그런데 암각화가 말해주는 비밀을 풀기 위해서 어떤 것이 필요할까? 누구도 그림을 그린 사람의 생각을 정확히 알 수 없다. 단지 자유롭고 명랑한 상상이 필요할 뿐…….

선사인에게 신성한 곳이었을 이곳은 후대에도 여전히 신성한 곳이었다. 칭기스 칸의 선조이자 몽골족의 2대 칸인 암바가이 칸이 금나라에 잡혀 죽은 후 3대 코톨라 칸이 코르크코나크 조보르에서 칸으로 선출되고 몽골 사람들은 코르크코나크 조보르의 신목 주위를 돌며

초원의 박물관 라샹 하드, 끝없는 초원이 품고 있는 몽골의 성지

무릎이 땅에 빠질 정도로 춤을 추었다고 한다. 3대 코톨라가 칸으로 추대된 코르크코나크 조보르가 바로 이곳일 가능성이 높다. 이후 칭기스 칸 시대에 다시 이곳이 등장한다. 그는 자무카와 함께 메르키트 족을 공격하여 부인 부르테를 되찾은 후 자무카와 의기투합해 공동으로 유목을 한다. 그때 칭기스 칸과 자무카가 이 바위에서 다시 안다(동무)를 맺지 않았을까 추정한다.

"코르코낙(코르크코나크) 숲의 골다가르 벼랑 남면의 사글라가르 모돈(우거진 나무)에서 의형제가 되기로 약속하고 서로 우애하며, 잔치를 하고 즐기고 밤에는 한 담요를 덮고 함께 자는 것이었다." 『몽골 비사』

그러나 신성한 곳에서 안다를 맺기는 했지만 두 젊은이의 야심은 누구보다 컸고 권력은 나눌 수 없었다. 자무카는 칭기스 칸을 부하처럼 여겼고 칭기스 칸은 그의 부하가 될 마음이 없었다. 자무카 진영의 사람들이 점점 칭기스 칸에게 귀를 기울이자 자무카는 칭기스 칸에게 뜻 모를 이야기를 한다.

"산에 바짝 붙어 설영하자! 우리의 말치기들이 오두막으로 가게 하라! 시내에 바짝 붙어 설영하자! 우리의 양치기, 새끼 양치기들을 골짜기로 가게 하라!" 『몽골 비사』

자무카가 칭기스 칸에게 말한 수수께끼 같은 말을 두고 칭기스 칸의 부인 부르테가 말했다.

"자모카(자무카) 형제는 쉽게 싫증을 낸다고 얘기들 하고 있었습니다. 이제 우리에게도 질릴 때가 되었습니다. 자모카 형제가 한 그 얘기는 우리에게도 바라고 하는 말입니다. 우리는 여기서 묵지 맙시다. 이대로 이동하면서 그대로 헤어져 밤새워 이동합시다!" 『몽골 비사』

칭기스 칸은 그날로 자무카를 떠났고 이후 둘 중 하나가 죽어야 싸움이 끝나는 운명에 처한다.

"새럿, 이곳의 이름이 뭐예요?"
"지금은 말해줄 수 없어요. 이곳을 떠나면 알려줄게요."
몽골에서는 신성한 이름이나 두려운 대상은 함부로 부르지 않고 돌려 말한단다. 한 지역에서 신이 거주한다고 얘기되는 기가 센 산은 "동방의 하이르항(하이르항은 '자비로운'이라는 뜻으로 몽골 신화에서는 온 세상을 만든 창조신을 말한다)", "서방의 하이르항"이라고 돌려 말하고 뱀, 늑대, 표범 역시 그 이름을 직접 말하는 것을 금기했다. 죽음이라는 말 역시 금기인데 그 말대로 될 것이라 믿었기 때문이다. 말이 씨가 된다는 말처럼.
나중에 새럿이 알려준 이곳의 이름은 '라샹 하드', 즉 샘물 바위였다. 보르항 할동과 더불어 이 일대에서 가장 성스러운 곳이었다.

## 눈물의 솔롱고스

"새릿이 계속 우리나라를 솔롱고스라고 하네요. 코리아라는 말도 있는데……."

"몽골에서는 다들 솔롱고스라고 해요."

할리온 말대로 몽골 사람들은 우리나라를 코리아라고 부르지 않고 솔롱고스라고 불렀고 우리도 자연스럽게 솔롱고스에서 왔다고 인사를 했다. 몽골 연구자인 김기선 교수는 그의 책 『한·몽 문화 교류사』에서 우리나라가 '솔롱고스' 즉 무지개의 나라로 불린 이유를 추정하는 몇 가지 가설을 소개하고 있다.

고려시대에 원나라로 끌려간 고려 사람들이 무지개가 뜰 때마다 고향을 그리워했다는 것에서 나왔다는 설, 몽골군이 고려를 공격할 때 고려 여인들이 입은 무지개처럼 화려한 옷을 보고 놀란 일에서 유래되었다는 설, 옛날 중국 산동 반도에서는 우리나라를 이상향으로 여겼는데, 그곳의 여인들이 무지개가 뜰 때마다 우리나라로 불로초를 구하러 떠난 남자들을 기다렸다는 것에서 유래되었다는 설, 몽골족이 예부터 우리나라를 백의 나라라고 부르며 무지개처럼 아름다운 나라라고 여겼다는 설, 신라와 솔롱고스가 모두 쇠를 뜻한다는 어원학적인 접근을 통해 말의 연관성에 주목하는 설, 백두산 일대에 사는 설렁거라는 담비에서 왔다는 설, 내몽골 오르도스 근처에 살던 설렁족과 신라와의 민족적 유사성에서 유래되었다는 설이다.

처음에는 '솔롱고스'라는 말을 들을 때마다 마냥 기분이 좋았다. 혓바닥을 굴리는 소리와 함께 어렸을 때 본 예쁜 무지개가 떠오르기 때문이었다. 그 시절에는 무지개가 뜨는 곳은 우리 세상과 다른 신비한 곳일 것 같고 무지개는 그 나라로 가는 비밀 통로처럼 보였다. 그러나 솔롱고스라는 말에 원나라로 강제로 끌려간 고려 사람들의 한이 서렸을지 모른다는 생각이 들자 솔롱고스가 낭만적으로만 들리지 않았다.

어느 날 국립중앙박물관 고려실에 갔다가 한 장의 묘지석을 보았다. 〈딸을 공녀로 바친 왕족 부인의 묘지명〉이라는 이름이 붙었다. 그 검은색 돌판에는 하나뿐인 딸을 원나라에 공녀로 바친 어미의 한이 서려 있었다.

> 연우延祐와 지치至治 연간에 왕씨王氏의 딸을 찾아 바치라는 황제의 명이 있었는데, 그 딸이 뽑혀 들어가 지금 하남등처 행중서성좌승河南等處 行中書省左丞 실렬문室烈問에게 출가하여 정안옹주靖安翁主에 봉해졌다. 이에 지극히 귀여워하던 딸이 멀리 가게 되자, 옹주가 근심하고 번민하다가 병이 생겼다. 그 뒤로 때로는 낫기도 하고 심해지기도 하다가, 원통元統 3년(충숙 복위 4년, 1335년)에 이르러 병이 위독해지고 약이 효험이 없어 지난 9월 을유일에 세상을 떠나니, 나이 55세이다.

다시는 볼 수 없는 곳에 딸을 보내고 가슴을 까맣게 태우다 생을 마감한 어미의 한이 담겨서일까. 그 앞에서 한참을 서성거렸다. 그 어미는 왕족과 결혼한 수령옹주였다. 묘지석은 당시 상황을 이렇게 전했다.

> 이보다 앞서 동방의 자녀들이 뽑혀서 서쪽으로 들어가는 것이 건너는 해가 없었다. 비록 왕실의 친족으로 귀한 집안이라도 숨기지

못하고, 모자가 한 번 이별하면 아득하게 만날 기약이 없었다. 슬픔이 골수에 사무쳐 병이 들게 되고, 세상을 떠나는 자도 한두 명에 그치지 않았으니, 천하에서 지극히 원통한 일로 이보다 더한 것이 어디에 있겠는가.

고려 왕실의 친족도 공녀를 피해가지 못한 현실에서 여염집의 처녀들은 어떠했을까?

원나라는 고려와 30년 전쟁을 끝내자 초욱이라는 인물을 고려에 사신으로 보냈다. 그의 직함은 만자매빙사蠻子媒聘使였다. 혼인하지 못한 군인들의 부인을 찾으러 온 게 그의 임무였다. 그 군인들은 원나라에 항복한 남송의 군인들이었다. 일종의 국제결혼을 강제로 추진하러 온 것인데 당연히 호응하는 고려 사람들이 없었다. 희생양은 과부, 역적의 아내, 파계한 승려의 딸이었고 그들이 원나라로 갈 때 통곡 소리가 하늘을 찔렀다고 역사는 전한다. 이후 반원 정책을 추진한 공민왕 초까지 공녀를 데려가기 위한 사신이 50여 차례나 고려를 다녀갔고 많게는 한 번에 50여 명을 공녀로 끌고갔다.

몽골은 전쟁에서 진 나라로부터 미녀를 공납 받는 일이 많았다. 그러나 계속해서 고려에 공녀를 요구한 데는 다른 이유가 있지 않을까? 혹자는 고려의 여인이 아름답고 몽골 여인보다 남자들의 말을 고분고분 잘 들어서 그렇지 않을까 추정한다. 가끔 몽골 사람들이 "한국 여자들 예쁘네요"라는 말을 할 때마다 원나라 당시 몽골 사람들의 눈이 겹쳐지기도 했다.

초원에서 만난 몽골 여인들을 보면서 거침없는 당당함에 놀랄 때가 적지 않았다. 수십 년 동안 경험한 사회주의의 영향일 수도 있지만, 초원의 삶이 여인들을 강인하게 만든 원동력이지 않을까 싶다. 이런 초원의 여인들만 보던 몽골 남자들에게 고려의 여인은 색달랐을 것 같다. 그래서인지 원의 궁중이나 관료들은 고려 여인들을 좋아했고 게다가 고려 여인을 얻어야 체면치레를 하는 분위기까지 생겨났다. 중국의 기록은 고려 여인이 상냥하고 애교가 넘치며 섬기기를 잘 했다고 전한다.

원나라에 바치는 공녀는 고려의 풍습을 바꿔버렸다. 공녀를 피할 수 있는 확실한 방법은 결혼이었다. 때문에 공녀로 징발되는 것을 피하기 위해 결혼을 서두르는 조혼 풍습이 생겼다. 사태가 이렇게 흐르자 정부는 대책 마련에 부심했다. 그들이 내놓은 대책이란 열세 살부터 열여섯 살 이하 처녀가 결혼할 때는 관청의 허락을 받아야 한다는 허가제 결혼이었다.

> 산맥은 구비치고 물은 감돌아 흐르는 곳에
> 혼백이 편히 쉬도록 새롭게 터를 정하도다.
> 이 무덤에 묻힌 이는 고귀하리니
> 천 년이 지난 뒷날에도 이 글을 상고할 것이로다.

수령옹주의 묘비명은 이렇게 끝을 맺었다. 정작 무지개의 나라는 피눈물이 흘렀다.

이제는 다음 목적지로 출발할 시간, 작별 인사를 하러 어젯밤 묵었던 게르로 돌아갔다. 아기마의 엄마와 고모는 통나무집에서 아롤을 만드는 중이었다. 작별 인사를 하고 금방 만든 아롤을 선물로 받았다.

신선한 향과 함께 시큼하면서도 고소한 뒷맛이 한낮의 나른함을 쫓아
냈다.


### 차가 이대로 있으면 어떻게 하죠

한순간이었다. 큰 개울을 건넌 포르공이 넓은 진흙길을 만나자 작은 웅덩이로 방향을 잡고 쑥 들어갔다 나오는가 싶더니 그대로 멈춰서버렸다. 새럿은 대수롭지 않다는 듯 씨익 웃고는 가속페달을 밟았다. 그러나 헛바퀴 도는 소리만 요란했고 꿈쩍하지 않았다. 늪에 단단히 빠진 것이다. 4륜구동으로 바꾸었지만 여전히 헛바퀴를 돌다 늪으로 더 빠져 들어갔다. 몽골 여행을 하다보면 꼭 한번은 겪는 일이다. 하지만 처음에는 상상도 못한 길고 긴 하루가 시작되는 중이었다.

살펴보니 차가 빠져나가기에는 깊고 넓은 늪이었다. 뒤에서 밀고 앞에서 끌어보고 몇 번을 해봐도 헛바퀴만 돌뿐 꼼짝없이 제자리였다. 새럿 혼자 고군분투하는 것을 구경만 할 수 없어 무작정 주변을 뒤졌다. 하지만 강가를 뒤져봐도, 멀리까지 가봐도 풀과 굵은 모래뿐 그 흔한 돌멩이 하나 찾아 볼 수 없었다. 겨우 나뭇조각 몇 개를 끌고와 앞바퀴 밑에 대고 시동을 걸었지만 요지부동이었다.

이럴 때 재수 좋게 차가 지나가 준다면 얼마나 좋을까. 오지를 갈 때 차 두 대가 움직여야 하는 이유가 분명해졌다. 잠시 쉬고 있던 새럿이 결심을 한 듯 포르공 뒷문을 열더니 짐들을 꺼내기 시작했다. 짐이

빠지자 차 바닥에 깔린 장비들이 나타났다. 체인과 체인블록이었다.

"차가 늪에 빠졌을 때 꺼내는 장비가 있다고 했죠. 체인 한쪽은 차에 걸고 다른 쪽은 땅에 박은 기둥에 걸고 중간에 체인블록을 달아 돌려서 차를 움직일 겁니다."

이게 가능한 방법일까. 사람 힘만으로 차와 연결된 체인블록을 돌릴 수 있을지도 의문이고 더군다나 체인을 지지해줄 만한 기둥은 어디에도 없었다. 의구심도 잠시 포르공에서 십여 미터 떨어진 곳에 손으로 기둥을 박을 땅을 팠다. 마음이 급하니 뭐든지 하게 된다. 체인을 포르공과 나무 기둥에 걸고 그 중간에 손으로 돌리는 체인블록을 달았다.

동료는 체인의 끝을 잡고 나는 나무 기둥을, 할리온은 차 앞에 섰다. 드디어 새럿이 체인블록을 돌리기 시작했다. 체인이 팽팽해지면서 나무 기둥이 쓰러지기 시작했다. 나무 기둥이 쓰러지지 않도록 붙잡은 나도, 체인 끝을 잡고 있던 동료도 얼굴이 부풀어올라 터지기 일보 직전이었다.

"차는 꼼짝 않고 나무 기둥이 쓰러져요. 이렇게는 안 되겠는데요."

새럿은 그 소리를 들었는지 못 들었는지 쉬지 않고 체인블록을 돌리다 겨우 멈췄다. 나무 기둥에 지지대를 세워봤지만 차의 무게를 감당하기에는 역부족이었다. 그러나 새럿은 가만히 손 놓고 있지는 않겠다는 태도였다. 늪에 빠진 몇 시간 동안 오가는 차는 코빼기도 보이지 않았다. 혹 내가 동티 날 일을 했나?

결국 새럿이 핸드폰을 꺼내 전파가 잡히는 곳을 한참 찾더니 어디론가 전화를 걸었다.

"친구 분에게 전화했는데, 그분이 아들에게 연락해서 도와주라고 하겠대요."

그 아들이라면 어제 묵었던 게르의 주인이다. 그가 와준다면 더 이상 바랄 게 없었다. 하지만 이 넓은 초원에서 우리를 찾아낼 수 있을까? 새럿은 다시 체인블록을 잡았다. 몇 시간을 해도 소용이 없는데 새럿의 고집이 센 것일까, 유목민의 정신일까?

다시 체인과 씨름하는 사이 멀리서 차 한 대가 나타났다. 환호성을 질렀다. 차를 보고 이렇게 기뻐했던 적이 있었나. 차가 오는 와중에도 새럿은 체인블록을 돌렸다. 강을 건넌 4륜구동 차량에서 게르 주인과 아기마가 내렸다. 9회 말 무사 만루에 등판한 철벽 마무리 투수 같았다. 그러나 포르공과 4륜구동 차량을 체인으로 연결하고 가속페달을 밟았지만 헛바퀴만 돌 뿐 포르공은 조금도 움직이지 않았다. 포르공의 큰 덩치를 감당하지 못한 것이다. 믿었던 마무리 투수가 끝내기 안타를 맞는 기분이었다.

하지만 새럿과 게르 주인은 동요가 없었다. 두 사람은 다시 뭔가를 상의하는가 싶더니 바로 실행에 옮겼다. 게르 주인은 성큼 늪으로 들어갔다. 몽골의 10월은 이미 늦가을이어서 차가운 물속에서 무릎까지 물에 젖어 덜덜 떨었다. 하지만 그는 담담한 표정으로 어차피 이곳에 온 이상 자기가 해결해야 하는 일이고 일이 해결돼야 자기도 떠날 수 있다고 생각하는 것 같았다. 새럿 또한 별로 미안해하지 않았다. 그는 늪에 손을 넣어 바퀴를 이리저리 살피더니 주위에 있는 통나무들을 바퀴 밑에 끼워 넣었다. 다시 시동을 걸었지만 역시 그 자리였다. 할 수 있는 방법은 모두 써본 것 같은데.

"차가 이대로 있으면 어떻게 하죠?"

"오늘은 다시 게르에서 자고 내일 와서 차를 빼야죠."

잠시 후 게르 주인은 새럿에게 뭐라 말을 하더니 아기마를 차에 태우고 가버렸다.

"필요한 것을 챙겨 가지고 온다고 하네요."

그럼 그렇지. 잠시 후 차가 돌아왔다. 차에는 어디에서 실어왔는지 큰 폐타이어, 벽돌, 옷, 통나무들이 빽빽하게 실려 있었다. 도대체 무엇을 하려는 걸까. 그는 먼저 폐타이어를 늪 위에 띄우고, 짧은 통나무를 늪에 빠진 바퀴 옆에 놓았다. 그러더니 몇 미터나 되는 통나무를 들고 와서 바퀴 축에 끼워 넣고 짧은 통나무를 받침 삼아 지렛대처럼 바퀴를 들어올리기 시작했다. 이제야 이해가 되었다. 세 명이 매달려 통나무를 잡아내리자 포르공 바퀴가 들리기 시작했다. 분명히 바퀴가 들리고 있었다. 그 틈에 새럿과 게르 주인은 벽돌로 바퀴 아래 늪을 메우고 중간 중간에 옷가지를 끼워 단단하게 고정시켰다.

초원에서의 삶이란 이런 것인가. 통나무로 차를 들 생각을 하다니. 이번에는 반대쪽으로 돌아가 똑같은 방법으로 바퀴를 들어올리고 벽돌로 바퀴 아래 늪을 채웠다.

그런 다음 포르공을 체인으로 연결한 4륜구동 차량에 시동을 걸었다. 마침내 하루 종일 꿈쩍하지 않던 포르공이 언제 그랬냐는 듯이 순식간에 늪을 빠져나왔다. 그 순간 환호성을 지르며 게르 주인에게 다가갔다.

"너무너무 고마워요."

초원 늪에서 장장 7시간의 사투. 처음 보는 여행자를 위해 자신의 일처럼 도와준 게르 주인이 눈물 나게 고마웠다. 하지만 새럿은 반나절이나 늪에 들어가 자기 일처럼 도와준 그에게 도와줘서 고맙다는 특별한 인사를 하지 않았다. 내가 미처 알아채지 못했을 수도 있었다. 그들의 미묘한 표정과 말의 뉘앙스를 알 수 없었으니까. 하지만 새럿이 우리에게 시간이 지체되어, 일정에 무리가 생겨서 어떻게 하냐는 인사치레 한 번 없는 걸 보면 초원에서 이런 일은 자연스럽게 감수해야 할 일인 것 같다. 내가 알고 있는 예의와 격식은 사람에 대한 불신에서 생긴 게 아닐까?

하지만 굳어 있던 새럿도 환하게 웃고 있었다. 그의 도움이 아니었다면 어떻게 되었을까.

긴장이 풀리자 바람이 더욱 거세게 느껴졌다. 초원에서는 평온함 뒤에는 평온함이 없다는 격언처럼 전혀 예상하지 못한 곳에서 예상하지 못한 일이 벌어졌고 또 스스로 해결해야 했다. 갑자기 평화로운 초원의 적막이 무서워지기 시작했다.

도와준 게르 주인에게 서둘러 끓인 라면으로 늦은 점심을 대접했다.


### 매일 말만 타지 말고 메일 보내

예정대로라면 지금쯤 최종 목적지 다달솜에 도착했어야 했다. 하지만 오늘은 예정의 절반밖에 가지 못할 것이다. 차가 출발하고 얼마 지나지 않아 마지막 해가 넘어갔다. 백전노장 새럿은 어쩌다가 다른 길을 두고 늪으로 차를 몰았을까.

나중에 이 일을 이야기 하다보니 늪에 빠진 후 아무리 해도 차가 빠져나오지 못하자 다들 자신의 부정한 행동을 되돌아봤다고 한다. 나는 신성한 산 보르항 할동을 가려고 해서, 할리온은 어제 흐흐호수에서 주운 루블화 때문에, 동료는 아침에 라샹 하드에서 가져 온 예쁜 돌 때문에, 이런 일이 생겼나 속으로 겁이 났다고 한다. 그리고 미안한 마음에 그 돌을 땅에 묻어두었다고 한다. 이런 상황이 닥치면 평상시에는 미신이라며 지나치던 것들이 무겁게 다가온다. 그래서 사람들이 동티가 나지 않도록 주의하고 또 주의하는가보다.

"산 중턱에 색깔이 다른 네모난 땅이 있네요?"
"저긴 밀밭이에요."
몽골에서도 밀을 길렀다. 고대 몽골 제국의 수도였던 하르호링 근처에서 농사를 짓던 흔적이 발견되었고 몽골의 화가 샤라브의 그림 〈몽골의 하루〉에도 농사짓는 장면이 나오기는 한다. 그러나 육식을 위주로 하는 몽골 사람들은 오래전부터 이렇게 생각했단다.
"풀은 짐승이나 먹는 거지 사람이 먹을 것은 아니다."
그래서 채소를 먹는 중국 사람을 사람으로 치지 않았던 시절이 있었다. 사실 몽골은 비가 적고 겨울이 길고 땅에는 영양분이 없어 농사에 적합하지 않다. 때문에 곡물은 귀했으며 채소 역시 먹고 싶어도 쉽게 먹을 수가 없었다.
그런 몽골에 변화가 생겼다. 사회주의 시절인 1959년부터 밀농사를 본격적으로 시작해 1986년에는 밀을 비롯한 곡물을 자급자족하기 시작했고 게다가 외국으로 수출하기에 이르렀다. 그러나 자본주의로 바뀌면서 상황이 변했다. 신의 축복이라는 감자는 자급자족을 했지만 밀은 소비가 느는 반면 생산량이 따라가지 못해 주로 중국에서 수입했다. 그런데 몽골에게 중국이 어떤 나라인가? 몽골이 청나라의 지배를 벗어난 지 100년 가까이 지났지만 여전히 몽골 사람들은 중국을 경계한다. 또한 지금도 몽골에 가장 많은 투자를 한 나라가 중국이어서 경계심을 더하고 있다.

몽골의 농사 하면 우리나라를 빼놓을 수 없다. 초원을 보면 놀리는 땅이라 여겨서 그랬는지 한국농어촌공사는 몽골에서 농사를 잘 지을 수 있는 방법을 찾아보려고 농장까지 만들었다. 또 우리나라의 어떤 농부들은 몽골에 씨를 뿌리고 돌아와 다 자랄 즈음 몽골로 들어가 수확을 한다는 이야기를 듣기도 했다. 개척 정신과 실험 정신이라는 이름으로 포장될 법한 이야기지만 들을 때마다 씁쓸해지는 건 그들이 현재의 초원을 쓸모없이 놀리는 땅이라 여기는 분위기 때문이다. "성을 쌓는 자 망하고 끊임없이 이동하는 자 살아남으리라"라는 유명한 말을 남긴 돌궐 제국의 명장 톤유쿠크의 비석을 보고 온 우리나라의 한 몽골 역사학자는 이렇게 개탄했다.

"톤유쿠크 장군 비석이 얼마나 멋있어요. 그게 초원에 서 있어야 제격인데 지금 그 주위에 뭐가 있는지 아세요? 배추밭이에요. 우리나라 사람이 하는 배추밭이요. 꼭 거기에다 배추를 심어야겠어요?"

그나저나 오늘은 어디까지 갈 수 있을까. 새롯은 별 말이 없다. 길은 점점 어둠 속으로 빨려 들어갔다. 그런데 차 앞으로 공사를 위해 땅을 파놓은 모습이 나타났다. 저건 또 뭐지?

"인터넷 선을 깔려고 땅을 파놓은 거예요. 지방까지 인터넷이 연결

되면 행정 처리가 더 쉽겠죠."

몽골 정부는 몇 년 안에 각 지방까지 인터넷을 연결한다는 목표를 세웠단다. 인터넷 문명은 초원이라고 비켜가지 않았다. 차를 멈췄다. 인터넷 선을 깔기 위해 파놓은 구덩이가 끝없이 이어져 땅을 갈라놓고 있었다. 미래의 길은 이어지겠지만 당장 가야 할 눈앞의 길이 끊어졌다. 별별 일이 다 생기는 날이다. 몇 번을 헤맨 끝에 간신히 메워진 구덩이를 찾아 건너편으로 넘어갔다. 드디어 통나무집들이 늘어선 마을이 어슴푸레 보였다.

빈데르솜이다. 전혀 호텔처럼 보이지 않는 호텔은 아예 문을 닫았고, 겨우 찾은 허름한 여관은 문이 닫힌 채 '손님이 오면 연락하세요'라는 메모만 붙어 있었다. 새럿이 전화를 걸자 지금 집에 있으니 조금 기다리란다.

"발은 닦을 수 있겠죠?"

"아니요. 세수만 할 수 있어요."

복도에 설치된 하나 뿐인 세면기를 보니 발 닦기는 꿈같은 이야기였다. 방에서 전기 콘센트를 보자마자 반가운 친구를 만난 듯 달려가 다들 핸드폰, 카메라, 캠코더 전원 플러그를 꽂기 바빴다. 온종일 힘쓰고 긴장해서인지 허름한 침대 방에 누워보니 그렇게 아늑할 수 없었다. 그 사이 화장실에 다녀온 동료가 놀랍다는 듯 말했다.

"화장실이 건물 안에 있는 줄 알았는데 길거리 한복판에 있는 거예요. 지나가는 사람들 소리도 다 들리고 나무 판자 사이로 헤드라이트 빛이 들어와요."

"문도 안 닫혀요."

할리온이 거들었다. 편안하게 볼일을 보기는 틀렸다. 화장실을 집에서 멀리 떨어진 곳에 만드는 건 초원이나 마을이나 같았다.

"몽골에서 인구 조사하는 방법이 재미있어요. 산골짜기에 집이 있어서 가보면 아무도 없는 거예요. 그런데 그 집에 다음 날 사람들이 이사 오기도 해요."

이동을 하는 유목민들이라 통계 조사를 하는 데 이런 어려움이 있었다. 중국은 인구가 많아 통계를 내기 어렵고 몽골은 계속 이동을 해서 통계를 내기 어렵다.

"몽골의 젊은이들은 몽골이 유목민의 나라라는 의식이 있나요?"

"젊은 사람들은 별로 없어요. 말을 타보지 못하고 구경만 한 사람도 많은 걸요. 저도 아주 어렸을 때 말을 타본 적이 있다는데 기억이 없고, 한국에 가서 제주도로 수학여행 갔을 때 처음 타봤어요."

유목민의 나라, 말의 나라 몽골이 바뀌고 있었다.

"한국에서 중학교 다닐 때 방학이라 잠깐 몽골에 왔는데 친구들이 메일을 보냈어요. '매일 말만 타지 말고 시간 나면 혹시나 컴퓨터 있는 곳이 있으면 메일 보내, 집에 냉장고는 있니?' 텔레비전에서 몽골은 그런 이미지로만 비추니까. 울란바토르 시내는 안 보여주고 초원만 보여주니까. 한국 친구들은 몽골이 다 그런 줄 알아요. '너는 가게 갈 때도 말을 타고 가니?' 그 메일 읽고 엄청 웃었어요."

몽골 하면 흔히 떠오르는 이미지가 초원, 말, 게르 그리고 고기다. 파랗게 펼쳐진 초원 위를 말을 타고 동서남북 자유롭게 질주하는 유목민. 나도 처음에는 몽골 사람들은 1년 내내 고기만 먹고 자유롭게 떠돌며 사는 줄 알았으니까. 어떤 사람들은 몽골 전체 경제에서 광공

업이 차지하는 비중이 제일 높아 이제 몽골은 유목 국가가 아니라고 힘주어 말한다. 그러나 말을 타지 못해도, 광공업이 비중이 높아졌어도 여전히 내게 몽골은 말을 탄 유목민의 나라로 보인다.

  새마을 운동과 함께 순식간에 사라진 초가집과 같은 운명을 게르가 겪지 않기를…….

5. 논쟁과 환대의 밤

## 1206년 몽골에서는

육중한 철문으로 된 여관 입구는 어떤 침입도 용납하지 않을 것 같았다. 심지어 공기마저. 이른 새벽 방 안에는 잠든 동료의 숨소리만 들릴 뿐이고 창밖 풍경은 소리도 움직임도 없는 그림처럼 고요했다. 문득 게르가 그리웠다. 게르에서는 흙바닥이나 삐걱거리는 좁은 침대에서 잤지만 아늑하고 편안했다. 바람 소리나 심지어 별이 흘러가는 소리마저 들리는 듯 외부 세계에 열려 있어서 외딴 게르에서조차 고립되었다는 느낌을 받지 않았다.

게르에서 몇 밤 지내지 않은 여행자조차 이런데 게르에서 나고 자란 사람은 어떨까. 대도시 울란바토르에 사는 사람들 가운데는 게르에서 여름을 나는 사람이 적지 않다. 그 옛날 몽골 제국의 두 번째 대칸이었던 우구데이는 수도인 하르호링에 궁궐을 지었지만 게르에서 지내기를 좋아했고 중국에 수도를 정한 대칸 쿠빌라이 역시 어마어마한 규모의 궁궐 가장 깊숙한 곳에 게르를 따로 만들었다.

아침 공기를 마시기 위해 조용히 집 밖으로 나갔다. 차가운 철문을 열자 서늘한 아침 공기가 순식간에 몸속으로 빨려 들어왔다. 빈데르 마을은 예전 러시아의 영향을 많이 받았다는 흔적이 고스란히 드러났다. 땅에 붙박은 통나무집들. 이런 집에 길들여진 유목민들은 다시 초원으로 돌아갈 수 있을까?

"유목은 아침에 빵 하나 들고 하루 종일 초원에 나가 있는 고달픈 인생입니다. 귀농은 성공할 수 있지만 귀목은 불가능합니다. 너무 힘들어서 어릴 때부터 체질화되지 않으면 어렵습니다."

몽골 전문가 이평래 선생의 말처럼 고달프고 힘든 유목. "화려한 도시를 그리며 찾아왔네. 그곳은 춥고도 힘든 곳." 도시로 온 시골 청년의 고독을 노래한 조용필의 〈꿈〉처럼 요즘 몽골 초원에서는 힘든 유목 생활이 고달파 젊은이들이 하나둘 도시로 떠나고 나이든 유목민들은 젊은이들의 인내심을 탓하고 있다. 그러나 자본화된 도시의 블랙홀은 유목민의 생각보다 훨씬 강력하다.

"이 세상 어디가 숲이고 어디가 늪인지 그 누구도 말을 않네."

여관이라는 좁은 별을 떠나 다시 초원이라는 우주로 나설 시간이다. 여관 입구에 서니 어젯밤에는 어두워서 보지 못했던 여관 간판이 눈에 띄었다. '자무카 안다'. 칭기스 칸과 의형제를 맺었으나 평생 라이벌로 살다 칭기스 칸에게 죽은 자무카. 이제는 허름한 여관 이름으로 남았다. 간판 배경사진에는 빈데르 지역을 지나는 오농강이 굽이쳐 흐르고 있었다. 칭기스 칸의 어린 시절에서 오농강을 빼면 무엇이 남을까. 그가 태어나고 자란 곳이 오농강이었고 혈육에게 쫓겨나 고난의 시절을 견딘 곳 또한 이곳이었다.

> 타이치오드 형제들이 후엘룬 부인을, 자식들이 어린 과부들을 목영지에 버리고 떠나자 여장부로 태어난 후엘룬 부인이 어린 아들들을 기르는데, 모자를 단단히 눌러쓰고 허리띠를 바싹 졸라매고 오난 강(오농강)을 위아래로 뛰어다니며 산이스랏(산앵두), 머루를 따서 낮으로 밤으로 허기를 달랬다. 『몽골 비사』

『몽골 비사』는 그 시절을 이렇게 기록했다. 칭기스 칸은 절망과 치욕의 땅, 이곳 오농강에서 대몽골국의 성립을 선포했다. 오늘은 그곳을 찾아간다.

마을을 빠져나온 포르공은 얼마 가지 않아 초원 한복판에서 멈춰 섰다. 그곳에 커다란 돌 세 개를 쌓아 만든 기념비가 서있었다. 삼층 탑 가장 위에 새겨진 인물은 짐작한 대로 칭기스 칸이었다. 그 아래쪽 몽골 글자들 사이에 1206이라는 숫자가 눈에 번쩍 들어왔다. 칭기스 칸과 1206년. 이 해 칭기스 칸은 전 몽골 초원을 통일하고, '예케 몽골 울루스' 즉 대몽골국의 성립을 선포하고 대칸으로 추대되었다. 이때부터 몽골 초원의 각 부족은 몽골이라는 하나의 이름으로 불렸다. 어디에서도 그날의 영광을 찾아볼 수 없는 이곳이 몽골 역사에서 가장 중요한 한 페이지를 장식한 곳이다.

> 그렇게 몽골 및 주변 유목 민족의 나라들을 평정하고 범해(1206)에 오난(오농강)의 발원에 모여 아홉 다리를 가진 흰 기를 세우고 칭기스 카한에게 칸의 칭호를 바쳤다. 『몽골 비사』

테무진은 흐흐호수에서 칭기스 칸으로 추대된 뒤 그와 부자의 맹약을 맺었던 옹 칸, 안다를 맺었던 자무카 등 초원의 실력자들을 차례차례 제압했다. 또한 초원의 기득권을 깨뜨리고 새로운 규칙을 만들었다. 1202년 타타르를 공격할 때 적을 완전히 제압한 후 전리품을 같이 나누자고 했다. 이 말은 대대로 귀족의 권리였던 전리품 분배권을 박탈하고 누구나 공평하게 전리품을 갖도록 하겠다는 선언이자 혁명이었다.

물자가 귀한 초원에서 전쟁은 매우 중요한 물자 획득 수단이었다. 그리고 귀족은 세습된 권력으로 전리품의 분배권을 장악하고 있었다. 칭기스 칸은 반론을 제기할 수 없는 명분을 앞세워 귀족들의 권력을 빼앗았다. 분배권을 박탈당한 귀족들은 당연히 반발했고 평민들은 환호했다. 불만을 품은 귀족들이 할 수 있는 일은 새로운 제도를 받아들이거나 칭기스 칸의 라이벌 자무카에게 넘어가는 것이었다.

나아가 그는 1204년 서몽골의 나이만과 몽골 초원의 통일을 위한 최후의 일전을 앞두고 천호제를 선포했다. 천호제는 열 가구를 기초로 해서 백호, 천호, 만호로 몽골 사람들을 묶는 군사조직이자 생활조직이었다. 천호제의 핵심은 기득권이나 가문이 아니라 능력에 따라 지휘자를 뽑았다는 점이다. 씨족은 해체되고 귀족의 특권은 폐지되었으며 조직은 마치 한 몸처럼 일사분란하게 전투를 벌였다.

그로부터 2년 후 마침내 칭기스 칸은 몽골 초원을 통일했다. 오랫동안 이어진 몽골 초원의 내분은 종식되었지만 이웃 나라에는 칭기스 칸의 공포가 시작되고 있었다. 오농강을 바라보며 칭기스 칸은 무슨 구상을 했을까? 몽골의 평화를 유지하는 방법은 끊임없는 정복 전쟁뿐이라고 믿은 건 아닐까.

안타깝지만 이곳이 예케 몽골 울루스를 선포했던 그곳인지 아무도 확증하지 못했다. 『몽골 비사』에는 그곳을 오농강이 발원하는 어디쯤으로 기록했을 뿐이다. 흥미롭게도 칭기스 칸이 태어났다는 '델룬 볼독' 즉 비장의 언덕(처음 들었을 때는 '비장하다'의 비장쯤으로 생각했지만 알고보니 신체 장기인 비장이었다!)이 어디인가에서 문제가 시작됐다. 델룬 볼독은 다달솜이 가

1206년 대몽골국 선포 기념비

장 유력하여 1962년 공식적으로 인정받았지만, 다른 몇 곳 역시 델론 볼독으로 지목되었다. 한 곳은 러시아의 치타주이고 다른 한 곳이 이곳 빈데르솜이다.

그런데 빈데르솜 출신의 뱜바수렝이 총리가 되면서 문제가 복잡해졌다. 그는 자신의 고향이 칭기스 칸의 탄생지라는 것을 의도적으로 강조했다. 총리의 힘을 업고 이곳 사람들은 빈데르솜을 칭기스 칸이 태어난 곳이라고 공식적으로 인정해달라고 요구했다. 그러나 이미 칭기스 칸의 탄생지는 다달솜으로 공인된 상태였다. 결국 칭기스 칸의 탄생지는 다달솜에 양보하는 대신 오농강 상류인 이곳을 대몽골국을 선포한 곳으로 인정하는 선에서 타협했다. 우리나라에서도 온달 장군이 죽은 곳을 두고 충청북도 단양군, 서울시 광진구, 경기도 구리시가 3파전을 벌이는 걸 보면 땅에 상징성을 부여하여 명예를 얻으려는 욕심은 우리나라나 몽골이나 비슷한 것 같다.

기념비를 떠나 잠시 후 작은 호수를 만났다. 어림잡아 수백 마리의 백조들이 목을 길게 뺀 채 차가운 호수 위를 떠다녔다. 살아 있는 백조는 멀리서 봐도 우아하고 기품이 넘쳐 〈백조의 호수〉와 〈미운 오리 새끼〉의 주인공이 될 만했다. 백조는 서양에서 많은 이야기의 주인공이 된 것처럼 이곳 빈데르솜나 다달솜, 러시아 바이칼호수에 많이 사는 부랴트 몽골족 시조 신화의 주인공이다.

호리 투메드 호릴다이 메르겡이라는 사람이 바이칼호수 주변을 걷다가 백조 아홉 마리가 흰옷을 벗더니 여인으로 변하여 목욕하는 장면을 보았다. 마침 아내가 없던 호리 투메드는 한 벌의 옷을 훔쳤고 결국 홀로 남겨진 여인과 함께 살았다. 그 여인은 자식이 열한 명이 되었을 때 남편이 감춰둔 옷을 찾아 입고 하늘로 돌아가려 했다. 그때 호리 투메드는 백조의 두 다리를 잡고 자식들의 이름을 지어달라고 했고, 그 후 장성한 열한 명의 자식들은 부랴트 씨족의 조상이 되었다. 우리나라의 〈선녀와 나무꾼〉 이야기와 너무 비슷하지 않은가. 바이칼이 우리 민족의 시원이라고 믿는 사람들에게는 눈이 번쩍 뜨일 일이다.

몽골 사람들은 백조를 죽지 않는 새라고 믿었다. 죽지 않는 새에 대한 믿음은 몽골뿐만 아니라 우리나라에도 있었다. 특히 신라와 가야가 그랬다. 이 시기의 무덤에는 새 모양의 토기가 여럿 발견되었는데, 그중에 오리들이 많았다. 학자들은 이 새들이 낙동강으로 날아와 겨울을 나고 떠나는 철새라고 보았다. 때가 되면 어디선가 날아왔다 사라지고 다시 나타나는 새를 보고 그들은 부활을 꿈꿨다. 문화는 어딘가 서로 닮은 면이 있다. 한곳에서 발생한 문화가 다른 곳으로 전파되었든, 각자 독자적으로 발생했든 공통점이 있다는 것은 늘 흥미롭다.

백조의 호수를 떠나 살얼음 낀 개울로 돌진한 포르공은 쇄빙선처럼 얼음을 깨며 개울을 건넜다. 개울에 둥둥 떠다니는 얼음에서 겨울 냄새가 풍겨왔다. 이때 얼음 한 조각이 전조등에 부딪히면서 전조등 덮개가 깨져나갔다. 새릿은 '뭐 이 정도 쯤이야'라며 대수롭지 않은 표정으로 깨진 전조등 덮개를 테이프로 붙였다. 그나저나 흉노 무덤을 발굴하고 있다는 바양아드라가는 얼마나 가야 하나.

## 물어보기라도 할걸

초원으로 나온 지 5일째, 험한 길에 적응할 만하면 더 험한 길이 나온다. 좁은 길과 급경사, 곳곳에 도사린 늪. 메마르고 험준한 알타이산맥과는 다른 느낌이다. 문득 알타이의 고갯길이 그리워졌다.

숲에 가린 오농강과 숨바꼭질을 하며 내달리다 나무집들이 옹기종기 모인 한적한 마을을 만났다. 큰 소리를 지르면 마을 전체에 울려 퍼질 듯 아담한 마을은 바양아드라가였다. 마을 옆 언덕에는 옛날 귀부인이 썼을 법한 모자 모양의 건물이 있었다. 아래쪽은 둥그렇고 위쪽에는 등대 같은 원통형 기둥이 솟아 고즈넉한 마을 분위기와 어딘지 어울리지 않았다.

"저 건물은 뭐예요?"

"왕비의 궁전이요."

내용인즉 이곳 출신으로 복드의 부인이 된 여인을 기념해 만들었다고 한다.

복드가 누구인가? 몽골의 종교, 정치의 최고 권력자였다. 이 여인의 남편은 몽골의 마지막 복드인 8대 젭준담바 호탁트였다. 조선시대 고종과 비슷한 시기를 산 그의 생애는 고종만큼이나 파란만장했다. 그는 몽골 사람이 아니라 티베트 사람이었다. 그가 몽골에 왔을 때 몽골은 오랫동안 청나라의 지배를 받고 있었다. 1911년 청의 통치가 끝나자 복드 황제로 추대되었고 1921년 몽골에서 외부 세력을 몰아내고 입헌군주제를 시행하자 제한 군주가 되었다. 3년 후 그가 사망하자 입헌군주제가 폐지되고 몽골인민공화국이 수립된다.

그에 대한 평가는 사람들마다 사뭇 다르다. 몽골의 역사가 강톨가는 『몽골의 역사』에서 1911년 민족 해방의 정신적 지주로 몽골의 독립을 위해 고군분투한 인물로 평가한 반면 몽골의 대표적인 소설 『맑은 타미르강』에서는 시대에 어둡고 대의를 모르는 탐욕스러운 인물로 그렸다. 양극단을 오갔던 평가만큼이나 당시 몽골 상황 역시 복잡했는데, 결국 몽골은 러시아에 이어 세계에서 두 번째로 사회주의 국가가 되었다.

세 개의 입구로 된 정문을 들어서자 어디선가 개 한 마리가 문지기처럼 달려나왔다. 몽골에서는 어디를 가나 개를 만날 수 있는데, 이곳도 예외는 아니었다.

"죠!저리 가"

할리온이 소리쳤지만 개는 아랑곳하지 않고 할리온 뒤만 졸졸 따라다녔다.

"건물 모양이 특이한데요."

"왕비의 모자를 본떠서 만든 거예요."

그러고보니 어디선가 본 듯했다. 몽골 예술단 공연에서 화려하게 치장을 한 여인들이 한껏 맵시를 뽐낼 때 쓰는 모자와 비슷했다. 복타라는 이름으로 신분이 높을수록 모자의 높이가 높다. 그때는 어떻게 저런 모자를 쓰고 다니나 싶었는데, 신분과 화려함을 과시하기 위해서 그 정도는 감수한 게 사람의 역사였다. 조선 후기 여인들 사이에도 가채 열풍이 불어 목뼈가 휠 정도로 무거운 가채를 했다고 한다. 이곳 몽골 여인들도 진주, 터키석, 마노로 장식된 무거운 머리 장식을 했다. 또 전통혼례에서 볼 수 있는 신부의 화려한 족두리도 고려시대 때 몽골에서 전해진 것이라 하니 몽골 사람들이 모자에 들인 정성을 알 만하다.

  조선시대 양반들이 모자에 각별한 신경을 쓴 것처럼 몽골 남자들도 그렇다. 초원에서 만난 남자들 가운데 모자를 쓰지 않은 사람은 거의 보지 못했다. 여름 한낮을 모자 없이 보낸다면 당장 일사병에 걸려 쓰러질 것이다. 엄청나게 추운 겨울도 마찬가지다. 이런 모자의 중요성 때문인지 그들은 모자를 잃어버리면 불행한 일이 온다고 믿는단다. 남의 모자를 밟거나 그 위로 지나가는 일은 그 사람을 무시하는 행동으로 간주하고, 모자를 바꾸거나 다른 사람 것을 쓰지 않는다. 상대방에게 예의를 차려야 할 때는 반드시 모자를 쓴다.

  그런데 바양아드라가에 있다는 도르릭 나르스 흉노 무덤은 어딜까. 이 지역에서 흉노 무덤을 발굴한 경험이 있는 후배는 그곳에 가면 발굴자들에게 안부를 전해달라는 말을 잊지 않았다. 흉노 무덤 발굴 현장을 눈앞에서 볼 수 있는 기회지만 어제 차가 늪에 빠져 늦어진 일정을 생각하니 그냥 지나칠 수밖에 없을 것 같다.

  지금부터 6년 전, 박물관에 근무하는 그 후배가 말했다.

  "몽골로 발굴 가요. 몽골에 갈 때는 무엇을 준비해야 해요?"

  몽골에서 발굴이라니. 아주 많이 부러웠다. 후배는 그로부터 몇 해 동안 여름이면 몽골로 날아가 도르릭 나르스 흉노 무덤을 발굴했다. 발굴된 유물은 우리나라로 가져와 보존처리를 한 후 다시 몽골로 보냈고 중간에 대규모 학술 심포지엄과 특별전을 열었다.

  지금까지 몽골 초원에서 발견된 4,000개 무덤의 주인공이자, 중국 사람들이 시끄러운 종놈들이라고 비아냥거린 흉노란 도대체 누구일까.

"천지가 생겨난 곳, 일월이 비추는 곳의 흉노 대선우가 삼가 한의 황제에게 묻노니 평안하신가?"

시끄러운 종놈의 우두머리인 흉노의 대선우가 중국 황제에게 보낸 국서의 첫 구절이다. 흉노는 기원전 3세기 몽골 초원에서 일어난 유목민족으로 한때 중국의 한나라를 아우로 삼았을 정도로 강성했다. 세력이 약해진 후 중앙아시아에서 자취를 감추고 동유럽으로 이동하여 훈족이라는 이름으로 유럽의 지각 변동을 일으켰다.

중앙아시아 최초의 유목국가라는 역사적 중요성에 비해 흉노에 대한 기록이 적은데, 기록으로 남아 있는 것은 적국이었던 중국에서 남긴 것뿐이었다. 지난 1990년대부터 유목과 동서양 문명의 교통로였던 스텝 루트에 대한 관심이 고조되고 흉노의 주 무대였던 몽골이 개방 정책을 취하면서 흉노는 세계 고고학의 블루칩으로 떠올랐다. 세계 각국의 조사단이 몽골로 들어가 많게는 한 해에 십여 개의 발굴팀이 짧은 여름 동안 발굴 경쟁을 벌였다.

우리나라도 몽골의 흉노 무덤 발굴에 가세한 지 십여 년이 흘렀다. 북방 문화와 우리 문화의 연관성을 규명한다는 취지 아래 지난 1997년부터 한·몽 공동학술조사사업을 시작했다. 도르릭 나르스는 흉노가 만든 무덤 가운데 가장 동쪽에 자리 잡은 무덤군인데 그동안의 조사 가운데 가장 뛰어난 성과를 보인 곳이다. 흉노 무덤은 땅 위에 사각형이나 한문의 여呂자형으로 돌을 배치했고 그 땅을 깊이 파고들어 가면 관이 들어 있다.

"무덤이 무척 깊어요. 대략 8미터를 파고들어 갔는데 아주 위험했어요. 어떤 곳은 18미터까지 들어가야 했죠. 흙이 무너지기 쉬운 사질토

여서 더 힘들었어요. 예전에 다른 나라 발굴팀에서 흉노 무덤을 발굴하다 무너져 한 명이 깔려 죽었어요. 그 여파로 발굴은 중단되고 발굴에 참여한 유명한 몽골 고고학자는 아예 발굴에서 손을 놨죠. 지금도 발굴하기 어려운데 옛날에는 어떻게 땅을 파서 무덤을 만들었는지 무척 궁금해요."

발굴에 직접 참여했던 후배의 말이다. 건물의 4층에서 깊게는 8층만큼 땅속 깊이 시신을 묻은 건 혹시 모를 도굴을 막기 위해서였을까? 그런데 발굴을 하면서 이상한 시설을 발견했단다.

"어떤 무덤은 이미 도굴을 당했는데, 도굴하기 위해 판 도굴갱이 무척 정교해요. 관이 있는 곳까지 정확하게 파내려 갔죠."

무덤을 도굴하려다 흙이 무너져 깔려 죽을 수 있는데 그런 위험을 무릅쓰고 도굴을 한 이유는 무엇일까?

"그런데 도굴갱이 무덤이 만들어진 후 한참 시간이 흐른 다음에 만든 것이 아니라는 점이 이상해요. 무덤이 만들어지고 나서 얼마 지나지 않아 도굴된 거죠. 도굴갱을 보면 조직적이고 치밀하게 도굴을 했다는 생각이 들어요. 아마도 권력 집단의 변화와 관련이 깊다고 봐야 해요. 새로운 권력 집단이 등장하면 전대 권력 집단의 무덤을 의도적이고 조직적으로 도굴을 했던 것 같아요. 이전 권력 집단을 파괴하려는 상징적인 의미도 크고, 실질적으로는 무덤에 묻힌 재화를 얻으려고 한 것이죠. 유목민의 경제 시스템은 어떻게 하든 외부에서 물자를 구해야 하는데 그게 쉽지는 않았겠죠. 무덤은 금 같은 중요한 재화를 어렵지 않게 얻을 수 있는 곳이었어요."

유목민은 가축의 부산물만 가지고 살아갈 수는 있지만 대개 그런 유목민은 가난하다. 유목 경제는 이론적으로는 자급자족할 수 있다고 하지만 곡식이나 금속기는 어떻게 해서든 외부로부터 들여와야 했다. 때로는 전투나 약탈을 해서, 때로는 교역으로 필요한 물자를 얻었다. 그 옛날 유목민에게 약탈은 자연스러운 생활 방식이었다. 유목 생활에서 물자의 흐름을 중시한 잭 웨더포드는 칭기스 칸과 그의 후계자들이 전쟁을 멈추지 못한 이유를 물자의 확보 때문이라고 설명했다. 그런 그들에게 무덤은 전투보다 위험이 적고, 최소 투자로 최대 효과를 보장하는 보물창고였던 셈이다.

이 이야기에서 칭기스 칸의 무덤에 관한 실마리를 찾을 수 있다. 초원의 주인이 바뀌면 전 권력자의 무덤이 훼손되는 초원에서 어느 순간부터 아예 무덤의 위치를 드러내지 않으려 했던 것이 아닐까.

도르릭 나르스 발굴에서 가장 흥미로운 건 일부러 망가뜨려 집어넣은 물건이었다. 발굴을 해보니 토기, 청동기, 철기의 일부분을 망가뜨려 무덤에 넣었단다. 이와 비슷한 풍습은 우리나라에도 있었다. 조선 시대의 무덤에서 일부러 깨뜨린 도자기가 발견되는 일이 있어 궁금해하던 차였다.

"일부러 그릇을 깨서 무덤에 넣은 이유는 크게 두 가지라고 봐요. 하나는 이 세상에서는 완전한 것이 정상이지만 저 세상에서는 깨진 것이 정상이라는 관념이고요. 다른 하나는 죽은 이가 다시 이 세상으로 돌아오지 못하도록 쓰던 물건들을 깨뜨린다는 거예요."

전문가의 말을 듣고보니 그럴 듯했다. 우리나라 흉노족이나 다른 세상에서는 다른 규칙이 적용된다고 믿은 것 같다. 몽골 초원에서 보이는 훼기毁棄 풍습이 우리나라에도 있는 걸 보면 그쪽과 우리나라 사이에 뭔가 연결고리가 있을 법하다. 연구가 더 진행되면 그 고리를 분명하게 찾을 날이 오겠지.

이때까지 도르릭 나르스의 위치를 바양아드라가에서 북쪽으로 수십 킬로미터 떨어진 험준한 강가로 알고 있었다. 시간도 없고 해서 찾아갈 엄두를 내지 못했다. 이날 저녁 우리가 지나쳐 온 길가의 무성한 소나무 숲이 '둥근 소나무'라는 뜻을 지닌 도르릭 나르스 흉노 무덤 발굴지라는 걸 알았다. 밑지는 셈치고 마을 사람들에게 물어보기라도 할 것을…….


## 오농강 다리 위에서

"몽골에서는 눈이 위로 땅기면 좋은 일이 생기고 아래로 땅기면 좋지 않은 일이 생긴다고 믿어요."

"그럼 한쪽 눈은 위로 땅기고, 다른 눈은 아래로 땅기면 어떻게 해요?"

"좋은 일이 생겼다가 안 좋은 일이 생기겠죠. 하하하."

간만에 좋은 길을 만나자 속도를 올리던 새럿이 갑자기 포르공을 멈춰세웠다. 그가 내린 곳에는 밤송이 같은 고슴도치가 웅크리고 있었다. 어떻게 달리는 차에서 고슴도치를 볼 수 있을까?

"길만 보고 다니는데 왜 안 보여요?"

어머니도 김장하실 때 이런 말씀을 하셨다.

"소금을 얼마큼 넣어야 해요?"

"대충 알아서 넣어야지."

대충은 '아무렇게나'가 아니라 오랜 경험의 결과였다. 우리나라 옛 건축을 공부하는 사람들은 처음에는 옛 건축 도면이 너무 없다는 사실에 놀라고, 도면이 없어도, 혹은 한 장의 도면만 가지고 멋들어지게 집을 지었다는 사실에 다시 놀란다. 수많은 경험의 결과이다. 이런 경험과 타이밍의 예술이 유목이 아닐까?

"금년에는 비가 많이 내려 풀이 잘 자라고, 소가 풀을 잘 먹어 살이 많이 찌고 육질이 좋아요."

풀이 듬성듬성 자라는 다른 초원과 달리 이 지역의 풀은 무릎을 훌쩍 넘길 정도로 크고 무성했다. 아마도 겨울 비상식량으로 남겨둔 초지인 모양이다. 다달솜으로 갈수록 길은 점점 험해져 초원이라기보다 산길에 가까웠다. 산을 끼고 도는 꼬부랑길이 끝나고 다시 곧은 길이 나오자 차는 시간을 단축하려는 듯 속도를 높였다. 길가의 풀들이 바람에 일렁였다. 가끔 만나는 겨울 야영지 울타리 안에 산더미처럼 쌓아 놓은 건초더미가 보였다. 한겨울 물기를 머금은 함박눈이 내리면 몽골 초원은 비상사태다. 눈이 얼면 가축들은 풀을 뜯어먹을 수 없어 굶어 죽는다. 그때 가축들은 이 건초를 먹고 위기를 넘길 것이다. 몇 해 전 겨울 실제로 이런 일이 벌어지자 옛 우방이었던 러시아가 지원한 건 다름 아닌 건초였다.

몇 개의 개울을 건너고 몇 구비의 산을 넘자 작은 나무숲이 나타났다. 저 너머로 오농강이 힘차게 흐르고 있으리라. 물이 줄어 진흙땅이 드러난 작은 강 앞에서 차가 멈춰섰다. 그리고 조금 전 지나쳤던 게르로 지체 없이 차를 돌렸다. 어제 일을 겪지 않았더라면 아무 문제될 것 없다며 그냥 지나칠 작은 웅덩이였다. 게르 안에서 청바지를 입은 멋쟁이 노인이 나왔다. 새릿과 노인은 마치 오래 알던 친구 같은 분위기였고 이야기는 쉬이 끝나지 않았다.

"길은 잠깐 물어보고 그냥 이런저런 사는 얘기 하는 것 같아요."

게르 밖으로 나온 그들은 집 옆에 놓인 차량 부속품 창고로 갔다. 중간 중간 "머신"이라는 말이 나오는 것으로 보아 차 부속품 이야기를 나누고 있음이 분명했다. 몽골에 와서 놀란 장면이 이런 모습이었다. 몽골 사람들은 처음 만난 사람도 이웃처럼 편하게 말을 주고받았고 할 말이 끊겨 어색해하는 모습을 본 적이 많지 않았다. 말수가 적은 새릿도 틈날 때마다 할리온과 여러 이야기를 나누었다. 작은 마을에 멈춰 길을 물어볼 때면 동네 사람들이 구름처럼 모여들어 한마디씩 거들곤 했다.

우리나라에서도 이런 경험이 있었다. 몇 해 전 제주도로 여행을 갔을 때였다. 버스에 타서 운전기사에게 음식점을 추천해달라고 하자 버스에 탄 노인들이 제각기 좋은 음식점을 추천해준다며 시끌벅적했다. 기사도 이에 질세라 전화까지 걸어 예약을 해주는 친절을 보였다. 버스는 이 소동으로 몇 분 정도 멈춰섰지만 뭐라 하는 사람이 없었다. 우리가 말하는 격식과 예의는 프라이버시 존중이라는 미명 아래 타인과의 단절을 전제로 하고 있는 건 아닐까?

한참 후 차는 다시 강으로 향했다. 돌아가는 다른 길이 없는 모양이다. 강 앞에서 잠깐 멈춰서 지형을 살피고는 자갈과 흙이 드러난 가장자리로 차를 몰았다. 다행히 아무 일도 일어나지 않았다.

"저 앞의 큰 강이 오농강이에요."

할리온의 말끝에 안도감이 묻어 있었다. 칭기스 칸을 다룬 기록에는 어김없이 등장하는 오농강. 파도처럼 출렁거리는 길 끝에 오농강을 건너 다달로 들어가는 커다란 다리가 나타났다. 오랜만에 보는 큰 강과 큰 다리다. 바람도 쐬고 몸도 풀 겸 차에서 내려 천천히 다리 위를 걸었다. 난간 아래로 검은 강물이 거세게 흘러가고 있었다. 멀리 다리 반대편에 선명한 붉은 별이 보였다.

"저 별은 뭐죠?"

"사회주의 시절에 그린 것 같아요."

하지만 사회주의 시절은 마치 그런 시절이 있기나 했었냐는 듯 아득해지고 있다. 다리 끝에 서 있는 나무는 우리 일행을 반겨주는 듯 하닥을 펄럭이고 있었다.

칭기스 칸의 일생에서 가장 극적이고 또한 이해하기 어려운 일이 이복형제인 벡테르를 죽인 사건이다. 칭기스 칸을 영웅으로 그린 『몽골비사』 편찬자 역시 이 사건은 다루기 불편하고 곤혹스러운 주제였을 것이다. 편찬자는 이 사건을 기록하는 대신 당사자의 목소리는 들려주지 않는 것으로 타협했다. 죽은 이복형제의 어머니 소치겔의 말은 기록하지 않았으며 메르키트족에게 납치를 당해 사라지는 것으로 마무리하였다. 일부 학자는 이복형제의 어머니 소치겔이 칭기스 칸의 어머니 후엘룬보다 먼저 예수게이와 결혼한 여인으로 보기도 하고 또 다른 학자는 예수게이가 후엘룬과 결혼한 후에 얻은 첩으로 보고 따라서 칭기스 칸의 이복형제인 벡테르나 벨구테이가 칭기스 칸보다 나이 어

"길은 잠깐 물어보고 그냥 사는 이야기 하는 것 같아요."

칭기스 칸의 숨결을 간직한 오농강

린 동생일 것이라고 추정하기도 한다.

그런데 벡테르가 동생일 것이라는 설은 사실일까. 기록에는 칭기스 칸 형제가 잡은 물고기와 종달새를 벡테르 형제가 빼앗아 갔기 때문에 벡테르를 죽였다고 적었다. 그런데 만약 칭기스 칸이 그들의 형이었다면 감히 이복동생들이 힘센 형이 잡은 물고기나 종달새를 함부로 빼앗아 갈 수 있었을까. 『몽골 비사』의 편찬자는 벡테르가 형인지 동생인지 아무런 언급 없이 지나갔다. 벡테르를 죽인 이후의 상황도 석연치 않아 벡테르 어머니의 심정을 전하는 대신 어머니 후엘룬이 긴 욕설로 칭기스 칸 형제를 책망하는 것으로 대신한다.

칭기스 칸이 벡테르를 죽인 이유에 대해 여러 가지 설들이 있다. 사춘기 소년의 우발적인 행동이었다는 의견이 우세하지만 일부 학자들은 다르다. 만약 벡테르가 이복형이었다면 장차 그가 성장해서 가족의 가장이 되고 게다가 어머니 후엘룬의 남편이 될 수 있다는 점을 칭기스 칸으로서는 도저히 받아들일 수 없었기 때문으로 본다.

칭기스 칸의 원수였던 타이치우드족이 벡테르 살인을 이유로 칭기스 칸을 잡아간 것은 칭기스 칸의 이런 도발적인 면을 두려워했기 때문이 아닐까? 타이치오드족은 이렇게 말했다.

"병아리들이 털을 갈았다. 두 살배기 양들이 질금거린다." 『몽골 비사』

이 살인 사건은 칭기스 칸 가문 사람들만 볼 수 있는 『몽골 비사』에서만 언급될 뿐 다른 역사서에서는 하나같이 침묵하고 있다. 칭기스 칸의 삶을 이해할 수 있는 가장 극적인 사건은 오랫동안 비밀스럽게 전해졌다.

## 강 한복판에서 멈춰버린 차

철 지난 오농-발지 국립공원 매표소에는 인적이 없었다. 빈데르솜에서 이곳까지 오는 내내 차라고는 달랑 한 대만 보았으니 매표소를 여나마나였다. 그래서 고안한 방법이 다달 시내에서 영수증을 확인하고 입장료를 받는 것이다. 이런 일은 서몽골의 성산 참바가라브를 갔을 때에도 겪었다.

오농-발지 국립공원은 지금까지 봤던 몽골 풍경과는 확연히 달랐다. 거대한 산악 지대에 침엽수림이 무성했고 산 사이로 초원이 펼쳐졌는데 양 한 마리, 게르 한 채 보이지 않아 왠지 낯설었다.

"여기는 소가 많고 양은 거의 없어요. 고기는 쇠고기나 말고기를 주로 먹죠."

할리온은 이 지역에 살았다는 눈이 하나 달린 사람 이야기를 들려주었다.

"옛날에 동굴에 눈이 하나 달린 사람이 있었대요. 이 사람은 눈이 하나였지만 멀리까지 볼 수 있는 천리안이었어요. 천리안 알죠? 어느 날 보니까 예쁜 여자가 지나가기에 잡아와 자기 며느리로 삼았대요. 저 앞의 개울 보이죠. 그 여자가 빨래를 했던 곳이에요. 진짜예요."

증거까지 들이대며 사실이라고 강조했지만 도대체 외눈박이 천리안이라니……. 알고보니 이 이야기는 『몽골 비사』에 나오는 도와 소경 이야기였다. 칭기스 칸의 조상인 도와 소경은 이마 가운데 외눈을 하고 있었는데, 그 눈으로 사람이 무려 사흘 동안 이동하는 거리를 내다볼 수 있었다고 한다. 그리고 잡혀 온 여인은 도와 소경이 발견해 동생 도본 명궁과 결혼시킨 알란 미인이었다. 우리는 이제 『몽골 비사』 속의 전설이 살아 있는 땅에 들어선 것이다.

차는 그 사이 초원길을 달려 작은 언덕을 내려가 멈췄다. 앞으로 오농-발지 국립공원의 본류인 발지강이 힘차게 흐르고 있었다. 카메라를 들고 강가로 다가가다가 눈이 휘둥그레지는 풍경을 보았다. 발지강 때문이 아니었다. 폭이 족히 30미터는 넘어 보이는 강 한가운데 포르공이 떡하니 서 있는 게 아닌가.
"저 차는 도대체 저기서 뭐하고 있는 거지?"
포르공은 절반 정도가 물에 잠겨 물에 뜬 오리처럼 강 한가운데에서 오도 가도 못하는 상황이었다. 우리를 봤는지 잠시 후 차문이 열리더니 겸연쩍게 웃는 얼굴들이 보이기 시작했다. '우리 차를 보고 얼마나 반가웠을까'라고 생각하는 순간 다른 생각도 따라왔다. '저 차를 꺼내주려면 시간이 많이 걸리겠지. 그럼 일정이 또 늦어질 텐데…….' 이런 생각을 하고 있는 나를 보고 깜짝 놀랐다. 우리가 어제 늪에 빠졌을 때 받은 은혜를 오늘 여기서 갚는 것이 아닌가. 조금 있으니 한 청년이 바지를 벗고 허리춤까지 오는 강물을 가로질러 우리 쪽으로 걸어왔다.
"지난여름 하르호링에 갔을 때 강 중간에서 차가 멈추었는데, 전화를 해서 지금 차가 떠내려가니 빨리 구해달라고 해서 30분 만에 차 두 대가 와서 우리 차를 꺼냈죠."

새릿이 아찔했던 경험을 들려주었다. 새릿의 지난여름 경험이 아니더라도 어제 우리가 그런 일을 겪지 않았던가. 버떠 아저씨는 5일 동안 눈 속에 고립되었고, 어떤 운전자는 늪에 빠진 차를 3일에 걸쳐 빼내야 했다. 그래도 이 정도는 그나마 다행이었다. 고비사막으로 여행자를 데리고 간 운전사는 사막 한가운데에서 차가 고장 나 피눈물을 흘리며 차를 버려야 했다.

이윽고 청년이 새릿에게 다가와 말을 건넸다. 분명 꺼내달라는 이야기겠지. 새릿이 이런 상황에 익숙한 듯 포르공 앞에 걸어둔 체인을 풀어주자 청년은 체인을 받아들고 다시 강으로 들어갔다. 그의 다리는 차가운 강물로 벌겋게 변해 있었다. 새릿이 시동을 걸고 후진을 하자 서서히 차가 끌려나오기 시작했다. 강을 빠져나오자 차 문이 열리고 사람들이 내렸다. 한 명, 두 명, 세 명, 네 명, 다섯 명. 우리처럼 울란바토르에서 출발한 그들은 발지강 너머에 사는 친척집에 가려고 강을 건너다 그만 차가 강 한복판에 멈춰섰다고 했다.

이 와중에 새릿은 차 자랑을 시작했다.

"휘발유 엔진 차는 물에 닿으면 엔진이 꺼져요. 내 차는 휘발유 엔진을 뜯어내고 경유 엔진을 얹었지요. 그래서 물에 닿아도 시동이 꺼지지 않아요. 그뿐인가요……."

새릿의 말을 경청하던 사람들은 개조된 부분을 눈으로 확인하려고 차 밑으로 기어들어갔다. 다시 강을 건널 수 있을지 없을지 모르는 판에 남의 차 구경이라니. 빠진 차의 운전사는 한술 더 떴다.

"연락처 좀 주세요. 나도 개조하게."

운전사가 물에 빠진 차에 시동을 걸자 배기구에서 쿨럭쿨럭 기침을 하듯 검은 물이 쏟아져 나왔다. 여기서 멈춘다면 몽골 사람들이 아니라는 듯 다시 강을 건너보겠단다.

"강에서 또 멈출 게 뻔한데……."

사람이 다 타자 포르공은 다시 차가운 발지강 속으로 힘차게 돌진했다. 물살을 가르며 잘 건너가는가 싶더니 정확히 아까 멈춰섰던 그 지점에서 다시 서버렸다. 이번에도 아까 그 청년이 문을 열었다. '안됐다'라며 걱정하고 있는데 때마침 강 건너편에서 말을 탄 사람이 나타났다. 다행히 그 말을 타고 우리 쪽으로 와 포르공에 감긴 쇠줄을 다시 풀었다. 이번에는 차가운 물에 들어가기 싫었던지 말을 타고 다시 강으로 들어가려 했다. 성질 급한 새럿이 버럭 소리쳤다.

"말을 타고 가기는. 그냥 가."

새럿의 기세에 눌린 청년이 쭈뼛쭈뼛 바지를 벗자 붉게 변한 다리가 드러났다. 다시 물속으로 들어가 쇠줄을 걸었고 차가 끌려나왔다. 그 사이 우리는 물을 끓여 뜨거운 커피를 한 잔씩 돌렸다. 이때에도 그들의 얼굴에서 걱정이라고는 찾아볼 수 없었다. 걱정해봐야 될 일이 아니라는 듯. 물에 들어갔다 나온 차는 급기야 차 바닥에 문제가 생겼다. 아무래도 시간이 걸릴 것 같아 발지강 뒤편 언덕으로 산책을 갔다. 검푸른 숲과 회갈색 초원 사이를 막힘없이 내달리는 바람이 점점 거세지고 있었다. 큰 늪을 헤치고 구불구불 흐르는 발지강은 유장한 오농강과 한 몸이 되고 어느 순간 사랑의 신이라는 아무르강이 되어 오츠크해로 흘러갈 것이다.

"저 차는 도대체 뭐하고 있는 거지?"

발지강에 빠진 차 수리

강기슭을 따라 자작나무 숲이 길게 이어졌다. 몇 해 전 바이칼호수로 여행을 갔을 때 꼭 한번 해보고 싶던 자작나무 숲 산책을 할 수 있었다. 햇빛에 하얗게 반짝이는 자작나무 숲을 보고 괴성을 지르며 숲 속으로 뛰어들어갔다. 숲 속에서 돗자리를 깔고 자작나무에 기대 보드카를 마시려는데, 갑자기 다리가 따끔따끔 아파왔다. 웬 개미들이 그렇게 많은지 한 손으로 개미를 잡고 한 손으로 술을 마시다가 도저히 참을 수가 없어 숲을 뛰쳐나왔다. 자작나무 숲은 겨울에 가야 한다는 말은 단지 낭만 때문만이 아니었다.

"여기는 다른 곳하고는 전혀 달라. 산도 있고 숲도 있고 초원도 있고 늪도 있고 강도 있고."

언덕 꼭대기까지 올라가려는데 바람결에 할리온의 목소리가 실려왔다.

"빨리 오세요."

이번 여행에서 처음 듣는 "빨리"라는 소리였다. 어제 차가 늪에 빠져 일정에 쫓긴 새릿의 마음이 급했나보다. 그나저나 그 사람들은 강을 건넜을까, 아니 차는 다 고쳤을까.

## 물소해 여기서 태어나시다

포르공은 울창한 소나무 숲 길을 내달렸다.
"이제 칭기스 칸이 마셨다는 샘물로 갈 거예요."

하조 볼락. 칭기스 칸의 어머니 후엘룬이 이 물을 받아 아이들을 키웠다는 전설 속의 샘이다. 숲을 빠져 나온 포르공이 샘물 앞에서 멈췄다.

"물맛이 좋으니까 빈 생수통에 물 담아가요."

나지막한 나무 울타리가 샘물을 감싸 소박하고 정겨웠다. 울타리 안에 기울어진 작은 기념비가 그나마 여기가 칭기스 칸 유적지라는 체면치레를 하고 있었다. 샘물 아래쪽 버드나무에 수북하게 걸린 하닥이 바람에 나부꼈다. 샘물은 다디달았다.

초원에서 솟아나는 많은 샘 가운데 이 샘이 특별한 건 이 샘에 부여된 상징 때문이다. 칭기스 칸이 마셨을 거라는 단 한 가지 이유만으로 사람들은 이 샘에서 칭기스 칸을 떠올린다. 상징은 사물에 생명을 불어넣지만 상징이 의심되는 순간 그 생명은 소멸된다. 만약 빈데르가 칭기스 칸의 출생지로 확정되었다면 그 순간 이 샘은 운명을 다했을 것이다. 그렇게 되면 다디단 물맛이 바뀔지 모른다. 원효가 마셨다는 그 해골 물처럼.

이번 여행은 칭기스 칸의 생을 거꾸로 찾아가는 여정이다. 첫 번째 여행지 보르항 할동은 칭기스 칸이 묻힌 곳이고, 이곳 다달은 그가 태어난 곳이다. 산에서 태어나 산으로 돌아간 칭기스 칸. 어쩌면 그는 유목민보다 사냥꾼이 더 어울리지 않을까. 그가 유목에 바탕을 둔 신분 질서를 과감하게 부술 수 있었던 것은 사냥꾼 정서를 가졌기 때문이 아닌가 싶기도 했다.

목을 축인 후 이번에는 맞은 편 칭기스 칸 탄생기념비가 서 있는 언덕으로 출발했다. 그곳에는 사진으로 수없이 보아왔던 오보와 비석이

서 있었다. 그 비석은 칭기스 칸의 탄생지를 알리는 기념비였다. 이 언덕에 와서야 '비장'의 진실을 알았다. 대개의 사진에는 웅장한 언덕도, 거기서 바라보이는 발지강도, 언덕을 둘러싼 신성한 숲도 볼 수 없었다. 『몽골 비사』에 기록된 칭기스 칸의 탄생지 '델론 볼독' 즉 비장의 언덕은 그런 사진만으로는 도저히 느낌을 알 수 없었다. 사진들은 기념비에만 주목했지 언덕 전체를 조망하지 않은 까닭이다. 언덕은 신체 장기인 비장脾臟을 꼭 닮았다. 페를레가 이곳을 비장의 언덕으로 지목할 만했다. 몽골 사람들이 양을 잡고 개에게 먹으라고 던져주는 부분이 다름 아닌 비장이어서 비장을 모르려야 모를 수 없다.

언덕 아래쪽부터 이곳이 신성한 곳임을 표시하듯 작은 돌을 둘러놓았다. 언덕 위로 오르는 길 양 옆에도 돌을 놓아 역사를 거슬러 올라가는 기분으로 오보로 올라갔다. 둘째 날 울란바토르 근교에서 본 칭기스 칸 동상의 으리으리한 계단에 비춰보면 너무 소박했지만 어쩌면 이 모습이 칭기스 칸의 삶에 어울릴 만했다. 마침내 오보 앞에 섰다. 고대 몽골어로 "칭기스 칸이 물소 해인 1162년 10월 16일 여기서 태어나시다"라고 기록된 기념비가 서 있고 그 뒤로 하단을 빈틈없이 두른 나무를 서로 기대어 원뿔 형태로 세워놓았다. 오보를 보자 흥분이 가라앉았다.

먼저 올라온 할리온은 오보를 세 바퀴 돈 후 기념비 앞에 엎드려 세 번 절했다. 오보에 절을 하는 경우는 처음이다. 우리가 세 바퀴를 돌자 할리온이 단호하게 말했다.

"세 번 절하세요."

얼떨결에 우리나라처럼 두 번 절하고 반배를 했더니 한 번 더 하란다. 이곳은 신성한 곳 가운데에서도 신성한 곳이었다. 마저 절하고 기념비를 바라보았다. 잠시 후 품에서 펜을 꺼냈다.
"몽골 사람들의 삶을 잘 살펴볼 수 있도록 해주세요."

흐흐호수에서 몽골족의 칸으로 추대된 칭기스 칸이 1206년 몽골의 대칸으로 추대되기 몇 년 전 크나큰 위기에 빠졌었다. 케레이트족 옹칸의 계략에 빠져 소수의 병력만 이끌고 발조나호수로 퇴각했다. 일부 학자들은 발조나호수를 이곳 발지강 근처나 동몽골에 있는 보이르호수 부근으로 추정한다. 절체절명의 위기의 순간, 칭기스 칸은 자신을 믿고 따라온 부하들과 이렇게 맹세한다.

"내가 이 모든 고난을 극복하고 대업을 이룰 수 있게 도와주소서!
나와 함께 고난의 대업에 참가한 모든 병사들을 기억하소서!
내가 이후 나의 맹세를 저버린다면 이 흙탕물처럼 나를 죽이소서!"

『유라시아 대륙에 피어났던 야망의 바람』

칭기스 칸과 열아홉 명의 부하들은 호수의 흙탕물을 함께 마신 후 반격을 개시하여 케레이트족을 물리치고 전 몽골을 통일할 수 있는 발판을 마련했다.
신령한 오보의 나무는 푸른 하늘로 이어졌다. 오보와 잇닿은 하늘을 보자니 칭기스 칸을 찾아가는 여정의 정점에 선 기분이 들었다. 눈을 돌리자 지나왔던 숲이 보였다. 순간적으로 모든 것이 평화로웠다. 잠시 눈을 감고 생각을 멈추려고 노력했다.

비장의 언덕과 칭기스 칸 탄생 기념 오보

울란바토르, 훕스글, 바이칼, 고비, 알타이 그리고 지금 여기. 2004년부터 지금까지의 몽골 여행이 빠르게 스쳐갔다. 아득했다. 지금은 칭기스 칸의 길을 따라왔지만 그건 명분일 뿐, 그 길에서 만난 건 칭기스 칸이 아니라 지금의 유목민이었고 그들이 생각하는 칭기스 칸이었다.

귀에 머무는 건 바람 소리뿐이었다. 언덕을 내려가다 사방이 툭 트인 작은 전망대에 올랐다. 언덕 너머 다달과 발지강을 보며 이곳의 기운을 느껴보려는데 정적을 깨는 소리가 들렸다.

"어이. 어이!"

이번에는 새럿이 어서 내려오라며 자꾸만 손짓했다. 조금만 더 있고 싶어 눈을 감고 있었지만 집중이 되지 않았다. 바람에 떠밀리듯 언덕을 내려갔다. 언덕 입구에는 아까는 보이지 않던 하얀 운동화 한 켤레가 놓여 있었다. 누구의 신발일까? 두 사람이 오보로 올라가는데, 그중 한 명은 맨발이었다.

"이곳은 몽골에서 기운이 가장 좋은 곳이에요. 그 기운을 받으려고 그러는 거예요."


## 목욕, 꼭 해야 하나

포르공은 다달 입구로 들어서는가 싶더니 오농-발지 국립공원 관리사무소 앞에서 멈췄다. 이런 곳에서 한 번쯤 일해 봤으면 싶은 고즈넉한 곳이었다. 잠시 후 할리온의 친구인 반다라는 몽골 청년이 나왔다. 몽골의 작은 국경 마을에 아는 사람이 있다는 사실 하나만으로 마음이 든든했다. 다달을 안내해줄 반디를 태우고 마을로 출발했다.

"목욕을 부탁한 곳이 아는 집이래요."

반디는 우리가 목욕할 수 있는 곳을 미리 섭외했는데 게르 캠프가 아니라 가정집이었다. 그곳에서 러시아식으로 사우나를 한다는 것이었다.

통나무집 마당 한쪽에서 아이가 장작을 패고 있었다. 별채 목욕탕에서 목욕물을 데우는 동안 집 주인은 요구르트와 화덕에서 구운 네모난 부랴트식 빵을 내주고는 사위가 한국 사람이라며 결혼식 사진을 보여주었다. 딸은 우리나라에 산다고 했다.

반디는 오농-발지 국립공원의 자연 생태를 연구하는 연구원이었다.

"얼마 전 회의차 한국에 다녀왔어요. 삼천바위가 좋았어요."

"삼천바위가 어디지?"

삼천포라고 짐작했는데 알고보니 순천만이었다. 잠시 후 반디는 놀랄 만한 말을 했다.

"한국 사람들이 바양아드라가에서 흉노 무덤을 발굴하고 있는데. 바양아드라가 옆에 큰 소나무 숲이 있잖아요. 도르릭 나르스가 거기예요."

"뭐라고요! 거기 지나쳐왔는데……."

그 마을에서 한 번만이라도 물어봤다면. 초원에서는 아는 길도 물어 간다는 철칙을 숱하게 보고 겪지 않았던가.

그나저나 목욕 준비하는 데 시간이 너무 걸리고 있었다. 사실은 '굳이 씻어야 하나'라는 생각이 들었다. 초원에서 보내는 5일 동안 이빨과 얼굴 모두 딱 한 번씩 닦았다. 발은 아예 닦지 않았다. 중간중간 물티슈로 얼굴을 닦는 정도였지만 불편하지 않았다. 가을이라 땀을 많이 흘리지 않았다. 어제 할리온이 목욕을 하겠냐고 물어왔을 때 지저분해서 씻겠다는 마음보다는 목욕을 하며 이번 여행의 마무리를 하자는 뜻이 컸다. 새릿이 "나는 아직 목욕을 할 필요가 없다"며 딱 잘라 말하는 것도 충분히 이해가 됐다.

그렇게 한 시간이 지나자 아주머니가 들어왔다.

"물을 다 데웠어요. 목욕하는 법을 가르쳐주신대요."

목욕하는 법이 따로 있다고! 별채 문을 열고 들어가자 작은 방이 나왔고 다시 문을 여니 그곳이 사우나실이었다. 물을 끓이는 곳, 샤워장, 사우나실에 대해 아주머니가 특강을 시작했다.

"물이 식으면 장작을 더 넣어 물을 데우면 되고요. 이곳은 사우나실인데, 달궈진 돌에 물을 뿌리면 증기가 올라와요."

몽골이지만 러시아 국경 지역이어서 목욕도 러시아 문화의 영향을 받았나보다. 목욕을 하는 데 돌을 데워야 하니 준비하는 데 한 시간이 걸릴 만했다. 이럴 거였으면 비장의 언덕에서 한 시간 더 있을걸 하는 아쉬움이 들었다. 하지만 기왕 이렇게 된 이상 어쩔 것인가.

가볍게 샤워를 마치고 사우나실로 들어갔다. 돌에 물을 뿌리자 증기가 순식간에 올라와 방 안을 채웠다. 갑자기 뜨겁고 갑갑하고 숨이 턱턱 막혀 얼마 참지 못하고 밖으로 나왔다. 그래도 목욕을 하고 나니 세상이 달라보였다.

"몽골 사람은 잘 씻지 않는다!"

겉보기에는 맞는 말이다. 몽골 사람은 태어날 때, 결혼할 때, 죽을 때 이렇게 세 번 목욕한다는 과장된 말을 들으면 "그렇게 하고 어떻게 살아!"라며 고개를 절레절레 흔들게 마련이다. 다른 나라로 시집갔다는 몽골 제국의 공주가 목욕을 하지 않는다고 남편으로부터 잠자리를 거부당했다는 전설 같은 이야기까지 듣고 나면 "어휴 정말"이라는 탄식이 나올지 모르겠다. 몽골 사람들은 왜 그렇게 씻지 않을까?

시간을 조금만 되돌려 어렸을 때를 생각해보면 나 역시 그랬다. 여름이면 개울가에서 멱을 감아 따로 씻을 일은 없었지만 문제는 겨울이었다. 겨울방학 때는 딱 한 번 씻었는데, 개학하기 하루 전날이었다. 어머니가 가마솥에 물을 데우면 우리 형제들은 차례로 목욕을 했는데 나중에는 새까만 때가 둥둥 떠다녔다. 경제가 성장하고 청결이 선진국의 상징처럼 인식되면서 어렸을 때와는 비교되지 않을 정도로 자주 목욕을 한다.

몽골 사람들의 삶은 기본적으로 이동하는 삶이다. 욕조에 따끈한 물을 받아 우아하게 목욕을 하거나 샤워를 할 수 있는 상황이 아니다. 그러면 개울에서 목욕을 하면 되지 않을까? 그들은 우리가 생각하는 것 이상으로 물을 신성시해 물에 직접 몸을 담그는 것을 물의 신에 대한 모독으로 여길 정도다. 초원에서 물은 그 자체로 생명이고 신앙이다. 몽골의 겨울은 춥고 길다. 추우면 목욕은 고사하고 옷을 벗는 것조차 싫은 게 사람 마음이다. 게다가 몸에 물을 잘못 묻혔다간 동상에 걸리기 십상이다.

사정이 이렇다 해도 목욕을 하지 않아 몸이 괴롭다면 목욕을 했을 테지만 몽골의 기후는 건조해서 땀이 잘 나지 않고 땀이 나도 잘 말라 생각만큼 냄새가 나지 않는다. 이번 여행을 하면서 제대로 씻지 않았지만 불편한 줄 몰랐다. 여름이었다 해도 세수 정도로 만족했을 것이다. 몽골 사람들이 정말 씻지 않는 건 아니다. 물뿐만 아니라 바람에, 모래에 몸을 씻고 온천에서 아픈 몸을 다스린다.

"몽골 사람은 잘 씻지 않는다"라는 생각의 이면에는 문명과 야만이라는 이분법이 깔려 있다. 잘 씻으면 문명이고 그렇지 않으면 야만이라는 편견이다. 또한 씻는 것과 위생 개념을 동일시하여 씻지 않으면 비위생적이고 근대화되지 못한 것이라는 생각과 이어진다. 그래서 어떤 사람 몸에서 냄새가 났을 때, 그 냄새가 노동으로 흘린 땀 냄새라 할지라도 불결하고 그 사람은 게으른 사람으로 여긴다. 목욕을 기준으로 문명과 야만을 나누기 전에 그들이 살고 있는 삶의 환경과 가치를 먼저 살펴봐야 하지 않을까? 어쩌면 사람들이 땅으로부터 분리되고 밀폐된 공간 안에 하루 종일 북적거리고 살면서부터 다른 사람의 냄새에 민감하고, 나의 냄새를 지우기 위해 그토록 목욕을 하는 건 아닐까?

반디는 다시 사무실로 돌아가고 우리는 숲 속에 있는 게르 캠프를 찾아갔다. 전 재산을 팔아 가족과 함께 몽골 구석구석을 다니며 각 아이막을 대표하는 인물을 기록한 시인이 산다는 곳이기도 했다. 어둑하던 숲 바깥과 숲 안은 천지 차이였다. 너무나 울창한 나무에 가려 완전한 어둠으로 변했다. 밤의 거리감은 낮과 전혀 달라 시간이 잠깐 지났을 뿐인데 아득한 세계로 미끄러지는 기분이었다. 그런데 갑자기 숲 속에 어울리지 않는 네온사인이 반짝이는 캠프가 나타났다. 관리실에 들어갔던 할리온의 얼굴이 심상치 않았다.

"아니 세상에! 1인당 2만 5,000투그릭을 내래요. 여름 성수기 때도

1만 5,000투그릭이었는데……. 완전 바가지예요. 아는 분도 어디 갔는지 보이지 않네요."

믿었던 그 시인은 자리에 없는 모양이었다. 수소문해보니 근처 다른 캠프 역시 문을 닫았다. '2만 5,000투그릭을 내고 여기서 자야 하나' 하고 체념하고 있는데 어디론가 전화를 걸던 할리온이 반가운 소식을 전했다.

"아까 그 친구가 자기 집에서 자도 되니까 괜찮다면 오라고 하네요."

캠프 대신 현지인 집에서 자는 행운이 찾아오다니.

"당연히 좋죠."

반디의 집은 다섯 평 남짓한 원룸 통나무집으로 침대, 난로, 식탁, 찬장, 텔레비전 한 대가 전부였다. 그나마 그 방을 빛내주는 건 벽에 걸린 위장복이었다. 이곳에서 나무 무늬가 그려진 위장복은 그 자체가 권력이었다. 그 옷을 입는 순간 불법 수렵을 단속할 권한이 생긴다. 반디는 국립공원의 자연 생태를 연구하는 한편 밀렵을 감시하는 일도 맡았다.

저녁을 우리가 대접하기로 하고 난로에 불을 피워 요리를 시작했다. 금세 우리나라를 대표하는 초간편 음식 참치김치찌개가 완성되어 돗자리 위에 한 상을 차렸다. 다들 둘러앉아 밥을 먹으려는데 난데없이 아저씨 한 명이 불쑥 들어왔다. 영화배우 트위스트 김과 비슷한 인상이었다. 아저씨는 밥 한 그릇을 비우고 밖으로 나가더니 아주머니 한 분을 데리고 들어왔다. 부인이었다. 두 분은 주인집 부부로 외국에서 손님이 왔다고 일부러 찾아온 것이다. 한국에서 온 우리가 궁금했던 모양이다. 몽골 사람들은 밥을 먹으면서도 쉬지 않고 이야기한다. 처음 만난 사이지만 오랜만에 만난 친구처럼 수다스러웠다. 밥을 다 먹고 나자 보드카를 한 잔씩 따르고 목적지 도착을 기념하며, 이렇게 만난 것을 기념하며 기분 좋게 한잔을 시작했다.

"민데!위하여"

## 계급장 떼고 토론을 하다

현지인 집에서 묵기라는 이번 여행의 목표는 지금까지 기대 이상이었다. 하루만 여관에서 잤을 뿐 오늘도 여행자 캠프에서 묵으려던 계획이 바뀌어 현지인 집에서 묵게 되었다. 게다가 방주인인 반디와 집주인 부부까지 와서 더 많은 이야기를 나누었다. 어느 때인가부터 몽골 여행을 오면 현지인 집에서 그들과 술잔을 기울이며 밤새 이야기를 나누고 싶다는 바람이 생겼는데 그 바람은 몽골의 작은 국경 마을에서 이루어졌다.

보드카와 안주를 사이에 두고 일곱 명이 작은 방에 옹기종기 모였다. 다섯 명은 몽골 사람이었는데 두 명은 울란바토르에, 세 명은 다달에 살았다. 우리 이웃집 아주머니 같은 푸근한 주인집 아주머니는 말이 끝날 때마다 "호호" 하며 웃었는데, 그 소리가 어찌나 크고 명랑하던지 한 번 들으면 한동안 귓속에 맴돌며 사라지지 않을 정도였다. 아저씨는 성우 같은 중저음의 목소리였는데, 부랴트 사투리가 심해서 할리온도 좀처럼 통역을 하지 못했다.

"민데!"

추임새가 필요할 때면 어김없이 술잔을 부딪쳤다. 다들 쉬지 않고 이야기를 해서 할리온은 이번 여행 중 어느 때보다 바빴다. 주인집 아주머니는 무척 들떠 있었다.

"내 이름은 사랑겔이라고 하는데 달빛이라는 뜻이에요. 아름다우면서 빛이 난다는 뜻이죠. 남편 이름은 바트볼트. 튼튼하다는 뜻이죠."

사랑겔과 바트볼트, 무척 잘 어울리는 이름이었다. 중간중간에 "오빠 강남 스타일"을 외치며 분위기를 띄우는 반다는 3년 동안 우리나라 연구원들과 몽골 독수리를 연구했다고 한다.

"2005년부터 3년 동안 한국 연구원들과 몽골에서 자연 생태 조사를 했죠. 몽골에서 한국으로 날아가는 독수리를 조사했어요. 독수리에 GPS와 번호표를 달았죠. 한국 사람하고 조사할 때 새의 온도를 재려고 새의 똥구멍에 온도계를 집어넣었는데 새가 그분 얼굴에 똥을 쌌어요."

"하하하."

그러더니 우리나라 말로 말했다.

"검독수리, 수염수리, 솔개……"

검독수리! 몇 해 전 몽골 알타이산맥 타왕복드로 여행을 갔을 때 처음 검독수리를 만났다. 검독수리의 주인인 카자흐 사람은 검독수리와 같이 사진을 찍는 대가로 5,000투그릭을 요구했다. 비록 검독수리는 하늘을 자유롭게 날지 못한 채 발이 묶였지만 그 눈빛만은 강렬했다.

현재의 독수리 사냥은 알타이산맥에 사는 카자흐족에게서 찾아볼 수 있다. 알타이산맥은 어떤 곳인가. 그곳에는 가축들이 충분히 먹을 만한 풀이 없다. 초원처럼 너른 땅도 보이지 않는다. 우리나라 함경도처럼 첩첩산중으로 일단 그 속으로 들어가면 다시 빠져나올 수 있을까라는 조바심마저 든다. 그런 곳에 사는 사람들이 카자흐족이다.

그나마 여름이면 낫지만 한겨울은 형편이 더 어렵다. 그래서 그들은 첩첩산중에서 효율적인 사냥법으로 사냥의 제왕 검독수리에 주목했다. 검독수리는 여우는 물론 늑대와 곰의 새끼까지 사냥할 수 있는 능력을 갖추었다. 검독수리를 길들이기 위해서는 특별한 것 같으면서도 특별하지 않은 방법을 사용했다. 바로 먹을거리다. 독수리 둥지에서 생후 1년 미만의 암컷을 데려와 어두운 곳에서 며칠을 굶긴다. 모든 저항 능력이 사라질 때 핏물을 뺀 고기를 아주 조금씩 던져준다. 독수리는 자기를 죽이고 살릴 수 있는 건 사냥꾼이라는 걸 받아들일 수밖에 없다. 누군가는 '인간과 독수리 간의 모자 관계 형성'이라는 그럴 듯한 말을 붙이지만 과연 그럴까 싶다. 이렇게 해서 길들인 검독수리는 겨울이 되면 본격적인 사냥철을 맞아 다시 굶긴다. 예민한 사냥 본능을 일깨우기 위해서란다.

여기까지는 평범하다면 평범한 이야기다. 독수리 사냥꾼은 사냥을 시작한 독수리를 3년에서 5년 후 늦어도 8년 후에는 다시 자연으로 돌려보낸다.

"그동안 미안했다. 앞으로는 자유롭게 살아라."

독수리 사냥꾼 베르쿠치는 이 말을 마지막으로 독수리를 떠나보낸다. 베르쿠치의 다른 이름은 욕심을 그칠 줄 아는 사람들이 아닐까.

갑자기 몽골 사람들이 소란스러웠다. "오농, 발지"라는 이름이 자주

논쟁과 환대의 밤 263

나오는 것으로 봐 내일 일정에 대한 이야기를 하는 것 같았다.

"다달에는 이것저것 볼 게 많고 동굴도 꼭 가봐야 한대요. 구경할 게 많으니까 내일은 다달에서 지내고 모래 아침에 떠나는 것이 어떠냐고 하네요."

"그것도 좋겠네요. 돌아가는 날이 힘들겠지만."

그들의 조언대로 내일 오후에 떠나려던 계획을 바꾸어 하루 더 머물기로 했다. 주인집 아주머니가 우리 앞에 뭔가를 꺼냈다. 예전에 이곳에 왔던 한국 사람들이 주고 간 선물이란다. 옛날 우리나라 풍습이 그려진 컵받침이었다. 몇 년 전 받았다는데, 무슨 그림인지 무엇에 쓰는 물건인지 모른단다.

"결혼식 장면이에요. 꼬마 신랑. 신부가 나이가 많죠."

"아하! 뭔 줄도 모르고 몇 년 동안 보관만 했어요."

부시맨의 콜라병 같던 컵받침, 이제야 의미를 찾았다. 이런저런 이야기를 나누던 중 새릿의 목소리가 갑자기 커졌다.

"여기가 칭기스 칸의 고향인데 큰 동상이나 기념할 만한 게 없어서 관광객들 볼거리가 없어."

그러자 반디가 정색을 했다.

"되도록 칭기스 칸이 살았던 대로 그대로 두면 되고 굳이 유목민의 삶을 해치면서 개발을 할 필요가 없죠. 만약 포장도로를 깔면 사람들이 엄청 올 거예요. 그러면 자연이 파괴되고 옛날 상태를 보존할 수가 없고 완전 관광지가 되는 거죠. 이 땅을 파괴하면서 건물이나 기념물을 지으면 그건 완전히 사람들 볼거리만 되는 거죠."

작은 국경 마을 술자리에서 개발과 보존을 둘러싼 논쟁이 벌어졌다.

새럿은 새럿대로, 반디는 반디대로 주장을 굽히지 않았다. 그들의 논쟁을 보면서 몽골에 있었다는 쿠릴타이가 떠올랐다. 쿠릴타이는 중요한 결정을 내리기 위해 자유롭게 토론을 하던 몽골의 풍습이다. 이때는 계급장을 뗐단다. 50살이 넘은 새럿과 20대 후반의 반디, 둘 사이의 논쟁은 얼핏 보면 꼭 싸우는 것 같았다. 이러한 모습에 깊은 인상을 받은 사람은 유목민들이 수평적인 마인드를 가졌고 자유로운 토론을 중시한다고 주장했다. 반면 수평적인 마인드라는 것은 유목민의 실제 삶과는 다른 허구일 뿐이며 경험이 생명인 초원에서 위계 질서는 상상외로 엄격하다고 말하는 사람도 있다. 어떤 말이 진실일까?

내가 보기에는 한 가족 내에서 위계 질서는 엄격하다. 경험이 많은 연장자의 권위가 크며 어떤 일에 대한 결정을 내리면 그대로 따라야 한다. 어떤 사안에 대해 가족들이 대등한 관계로 충분한 토론을 하는지는 경험한 적이 없어 뭐라 말할 수 없다. 그러나 가족 이외의 관계에서는 다른 것 같았다. 우리나라처럼 연장자 앞에서는 말을 줄이거나 의견을 감추거나 하지 않았다. 새럿과 반디처럼 논쟁을 벌이고, 늪에 빠졌을 때 새럿과 게르 주인처럼 더 나은 방법을 두고 의논한다. 연장자라도 나이를 앞세워 자기 말만 강변하지 않고 논쟁이 끝나면 "젊은 놈이 싸가지 없게"라거나 "나이만 믿고 괜한 고집만 부리네"라는 분위기가 아니었다.

농업 사회 특유의 수직 문화 속에서 살아온 내게는 이해하기 어려운 모습이었다. 시시각각 변하는 초원에서는 여러 사람의 지혜를 모아야 살아갈 수 있거나 혹은 엄격한 위계로 질서를 잡아야 할 정도로 많은 사람이 모여 사는 곳이 아니어서 그렇지 않을까 하고 짐작할 뿐이었다. 나는 아직도 몽골 속으로 충분히 들어가지 못했다.


## 나온 술은 다 마셔야 끝나죠

모든 축제에는 술과 노래와 춤이 빠지지 않는다. 함께 노래하고 춤을 추다보면 어느새 친구가 된다. 우리나라와 몽골은 이런 점에서 무척 닮았다. 논쟁을 벌인 후 잠시 숨을 고르던 새릿이 말문을 열었다.

"우리 여행도 이제 끝나가니 두 분을 위해서 노래를 부를게요. 웬만하면 노래를 부르지 않지만."

새릿은 고향 땅에 가고 싶어 하는 마음을 담은 노래를 불렀다. 큰 덩치에 어울리지 않게 나지막하게 부른 그 노래는 어딘지 애잔했고 우리 민요와 닮아 있었다.

"이런 노래에 답가로 어울릴 노래는 아리랑이죠. 아리랑은 한국의 첫 번째 노래입니다."

"아리랑 아리랑 아라리요
아리랑 고개를 넘어간다.
나를 버리고 가시는 임은
십 리도 못가서 발병난다.
아리랑 아리랑 아라리요
아리랑 고개를 넘어간다."

소리 내어 불러보는 아리랑이 얼마 만인가. 뭉클했다. 외국에 사는 동포들이 아리랑을 좋아하는 이유를 알겠다. 아리랑은 고향의 노래이자 그리움의 노래인 것이다. 새렛은 몽골 노래에서 조국에 대한 사랑이 많은 이유를 이렇게 설명했다.

"몽골은 중국과 러시아 두 나라와 국경을 맞대고 있잖아요. 밖으로 나가려면 이곳을 거쳐야 해요. 바다가 없어요. 그래서 조국에 대한 사랑이 더욱 커진 것 같아요."

몽골의 역사가, 초원에 살았던 사람들의 삶이 그랬다. 이웃한 나라치고 사이가 좋은 나라는 없지만 몽골 사람들의 중국에 대한 감정은 격렬했다. 몽골 사람에게 자기 소개를 할 때 성이 이 씨라고 하면 중국 사람이라며 곱지 않은 시선을 주는 경우까지 봤다.

다음으로 새렛이 부른 노래는 어머니를 그리는 노래였다.

"잘못하면 엄청 무서운 어머니
다른 때는 엄청 부드러운 어머니
……"

주인집 부부와 반디, 할리온 모두 같이 불렀다. 국민 애창곡인 모양이다.

"엄마야 누나야 강변 살자.
뜰에는 반짝이는 금모래 빛.
뒷문 밖에는 갈잎의 노래.

엄마야 누나야 강변 살자."

우리가 답가를 불렀다. 어머니, 우리나라나 몽골이나 마음을 먹먹하게 만드는 이름이다. 이번에는 반디가 어머니에 대한 노래를 불렀다.
"몽골에 오셔서, 우리 집에 오신 것을 환영합니다. 몽골이 넓고 넓지만 서로 다 아는 사이가 됩니다. 몽골도 아름다운 나라지만 한국도 아름답습니다. 세계가 모두 아름답습니다. 어머니에 대해서 좋은 노래 부르겠습니다."

"사랑하는 어머니를 생각하면 빨리 집에 가고 싶다.
아무리 사람이 커가도 어머니와 함께 사는 게 행복하다.
해가 갈수록 어머니가 작아지는 모습을 보면
……"

새럿과 반디의 노래가 끝나자 눈물이 핑 돌았다. 이번에는 아주머니가 나섰다. 우리나라에서는 노래를 시켜야 하거나 "노래 잘 못해요"라며 사양하지만 여기는 노래가 너무 자연스럽다. 노래 솜씨를 뽐내기 위함이 아니라, 자기 마음속의 담아둔 이야기를 친구에게 들려주듯 노래를 부른다.
"내가 두 분을 위해서 특별한 노래를 할게요. 사랑을 위한 노래입니다."

"……너를 사랑하고 싶은데,

좋은 델이 있는데,
입든지 말든지 알아서 해라.
……."

남녀의 연애를 다룬 가사 같은데 장난스러우면서도 애틋했다. 이번에는 홍이 오른 동료가 덩실덩실 춤을 추며 밀양아리랑을 불렀다.
"아리랑 노래 중에 가장 신나는 아리랑. 춤을 추면서 불러야 해요. 가만히 앉아서 부르면 안 돼요."

"날 좀 보소.
날 좀 보소.
동지섣달 꽃 본 듯이 날 좀 보소.
……."

덩달아 춤을 추며 다달의 몽골 사람들에게 아리랑을 들려주었다.
몽골 여행을 오기 전부터 몽골 사람들의 손님 접대법을 대략은 알고 있었다. 몽골에서는 대취, 즉 코가 삐뚤어질 때까지 술을 마시는 게 예의라는 것이다. 이런 점은 우리네와 비슷했지만 그 이유가 사뭇 달랐다. 누가 적이고 누가 아군인지 구분하기 어려웠던 시절, 게르에 낯선 손님이 찾아왔을 때가 문제였다. 그가 누구인지 모를 때 위험을 줄이는 수단이 술이었다. 손님이나 주인이나 코가 삐뚤어지게 술을 마셔야 서로 해코지할 염려가 줄었다. 손님은 독살에 대한 위험 때문에 손가락으로 술을 튀겨 은반지 색이 변하지 않으면 비로소 안심하고 술을 마셨다고 한다. 몽골의 술자리 예절인 첫 잔의 술을 손가락으로 세 번 튀기기는 이러한 배경에서 나왔다.

내가 음료수를 마시는 사이 동료는 몽골 사람들에 둘러싸여 술잔을 받느라 정신이 없었다. 우리가 준비한 보드카를 다 마시고나자 아주머니가 직접 만든, 그저께 저녁 맛보았던 전통술 쉬밍아리흐 한 통을 들고 들어왔다. 잔에 술을 따라 동료에게 주더니 계속 먹으라고 권했다. 드디어 유명한 몽골의 술 접대가 시작되었다. 이야기와 노래 중간중간에 "민데"를 외치며 술을 마시자 그 많던 술이 금세 바닥을 드러냈다. 아주머니가 밖으로 나가더니 다시 쉬밍아리흐 한 통을 들고와 술잔을 채웠다.

"건강을 위하여!"

건강을 위하려면 그만 마셔야 하는데 집중적으로 술 권유를 받은 동료는 얼떨결에 계속 술을 들이켰다. 집에서 만든 전통술이 제일 좋다는 주인집 아저씨 이야기를 뒤로 하고 아주머니가 간간이 물었다.

"피곤해요? 졸려요?"

큰 플라스틱 통에 담긴 쉬밍아리흐 두 통을 다 비우자 정신이 멀쩡한 사람은 딱 한 사람, 나만 남았다. 동료는 점점 한계에 이르는 듯했다.

"이 모임은 언제 끝나지? 술을 다 마셔야 끝나나?"

노래 부르고 한 잔 마시고 다시 노래 부르고. 아주머니가 동료에게 물었다.

"힘들어요? 피곤한데 우리가 붙잡고 이러는 거 아닌지요? 내가 만든 술 더 드시고 싶으세요?"

분위기를 보아하니 더 이상은 무리였다. 하지만 아주머니는 예의상

"피곤하냐?"고 묻는 것 같았다.

"난 아직 안 취했으니 더 마셔요. 여자가 취하지 않았는데, 어떻게 남자가 취해요!"

아주머니는 밖으로 나가더니 다시 쉬밍아리흐 한 통을 또 들고 들어왔다. 한숨이 절로 나왔다. '도대체 이 집에 술이 얼마나 많은 거야! 이곳에 다시 들러야 할 이유가 생겼어. 이번에 같이 못 온 몽골 여행 팀 가운데 술 잘 마시는 사람이 얼마나 많은데. 우리나라 사람의 저력이 어떤 건지 보여주겠어.'

"술자리에서 나온 술은 다 마셔야 되지만 이제 아쉬워도 쉬어야죠. 바닥에서 자려면 이스끼(양털로 만든 모포) 잘 깔아야지. 그렇지 않으면 추워서 못 자요."

아주머니는 더 이상 술을 마실 수 없는 상황이 되자 아쉬움을 뒤로 하고 자리를 정리했다. 잠자리에 들 무렵 그래도 아쉬움이 남았는지 아주머니가 다시 술을 들고 들어와 한 잔을 권했다.

"이제 더는 못 마신다구요!"

몽골의 작은 마을 다달. 낯선 땅, 처음 만나는 사람들과 함께한 잊지 못할 환대의 밤이었다.

술 잘 마신다고 방심하면 큰 일 나는 곳, 술 세다고 자랑하다 큰 코 다치는 곳, 그곳이 몽골이다.

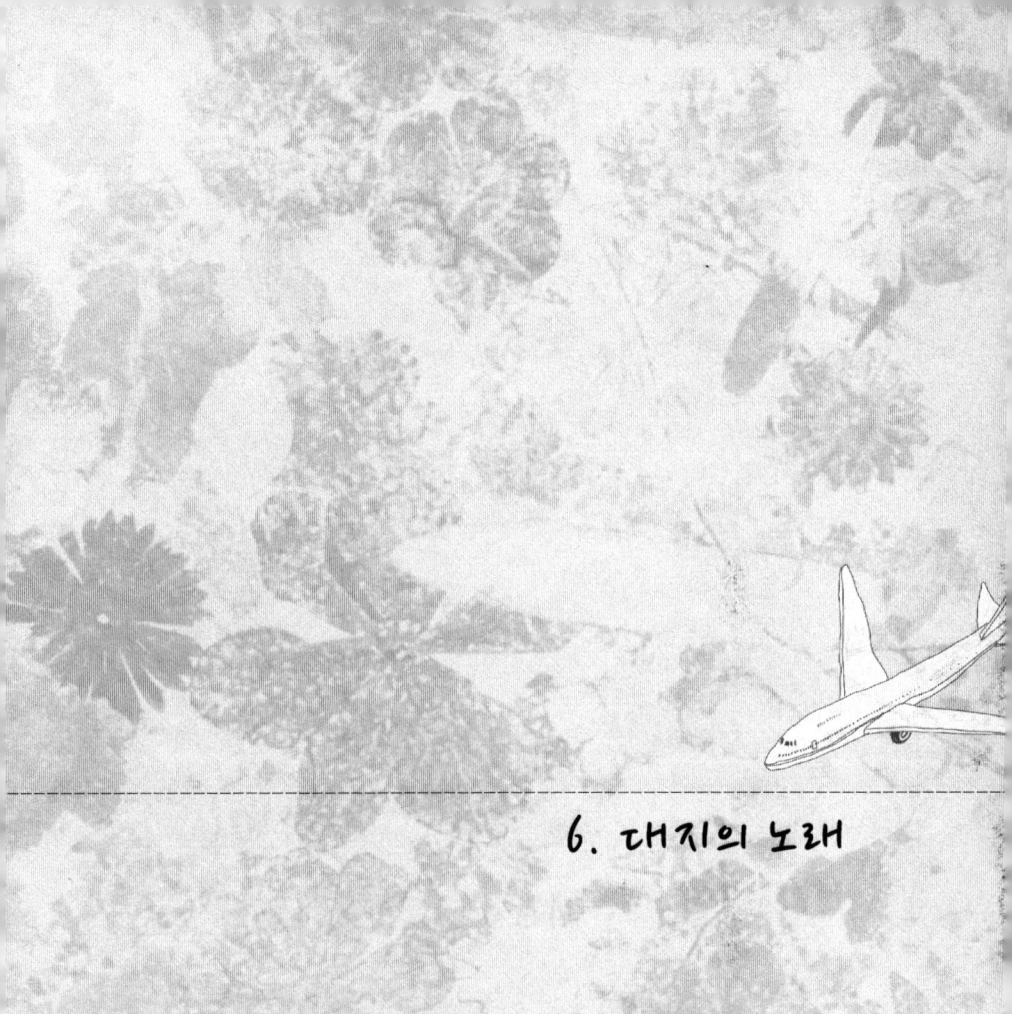

6. 대지의 노래

## 도대체 언제 출발해요

"오늘 오농강으로 소풍 간대요. 주인집 가족하고 친구 가족하고."

할리온에게 소풍 이야기를 듣자 신나기보다 열불부터 났다. '뭐야, 누구 맘대로! 우리와 먼저 상의해야 하는 거 아냐.' 속으로 열을 내다 어제 술자리에서 나왔던 이야기가 어렴풋이 떠올랐다. 오후에 다달을 떠나려던 일정을 바꿔 오늘 하루 여기저기 구경 다니기로 했던 것 같기는 했다. 하지만 그때는 우리끼리 가는 줄 알았는데, 어느새 일이 커졌다. 상대에게 의견을 묻고 확인하는 일에 익숙해서 그런지 일방적인 결정에 당황스러웠다.

"아침은 주인집 친구 분의 집에 가서 먹기로 했어요."

"그럼 우리가 아침, 점심 준비하지 않아도 되는 거죠!"

마침 동료의 말을 듣자 기분이 좋아졌다. 사람 마음이란. 세상에서 제일 맛있는 밥이 남이 차려주는 밥이라고 하지 않던가. 그제야 같이 소풍을 가겠다는 그들의 호의가 느껴졌다.

주인집 친구네는 학교와 가게가 있는 마을의 다운타운이었다. 그렇기는 해도 천연기념물감인 아름드리 소나무들이 아무렇지 않게 빨랫줄 기둥으로 쓰이는 곳이다. 집 현관에 들어서자 무청처럼 주렁주렁 매달린 고기들을 보고 멈칫했다. 그 자리에는 무청이나 곶감, 혹은 메주가 있어야 할 것 같았다.

이 집 주인 아주머니의 이름은 바야르짜워흘랑인데 자파라고 불렀다. 유유상종이라 했던가. 친구 사랑겔과 같이 모든 소리를 빨아들일 것처럼 목소리가 우렁찼다. 처음에 어색했던 분위기도 시원한 목소리 덕에 금방 풀어져 주위를 둘러볼 여유가 생겼다. 낮인데도 불을 켜지 않아 방 안은 어두웠고 한쪽에 큰 침대와 부엌살림 도구들이 정리되어 있었다. 우리네 살림살이와 가장 다른 점은 냉장고가 없다는 점이었다. 현대 살림의 역사에서 획기적인 변화를 가져온 것이 냉장고일 것이다. 냉장고는 세탁기와 더불어 엄마들의 삶을 크게 바꿔 놓았다. 이곳에 냉장고가 들어온다면 주렁주렁 걸린 고기는 더 이상 볼 수 없을지 모른다.

어딜 가나 수다는 여자들의 본능일까. 두 아주머니는 요리를 하는 도중에도 쉬지 않고 큰 소리로 웃고 떠들었는데 어젯밤 우리가 놀았던 이야기를 하는 것 같았다.

잠시 후 창가 식탁에 김이 무럭무럭 오르는 삶은 쇠고기를 내놓았다.

"고기 먹어요."

자파가 따뜻한 차를 따라주며 말했다. 새럿은 식탁에 바싹 다가앉고는 마치 자기 고기로 선심을 쓰는 듯 고기를 잘라 건네주었다. 고기에서 풀 냄새가 살짝 났다. 풀만 먹고 자란 소여서 그런 것일까. 사실 소의 마블링이 어쩌고 하는 건 풀을 먹는 소가 아니라 축사에 갇혀 사료를 먹고 자란 소에게나 해당되는 이야기다. 잘 삶긴 살과 내장이 부드럽고 맛있기는 했지만 아침부터 고기로 해장해야 하는 뱃속이 놀랄 것 같았다.

"끓인 국물 먹을래요?"

할리온이 몽골 사람들이 좋아한다는 기름이 둥둥 뜬 국물을 권하자 동료가 용감하게 도전했다. '이럴 때 나도 한 잔 마시면 얼마나 좋을까' 하면서도 선뜻 먹을 마음이 들지 않는다. 이번에는 자파가 쉬밍아리흐를 가져와 한 잔 권했다. 어제는 사랑겔, 오늘은 자파, 연타석이다. 이번에도 술은 동료 차지여서 어느새 한 잔이 두 잔이 되고 두 잔이 석 잔이 되자 은근슬쩍 걱정이 되었다. 그런데 이상하게 우리가 고기를 먹는 동안 사랑겔과 자파는 멀찌감치 떨어져 앉아 있었다. 마음에 걸려 같이 먹자고 하니 손님이 먼저 식사를 끝낸 후에 식사를 하는 게 이곳 예절이란다. 일행이 배부르게 먹고 나서야 사랑겔과 자파가 식탁에 다가와 앉았다.

그나저나 소풍은 언제 가는 거야! 누구 한 사람 소풍을 서두르는 사람도, 언제 출발하는지 알려주는 사람도 없다. 외부인의 시선으로 보면 세월아 네월아 하는 것으로 보이지만 이것이 초원의 시간이다. 한때 우리 역시 그랬다. 그 유명한 코리안 타임. 따지고 보면 코리안 타임은 농경 문화와 자본주의 문화의 충돌에서 빚어진 일이었다. 시간은 돈이라는 말과 함께 코리안 타임은 사라졌다. 1분 1초로 시간을 쪼개 사는 사회에서 가끔 사라져버린 코리안 타임이 그리울 때가 있다.

그래도 그렇지 이렇게 태평한 사람들을 봤나. 기다리다 못해 물어봤다.

"언제 출발해요?"

"친구의 남편이 초등학교 선생님인데 퇴근하면 같이 간대요."

"언제 끝나는데요?"

"몰라요."

선생님이 퇴근하면! 그래, 다달에서는 다달 법을 따르는 게 속편하다. 그사이 소풍을 함께 가게 된 사연을 들었다. 지난여름에 여행 온 프랑스 사람 두 명이 한 달 동안 자파의 집에서 묵었다고 한다. 그런데

어제 난데없이 우리가 반디의 집에 묵자 집주인인 사랑겔은 자파에게 득달같이 전화를 걸어 자랑했단다.

"우리 집에도 외국 사람이 왔어. 한국 손님이 왔다고!"

처음에 자파는 믿지 않았다고 한다.

"설마."

그러나 사실이란 것을 알고 소풍을 가자고 급하게 결정했단다. 프랑스 사람이 왔을 때에도 함께 소풍을 갔다고 한다. 자기 집 세입자에게 손님이 왔다고 자기 손님처럼 대하는 것은 그렇다 쳐도 오농강과 발지강이 합류하는 곳에 가고 싶다고 했을 뿐인데 두 가족이 모여 그곳으로 소풍을 간다고 하는 걸 보니 사랑겔과 자파는 어지간히 사람과 어울리길 좋아하는 모양이다. 또 외국 사람이 자기 집에 왔다는 자체를 행운으로 여기는 듯했다.

"학교에 가볼래요?"

잠깐 남편을 보러 학교에 간다는 자파의 제안에 얼씨구나 싶어 따라 나섰다. 학교는 바로 집 앞. 오늘따라 더 예뻐 보이는 아이들 틈을 지나 교실로 들어갔다. 아이들은 점심을 먹는 중이었다.

"한국에서 왔는데 여러분들을 만나보러 왔어요."

머리를 짧게 깎은 박쉬(선생님의 몽골말. 박쉬의 이름은 바트톨가다)는 아이들에게 내 소개를 했다. 아이들 얼굴은 어디를 가나 해맑은데, 지금 눈앞에 있는 1학년 아이들은 더 그렇다. 몽골의 아이들은 집에서 학교가 멀리 떨어져 있어 대부분 기숙사 생활을 하며 방학 때가 되어야 집으로 돌아가 집안일을 돕는다. 한창 엄마 아빠가 그리울 나이인데.

그동안 몽골 여행을 하면서 많은 아이들을 만났다. 하르호링 앞에서 능글능글 아이락을 팔던, 풍덕이라고 한글로 쓴 운동복을 입고 있어 풍덕이라고 별명을 붙인 소년. 테르힝 차강호수 입구 주유소에서 기름 넣을 차를 하염없이 기다리며 잣을 팔던 어린 소녀. 홉스글호수에 갈 때 초원에서 만나 반나절 동안 동행이 된 귀여운 세렝. 바이칼호수에서 수영을 하고 나오며 수줍은 웃음을 뿌리던 앳된 러시아 소녀들. 고비사막 우물이 있는 집에서 만난 귀여운 우물집 아이들. 알타이 산맥 타왕복드 입구에서 만난 호기심 많던 카자흐 아이들. 오지의 아이들에게 붙이는 '때 묻지 않은 순수함'이란 표현은 단지 잘사는 나라에서 왔다는 우월감에서 나온 말은 아닐 것이다. 그 아이들 눈망울에서, 숨김없는 웃음을 보며 잊어버렸던 자신의 어릴 적 모습을 본 건 아닐까. 아이의 눈을 딱 1초만 바라보면 저절로 안다.

그런 아이들 가운데 가장 기억에 남는 아이가 푸지에다. 실제로는 본 적이 없는 아이, 다큐멘터리 〈푸지에〉의 주인공이다. 몽골 초원을 여행하던 일본의 탐험가 요시하루는 우연히 푸지에라는 소녀를 만나 호기심에 사진을 찍으며 따라다닌다.
"사진 찍으시려면 그냥 거기서 찍으세요!"
단호하고 당당하던 여섯 살 소녀의 눈은 다큐멘터리를 보는 내내 마음을 따라다녔다.
요시하루가 처음 푸지에를 만났을 때 푸지에의 아빠는 어디론가 떠나버렸고, 다시 푸지에를 만났을 때 푸지에의 엄마는 말에서 떨어져 세상을 떠난 뒤였다. 요시하루가 마지막으로 푸지에를 만나러 갔을 때 그는 더 이상 그 아이를 볼 수 없었다. 교통사고를 당한 푸지에는 엄마의 뒤를 따라갔다. 다큐멘터리 마지막 장면에서 뒤통수를 얻어맞은 듯 멍하니 있다 눈물을 흘렸다.

점심을 먹던 아이들이 호기심어린 눈으로 이방인을 바라봤다. 자연스레 여자아이들을 먼저 보았는데, 딸아이를 키운 후부터 생긴 버릇이었다. 대부분 머리를 묶었고 머리에는 하얀 꽃이 달린 머리핀을 꽂았다. 우리 동네에서 머리를 묶지 않은 여자아이를 본다면 십중팔구 내 딸일 정도로 나는 딸아이 머리를 묶는 데 서툴러 가끔 "아빠가 키워서 그런지 어딘지 모자라"라는 핀잔을 듣기도 했다. 지금쯤 딸아이는 무엇을 하고 있을까? 밥을 잘 먹는 아이들을 보니 기뻤다. 세상에서 제일 예쁜 아이가 밥 잘 먹는 아이라는 걸 실감하던 터였다. 그러고보니 사람은 자기가 보고 싶은 것만 보나 보다.

집으로 돌아오니 채소 준비하랴 고기를 다듬으랴 소풍 분위기가 무르익고 있었다. 김밥이 좋은 건 꽁다리를 주워 먹을 수 있다는 것 때문인데 생고기는 그게 없어 아쉽기는 하다.

### 오농강과 발지강의 사랑

초등학교 다닐 때 소풍날 비가 오면 어쩌나 하는 걱정에 소풍 전날 저녁 하늘을 올려다보곤 했었다. 소사 아저씨가 나무를 함부로 잘라 화가 난 그 나무가 소풍을 갈 때마다 비를 뿌린다는 학교와 소풍날이 겹치면 조바심이 더 커졌다. 지금 생각해보면 이런 조바심 역시 소풍의 풍경이 아니었나 싶다. 당일 아침 맑은 하늘을 보고는 안도의 한숨을 내쉬며 흥분하곤 했는데 지금 그런 흥분이 방 안에 가득 찼다.

그런데 우리보다 더 즐거워하는 사람이 사랑겔과 자파였다. 아까보다 웃음소리가 더 커졌다. 마을을 한 바퀴 돌고, 개싸움 구경하고, 하릴없이 집 주위를 서성대고 있으니 박쉬가 퇴근해 왔다. 점심시간이 한참 지날 즈음 드디어 소풍 출발.

"자, 한잔 해요."

마을 외곽을 벗어나자마자 덜컹거리는 차 앞자리에 앉은 사랑겔이 보드카를 따랐다. 이쯤 되면 사랑겔은 술을 좋아하는 게 아니다. 사랑하는 거다. 흔들거리는 비포장 길에도 아랑곳없이 잔이 한 순배 돌아가자 보드카는 반으로 줄고 동료는 다시 취기가 올랐다. 포르공 가장 뒷자리에 나, 동료, 박쉬가 나란히 앉았다.

"큰딸은 체스 1등급 선수고 아들은 14살인데 나보다 키가 크고 씨름도 잘하고 체스도 잘해요. 프랑스 사람이 왔을 때 씨름을 해서 다 넘어뜨렸죠. 막내는 열 살인데 아이막에서 체스 1등을 했죠."

자연스럽게 아이들 이야기가 나왔다. 박쉬와 자파는 아이들에게 체스를 가르친단다. 사랑겔이 체스 이야기를 하는 박쉬의 흰 머리카락을 가리키며 한마디했다.

"너무 머리를 쓰니까 그렇게 흰머리가 나는 거예요. 대머리는 나쁜 머리카락은 빠지고 좋은 머리카락이 다시 나는 거예요. 몽골에서는 앞쪽 머리카락이 빠지면 복이 있다고 좋아해요."

마침 앞머리가 뭉텅뭉텅 빠지는 내게 위로가 되는 소식이었다. 하지만 사랑겔은 대머리를 잘 모르는 게 분명하다. 좋은 머리카락이 또 나오면 대머리가 될 리가 없지 않은가.

"몽골에서는 머리카락 나게 하는 풀이 있어요. 끓여서 머리에 바르면 돼요. 만약 여름에 다시 오면 보여줄게요."

사랑겔의 말에 혹한 동료가 소리쳤다.

"그래 그거야. 몽골에는 대머리가 없어. 그걸로 사업을 해야 돼."

할리온도 이 풀을 잘 알았다.

"이미 상품으로 나와 있어요. 피부가 그 풀에 닿으면 바로 두드러기가 나요."

"그럴 때 자기 오줌을 바르면 바로 낳아요. 그 풀을 호쇼르에 넣어서 먹으면 건강에 좋죠."

사랑겔이 치료법을 알려주자 이번에는 박쉬 차례였다.

"몽골에서는 군대에 신참이 오면 일부러 그 풀이 있는 곳을 다니게 해요. 그렇게 신고식을 하죠."

그 풀, 기억이 났다. 몇 해 전 잠깐 스쳤을 뿐인데 피부가 따갑고 맹렬하게 부풀어 오르는 풀을 봤다. 나중에 울란바토르의 한국 식당에서 본 이 풀로 만든 비누 광고에는 이렇게 쓰여 있었다.

"몽골엔 대머리가 없다고요?"

"네 그렇습니다. 몽골에서는 대머리를 거의 찾아볼 수 없습니다."

카메라를 사려고 할 때는 카메라만 눈에 보이는 것처럼 요사이 탈모가 심해지니까 이런 이야기가 귀에 쏙쏙 들어오고 눈까지 초롱초롱해진다. 대머리 이야기는 만국 공통인가보다. 대머리와 발모제 이야기로 시끌시끌한 사이 숲 속에서 잠시 쉬어 가기로 했다. 틈나는 대로 우리 이름을 외우던 박쉬는 보드카를 들고 한 잔씩 따라주었다. 역시 소풍을 아는 사람이다.

"몽골, 코리아. 민데!"

솔롱고스가 아니라 코리아였다. 내내 솔롱고스란 말만 듣다가 정작 코리아란 말을 들으니 조금은 낯설었다. 한 잔 마시고 길을 떠나려는데 담배를 끄는 그들의 모습이 눈에 들어왔다. 불을 비벼 끄고서도 불씨가 남을지 몰라 아예 담배 꽁초를 땅속에 파묻었다. 그들은 불에 민감하고 철저하다. 만약 불이 나면 끌 사람이 없고 저절로 꺼질 때까지 기다려야 한다. 그러는 몇 날 며칠 동안 초원은 불탄다.

차가 출발하자 여전사 사랑껠과 자파는 다시 수다 삼매경에 빠졌다. 얼굴 생김새가 우리와 비슷한 데다 격의 없이 우리를 대해서인지 옆집 아주머니처럼 친숙하다. 수다가 끝나자 이번에는 아름다운 초원을 사랑한다는 노래를 부르기 시작했다. 듀엣곡은 잠시 후 합창으로 바뀌었다.

노래를 부르는 사이 차로는 도저히 올라가지 못할 것 같은 언덕이 나왔다. 걸어 올라가겠거니 했는데 새럿이 4륜구동으로 바꾸자 포르공은 탱크처럼 언덕을 올라 어느새 고갯마루에 다다랐다. 그들이 사진 찍기 좋은 곳이라고 말하는 곳답게 툭 트여 사방이 잘 보였다.

"이 땅을 보니까 어떤 생각이 들어요?"

사진을 찍고 나자 자파가 물었다. 우리는 어느새 흥분해 있었다.

"너무 아름다워요. 무슨 기운이 서린 것 같고. 넓어도 너무 넓어요!"

자파가 덧붙였다.

"초원도 있고, 산도 있고, 강도 있고. 좋은 것을 다 모아 놓은 곳이에요. 오농강과 발지강이 서로 사랑을 해요."

두 강이 합류하는 모습을 사랑한다고 말하는 그들. 남한강과 북한강이 합쳐지는 곳을 양수리兩水里라고 표현하는 것보다 훨씬 시적이다.

"발지강은 남자 같고, 오농강은 여자 같아요."

그 모습에 넋을 잃은 동료가 말하자 이번에는 사랑겔이 나섰다.

"진짜예요. 발지가 강물이 세서 왕이고 오농은 부드러워서 왕비라고 불러요. 이제 곧 두 강이 뽀뽀하는 거 볼 거예요."

자파와 사랑겔은 이 땅에 대한 자부심이 대단했다. 단지 칭기스 칸이 태어난 땅이어서는 아니었다. 늪을 헤치며 굽이치는 발지강이 한눈에 들어오고 멀리 러시아와 국경을 이루는 산들이 시야를 가로질렀다. 국경수비대조차 어디가 국경인지 잘 모른다는 깊고 울창한 곳이었다. 풍경을 바라보던 그들의 눈은 이렇게 말하고 있었다.

"잘 봐! 여기가 우리가 사는 땅이라고!"


## 끝나지 않는 노래

"······도로야신 봄나래······."

한 명이 노래를 시작하자 다들 따라 부른 이 노래는 부랴트족 노래다.

"제가 가사를 적어서 배우려던 노래예요. 행복을 잘 관리해라, 사랑을 잘 아껴라, 깨끗한 사랑을 진심으로 잘 아껴라 이런 내용이에요. 아름다운 행복과 깨끗한 사랑을 소중하게 생각하라는 뜻이죠."

이 노래는 여행을 시작하면서부터 할리온이 수첩을 꺼내 틈나는 대로 연습하던 노래였다. 흥겹고 신나면서 가사 또한 기억에 남아 배우고 싶은 마음이 들었다. 노래가 끝나자 이번에는 동료가 답가를 불렀다. 나도, 할리온도 함께였다.

"아리 아리랑 쓰리 쓰리랑
아리리가 났네
……"

몽골 음악은 몽골 여행을 온 첫해 처음 들었다. 운전기사 엥흐타이왕은 여행 내내 같은 노래 테이프를 반복해서 틀었다. 너무 돌리고 돌려 나중에는 테이프가 끊어지지 않을까 걱정했지만 여행이 끝날 때까지 끄떡없었다. 덕분에 십 년이 지난 지금까지 한 단어는 기억한다. '항가르네.'
당시 차에서는 자다가도 그 대목만 나오면 자동으로 합창을 했다.

"항가르네
……"

항가르네는 당시 여행을 상징하는 단어였다. 그때 들었던 몽골 노래는 트로트와 비슷했다. 가이드 뭉흐자르갈리는 몽골 대중가요는 사랑과 이별을 많이 노래했다고 했다.
2010년 몽골문화한마당에서 몽골 전통음악 공연을 본 후 그 '항가르네'가 불쑥 떠올랐다. 그토록 많이 부른 항가르네였지만 그 뜻은 알지 못했다. 왜 그런 경우 있지 않은가. 너무 친숙하기는 한데 어느 날 문득 낯설게 다가오는 말들. 항가르네가 그랬다.

"항가르네가 무슨 뜻일까요?"

알고 지내던 몽골통 지인에게 물어봤는데, "글쎄요"라며 고개를 갸우뚱했다. 흔히 쓰는 몽골 단어라면 금방 알려줄 텐데. 막연히 몽골의 유명한 산맥인 항가이산맥과 관련이 있는 것은 아닐까 하고 추측할 뿐이었다. 그러던 어느 날 그로 부터 문자가 왔다. 그는 몽골 사람을 만날 때마다 항가르네의 정체를 묻곤 했단다.

"몽골 사람들과 얘기한 결과 '한다르마'인 것 같습니다. 여자 이름입니다. 이 말이 반복되는 노래가 있다고 하네요."

질문을 잊지 않고 답해준 그가 고마웠다. 그런데 항가르네와 한다르마는 비슷한 발음이 아닌데 어떻게 항가르네로, 나뿐만 아니라 일행 모두 그렇게 듣고 기억을 했는지 잘 이해가 되지 않았다.

2004년 여행 마지막 날, 몽골 전통공연을 보러 갔다. 음악에 문외한인 나를 움직인 악기가 모링 호르였다. 말총으로 만든 현악기인 모링 호르는 혼을 쏙 빼놓았다. 장중하면서 발랄하고 또 슬픈 그 소리는 어딘지 초원과 유목민을 닮았다. 여행을 다녀온 후 말발굽 소리를 모링 호르로 연주하는 〈몽골리안 멜로디〉를 틈날 때마다 들었는데, 그 곡을 듣고 있으면 어느새 말을 타고 초원을 누비는 기분이 들었다.

"따다단 따다단……"

'모링 호르' 즉 마두금은 말에 얽힌 이야기가 많다. 사다리꼴의 몸통에 긴 목이 달렸고 목 위쪽에 그 이름처럼 말머리가 조각되어 있다.

두 줄의 현, 현을 켜는 활 모두 말꼬리 털로 만든다. 생긴 모습만 그런 것이 아니다. 설화 역시 말에서 나왔다. 가장 대표적인 설화가 후훠 남질 설화다. 멀리 떨어져 사는 여인을 사랑한 후훠 남질은 그녀가 준 말을 타고 밤마다 그녀를 만나러 갔다. 그런데 좋은 말을 시샘한 이웃 집 여인은 밤마다 날개가 돋아나는 그 말의 날개를 잘라버렸다. 말은 죽고 사랑하는 여인을 볼 수 없게 된 그는 슬픔에 잠겨서 죽은 말로 악기를 만들었다. 그 악기가 모링 호르였다.

또 다른 설화인 수호 설화는 좋은 말을 둘러싼 권력의 횡포를 담았다. 수호라는 아이가 초원에서 하얀 말을 만나 둘은 친구가 된다. 그러나 말 경주에서 우승한 이 말에 눈독을 들인 권력자는 이 말을 빼앗고 수호도 몸이 상한다. 수호를 잊지 못한 하얀 말은 권력자에게 도망쳐 화살을 맞은 몸으로 수호에게 돌아와 그의 곁에서 숨을 거둔다. 수호는 죽은 말의 뼈와 갈기로 악기를 만들어 연주했는데, 이 악기가 모링 호르다. 이 설화는 권력자의 횡포에 맞선 평민의 이야기다. 만약 말을 여인으로 해석하면 수호는 그가 사랑하는 여인을 권력자에게 빼앗겼고 그 여인은 사랑하는 수호를 찾아와 죽음을 맞이하는 이야기로 바뀐다. 어쨌든 모링 호르는 부당한 권력에 대항하다 쓰러진 몽골 평민들의 마음을 어루만지는 악기였다.

애절하고 서정적이며 웅장한 모링 호르 연주에는 사람의 희로애락이 담겨 있다. 초원의 바람이 스치는가 싶더니 어느새 질주하는 말이 나타난다. 초원을 닮은 악기다.

말 등에 오르면 가지 못할 곳이 없네

말 등에 오르면 죽지도 않는다네
말이 스스로 길을 찾고 원하는 곳을 데려다 준다네

모링 호르와 더불어 귀를 사로잡았던 악기가 흐밋 호르다. 대나무로 만든 작은 악기로 입술로 연주하는데, 대나무에서 그런 소리가 난다는 게 신기하다. 어떨 때는 기타 소리 같고 또 다른 때는 "띠요옹" 하고 어렸을 때 장난스럽게 내는 소리 같다. 같은 리듬이 반복되는 경우가 많은데 계속 듣고 있으면 묘한 기분이 든다.

들으면서도 귀를 믿지 못하는 경우가 종종 있다. 울란바토르 공연장에서였다. 몽골 전통복장을 한 남자가 노래를 부르기는 부르는데 그 사람에게서 나오는 소리가 아닌 것 같았다. '다른 곳에서 소리를 내나, 다른 악기 소리인가'라는 의문이 들 정도로 듣는 사람을 혼란에 빠뜨린 것이 바로 흐미였다. 여행에서 돌아와 맨 처음 몽골로 여행가는 게 어떠냐는 아이디어를 준 후배에게 흐미 창법으로 연주한 음반을 선물로 주었다. 얼마 후 비가 오던 날이었다.

"그 노래 좀 무서워요."

사람을 불편하고 낯설게 만든 이 소리의 정체는 뭘까? 사람 몸을 악기 삼아 소리를 내는 흐미의 비밀은 두 가지 소리를 동시에 내는 데 있다. 저음을 바탕에 깔고 그 위에 고음을 얹는 식이다. 음역대로 말하면 100~200헤르츠의 기본음에 1,000~4,000헤르츠의 고음을 독립적으로 낸다고 한다. 흐미를 설명한 논문을 봐도 그 원리를 잘 이해할 수 없었는데, 설사 속 시원히 안다 해도 기괴한 느낌은 달리 설명할 길이 없었다.

모링 호르(마두금) 연주와 흐미 공연. 알타이산맥의 깊은 울림이 들린다.

그러던 어느 해, 유명한 울란바토르 자이상 전망대에서 종이 공작을 하는 노점상을 만났다. 그는 우리가 관심을 보이자 자랑삼아 흐미를 들려주었다. 코앞에서 흐미 소리를 듣기는 처음이었다. 전에는 기괴하게 들리던 소리가 어쩐 일인지 귀에 거슬리지 않았다. 낮은 저음은 도도한 강물 같았고 휘파람 같은 고음은 먹이를 향해 쏜살같이 내려오는 독수리처럼 날렵했다.

그 후 알타이산맥으로 여행을 갔을 때 흐미의 고향을 찾아간다는 설렘이 컸다. 그곳은 흐미를 잉태한 땅으로 웅장하고 깊었다. 또한 그곳은 세상의 마지막 땅이며 그 너머에는 신의 세상이 펼쳐질 것 같은 세상의 마지막 벽이었다. 사람들은 흐미가 개울물 소리, 메아리 소리, 휘파람 소리, 동물 소리를 흉내 내면서 시작되었다고 말한다. 그러나 나는 막연하게나마 알타이 신에게 이르기 위해 만들지 않았을까 추측해본다. 알타이산맥 깊은 속살로 들어가 그 웅장함 속에 어린 고요와 적막을 몸으로 받아들일 때 비로소 흐미를 이해할 수 있지 않을까 싶다. 알프스산맥이 신나는 요들을 낳았다면 알타이산맥은 비장한 흐미를 낳았다.

서쪽 알타이산맥에 흐미가 있다면 대초원이 펼쳐지는 동몽골에는 오르틴 도가 있다. 2005년 몽골의 전통음악 공연장에 갔을 때 내 귀를 사로잡은 건 엄청난 고음의 노래였다. 한 여자 가수가 나와 노래를 부르는데, 순식간에 몇 옥타브를 넘나들었다. 누구나 부를 수 있는 짧은 노래 버긴 도와 달리 오르틴 도는 흐미와 마찬가지로 아무나 부를 수 없다. 순식간에 3옥타브를 넘나드는 이 기법으로 노래하기 위해서는 성량이 풍부하고 길게 부를 수 있어야 하는 엄청난 폐활량이 필수다. 오르틴 도는 특별한 날에 부르는데, 대부분 즐거운 내용이며 슬픈 내용은 없다. 잔칫날 부르는 노래답게 듣고 있으면 절로 흥이 난다. 장식음이 많아 귀가 호강하는데, 우리나라 민요와 비슷한 느낌이 든다.

오르틴 도를 듣고 우리나라로 돌아와 우르나라는 가수를 알게 되었다. 그녀는 중국 내몽골 사람이다. 소녀 같은 얼굴에서 몇 옥타브를 오르내리는 소리가 흘러나왔다. 그녀의 노래는 깊은 슬픔이 느껴진다. 신나고 경쾌한 노래마저 외로움이 짙게 깔렸다. 몽골의 오르틴 도가 직설적이라면 그녀는 은유적이다. 한번은 어린 딸아이가 우르나가 부르는 오르틴 도의 떨림 소리를 듣더니 이렇게 말했다.

"아빠, 양이 우는 것 같아. 메에에 하고."

딸아이 말대로 몽골의 오르틴 도를 듣고 있으면 어느 순간 동물의 소리를 듣는 듯했다. 특히 갑자기 몇 옥타브를 오르내릴 때는 늑대가 울부짖는 것 같았다. 한밤중 초원에서 들리는 늑대의 울부짖음 만큼 유목민의 마음을 뒤흔드는 소리는 없을 것 같다. 경계와 외경이 함께하고 죽음과 삶이 교차하며 외로움과 희망이 함께 깃든 소리, 늑대의 울음소리이자 오르틴의 도의 소리였다.

언덕을 미끄러져 내려갈 때까지 그들은 노래를 불렀다. 발지강의 노래를 부르고 초원의 노래를 부르고 사랑의 노래를 부르고 다시 말의 노래를 불렀다. 끊임없이 노래를 부르는 건 외로움을 달래기 위해서가 아닐까. 초원의 다른 이름은 외로움이었다.

## 하늘이 양념을 내려 주셨죠

강으로 가는 길에 건초를 만드는 유목민 노부부를 만나자 차를 세웠다. 취기가 얼큰하게 오른 동료가 건초를 쌓아올리는 할머니를 보고 의협심이 발동했다.

"제가 도와드릴께요"

대답을 듣자마자 할머니에게서 쇠스랑을 받아 쥐고 건초를 옮기기 시작했다.

"저 친구 별명이 누렁소예요."

내 말을 들은 자파가 맞장구를 쳤다.

"그래서 소들이 먹는 것을 좋아하는구나."

그런데 너무 의욕이 앞서 젖은 건초는 뒤집어 햇볕에 말려야 하는데, 그냥 쌓아 올리는 바람에 일을 두 배로 만들었다. "젖은 것은 그냥 뒤집어 놔요!"라는 말이 들리지 않은 모양이었다.

건초 체험을 마치고 몇 분 지나지 않아 바트볼트가 손으로 땅을 파기 시작했다.

"야생 감자를 캔대요."

땅속에서 마늘처럼 생긴 감자가 딸려 올라왔다. 그 맛은 아삭하고 고소했다. 야생 감자를 맛보게 해주려는 그들의 마음이 녹아 더 맛있나보다. 사랑겔과 자파가 우리가 먹는 모습을 보더니 깔깔거리며 웃는 게 무슨 비밀이 있는 것 같았다. 대략 야생 감자가 남자에게 좋다는 뉘앙스 같기는 한데 물어봐도 그저 웃기만 한다. 그 순간부터 야생감자를 악착같이 먹어치웠다.

그리고 자리를 떠날 때 감자를 캐낸 자리를 다시 메워 놓았다. 그러고보니 지금까지 말뚝을 박아 고정시킨 게르는 만나지 못했다. 땅을 함부로 훼손하지 않는다는 원칙이 생활 속에 자연스럽게 스며들어 있었다. 그저께 늪에서 차를 빼내려고 기둥을 박았던 구멍을 그대로 두고 왔다는 생각이 갑자기 떠올랐다. 다시 가서 메울 수도 없고.

야생 감자를 씹는 사이 목적지인 오농강에 다다랐고 그들은 오농강을 찬양하는 노래를 불렀다.

"어머니의 어머니의 어머니인 오농강……."

오농강은 어머니의 부드러운 손길처럼 초원을 어루만지며 흘러가고 있었다. 칭기스 칸의 무덤이 있는 헹티산맥에서 발원한 오농강은 대몽골국을 선포한 빈데르를 지나 그가 태어난 다달로 흘러왔다. 보르항 할동이 칭기스 칸의 산이라면 오농강은 칭기스 칸의 강인 셈이다. 머릿속에서 이런저런 단상이 떠오르고 있을 때 사랑겔이 주의를 줬다.

"멀리 가서 오줌을 누지 말아요. 늑대가 잘 나오는 곳이에요. 늑대가 냠냠냠 먹을 수 있어요. 하하."

설마 늑대도 생각하는 머리가 있을 텐데 사람을 건드릴라고. 바트볼트는 가을 강물이 관절염에 좋다며 오농강으로 뛰어들었다. 그가 어서 들어오라며 손짓을 해 들어가볼까 하다가 포기했다. 그 물을 보기만 했을 뿐인데 온몸에서 소름이 돋았다.

소풍의 묘미는 밥 준비다. 바트볼트가 물에서 나오자 본격적으로

"하늘이 양념을 주셔서 맛있는 거예요."

밥 지을 준비를 했다. 내가 할 수 있는 건 말동무와 잔심부름이었다. 바트볼트와 박쉬는 손발이 척척 맞았다. 바닥을 정리해서 불 피울 자리를 마련하고 뚝딱 나뭇가지를 잘라 Y자형의 솥걸이를 만들었다. 잔가지를 모아 불을 피우고 솥을 걸어 물을 데웠다. 솥과 도끼와 불만 있으면 어디에서도 뚝딱뚝딱 살 수 있을 것 같다.

불에 대한 주의는 여전했다. 바트볼트는 차가운 오농강에서 몇 번이고 물을 길어 불씨가 튈 만한 곳에 골고루 물을 뿌려 만약을 대비했다. 초원에서는 자나 깨나 불조심, 앉으나 서나 불조심이었다.

그러는 사이 솥에서 차가 끓기 시작했다. 차가운 몸을 녹이는 데 차만 한 게 없다. 바트볼트는 먼저 국자에 차를 담아 하늘에 뿌렸다.

"한국 친구들이 행복하기를 바라며."

그들의 축원이 너무 고마웠다. 그리고 결혼하지 않은 동료가 빨리 예쁜 아내를 얻기 바라는 기원을 올려줬다. 푸른 하늘에 드린 기원이니 조만간 동료에게서 좋은 소식이 날아오지 않을까. 구수한 차를 한 잔 마시자 추위가 사라지고 나른해졌다. 몽골의 어느 오지가 아니라 우리나라에서 잘 아는 사람들과 캠핑을 나온 기분이었다. 호사가 별건가, 내 맘이 편하면 그게 호사지.

자파가 차를 끓이는 사이 사라졌던 사랑겔이 돌아왔다. 그리고 강가에서 땄다며 붉은 열매를 한 움큼 건네주었다. 그 열매를 먹다보니 강가에서 나는 열매로 주린 배를 채웠다는 칭기스 칸의 어린 시절이 떠올랐다. '고기 한번 실컷 먹어 보았으면' 하는 게 칭기스 칸의 어릴 적 꿈은 아니었을까.

몽골에서는 가장 나이 어린 남자가 잔을 돌려야 한단다. 이 말인즉 동료가 술을 돌려야 한다는 뜻이었다. 잔을 돌리던 동료는 취기를 깰 겨를 없이 다시 취해 갔다. 술잔이 한 바퀴 돌자 중국 이야기가 나왔다.

"몽골 사람은 중국 사람들 싫어해요. 한국 사람이 일본 사람 싫어하는 것과 같아요. 청나라 때 몽골에서는 머리카락을 잘라야 했어요. 그러니까 싫어하죠."

청나라에서 변발을 강요했나보다. 한 세기가 지난 지금까지 말하는 걸 보면 가해자는 쉽게 잊어도 피해자는 쉽게 잊을 수 없는 법인 것 같다. 피해자에게는 무엇보다 "잘못했다"는 진심어린 사과가 필요한데 그게 쉽지 않나보다. 일본이 지금까지 일제강점기 때 저지른 만행에 대해 단 한 번만 진심어린 사과를 했다면 과거의 굴레에서 벗어날 수 있었을 텐데. 지금도 그들은 은폐하고 부정하기에 바쁘다.

덧니가 복을 불러온다며 덧니를 자랑하던 자파가 즐거운 듯 말했다.

"멀리서 오신 두 분과 두 가족이 함께 있어서 너무 기뻐요."

그녀의 말에는 진심이 묻어났다. 유목민의 환대에는 '내가 이걸 줬으니까 너도 다른 걸 줘야 해'라든가, '나는 이걸 지켰으니까 너도 지켜'라는 그런 관계 이전의 무언가가 있다. 대가를 바라지 않고 아낌없이 내주는 자연에서 터득한 것일까. 주고받는 행위에 대가를 바라지 않는, 심지어 고맙다거나 미안하다는 인사조차 필요하지 않은 그런 모습을 여러 번 볼 수 있었다.

이 맛을 어떻게 표현할 수 있을까. 쇠고기와 쌀, 채소를 조금 넣어 끓인 죽은 감탄이 절로 나올 정도로 맛있었다. 이번 소풍의 하이라이트이자 이번 여행에서 맛본 가장 맛있는 음식이었다.

"음식 솜씨 좋아요. 정말 맛있어요."

"내가 음식 솜씨가 좋은 게 아니라 하늘이 양념을 주셔서 맛있는 거예요."

언제쯤 이런 멋진 표현을 쓸 수 있을까. 하늘이 주신 맛 때문에 대화는 끊어지고 음식 먹는 소리만 들렸다. 오농강 소리보다 내 배 늘어나는 소리가 더 크게 들릴 지경이었다. 함포고복이라고 했던가, 배부르고 등 따시니 부러울 게 없었다.

이럴 때 아무 생각이 없으면 좋으련만 자꾸 솥에 눈길이 갔다. 값비싸다거나 특별히 아름답거나 하지 않은 그저 평범한 무쇠솥이었다. 초원에서 음식을 하는 걸 곁에서 보니 유목민에게 왜 솥이 중요한지 알겠다. 솥이 없으면 음식을 해먹기가 어려운데 어디 초원에서 쇠솥을 구하기가 만만한 일이었겠는가. 그 옛날 흉노족이 솥을 중요하게 생각해 무덤에 넣은 데는 그만한 이유가 있었다.

그런데 재미있는 점은 비슷한 솥이 멀리 떨어진 우리나라에서도 발견되었다는 점이다. 낙랑이 있던 지역, 금관가야가 있던 김해 지역, 그리고 청동솥은 아니지만 신라의 경주에서 쇠솥이 발견되었다. 청동솥은 교역품일 가능성이 높지만 일부 사람들은 신라와 가야의 김씨와 북방 유목민족 사이에 모종의 관계가 있는 건 아닐까 추측한다. 여기에 신라 무덤에서 나온 금관을 비롯한 막대한 금 유물을 보고 금을 좋아했다는 북방 유목민족의 특성을 떠올리면 김씨가 혹시 흉노족이 아닐까 하는 상상이 들게 마련이다.

신라 금관은 이런 수수께끼를 풀어줄 열쇠로 주목되었다. 아낌없이 금을 쓴 것도 그렇지만 왕관의 장식이 이전 시대 혹은 백제나 고구려에서는 찾아보기 어렵다. 보통 출出자형이라고 부르는 앞 장식은 북방 아시아에서 유행한 나무 신앙과 연결되고 옆면의 사슴뿔 장식 또한 그렇게 볼 수 있다. 여러모로 금관은 북방의 문화와 연결되어 있다.

아예 김씨가 흉노족이라고 기록한 사례도 있다. 김씨 왕인 신라의 문무왕 비에서다. 비문에는 문무왕이 투후柁侯의 후손이라고 했는데, 투후는 한나라에 항복한 흉노족 김일제였다. 또 『삼국사기』에는 김유신의 선조가 소호금천小昊金天의 후손이라고 했는데, 소호금천 역시 흉노족이었다. 『금관의 비밀』을 쓴 김병모 교수는 김씨가 금 문화와 관련이 깊은 기마 민족의 문화를 배경으로 한 사람들이며 김씨가 신라 왕위를 세습하면서 권위를 높이기 위해 금관을 만들었다고 주장한다. 궁금증은 꼬리에 꼬리를 문다.

소풍이 끝나고 돌아갈 때가 되자 바트볼트와 박쉬는 모닥불이 있던 자리를 흙으로 완전히 덮었다. 그리고 양파를 꺼내 따로 담았다. 양파를 불에 넣으면 불의 신이 노해 눈이 먼단다. 남은 음식은 숲 속에 던져 다른 동물이나 새가 와서 먹도록 하고 마지막으로 솥걸이로 땅에 꽂은 막대기를 뺐다. 만약 빼지 않으면 일이 잘 풀리지 않는다고 한다. 왜 과학과 이성이라는 이름으로 이러한 금기를 늘 미신이라고 단정 짓는지 의문이 일었다. 그들은 머문 흔적을 남기지 않았다.

## 위대한 내 나라는 결코 부서져서는 안 된다

"그르승. 그르승!"

짐승의 울음소리 같은 이 소리는 마을로 들어가는 입구 자작나무 숲에 바람처럼 나타났다 사라진 사슴 이름이었다. 옛날에는 하얀 사슴이 나타나면 나라에 좋은 일이 생겼다는데, 하얀 사슴이나 큰 사슴은 아니지만 상서로운 뿔이 달린 사슴이니 뭔가 좋은 일이 생기지 않을까.

그르승의 효험은 금방 나타났다. 이 숲 끝에 칭기스 칸 탄생 800주년 기념비가 있다는 걸 떠올리고 그쪽으로 가달라고 부탁했다. 이번 여행에서 마지막으로 보게 될 칭기스 칸 기념물이었다. 이 비는 칭기스 칸의 대표 이미지로 꼽힐 정도로 인기가 높아 책에 자주 실려 그냥 지나칠 수 없었다.

기념비는 어제 바가지 요금을 불렀던 고르왕 노르 캠프 가까이에 있었다. 동료는 취기가 돌아 잠든 채 일어날 기미가 없었고 몽골 사람들은 관리소로 놀러가고 혼자만 남았다. 차라리 잘됐다. 혼자 걷는 게 제법 운치가 있지 않을까. 여행의 마침표를 찍는다는 비장한 기분이 들어서인지 보는 사람도 없는데 괜스레 폼을 잡고 천천히 걸어갔다. 때마침 해까지 뉘엿뉘엿 넘어가 비장하고픈 마음이 커졌다.

투무르 오치르. 이 기념비를 만들었다는 이유로 숙청을 당한 사람이다. 그는 자기가 숙청될 줄 알았을까, 그걸 각오하고 기념비를 만들었을까, 도대체 어떤 시대여서 칭기스 칸 기념비를 만들었다고 숙청까

칭기스 칸 탄생 800주년 기념비. "위대한 내 나라는 결코 부서져서는 안된다."

지 당했을까? 시대가 미쳤거나 그가 미쳤거나.

비의 건립이 논의된 때는 1962년이다. 당시 역사학자들과 점성가들은 칭기스 칸이 태어난 해를 1162년으로 확정했다. 사회주의 체제에서도 여전히 칭기스 칸은 그들의 영웅이었다. 문제는 러시아인들이 그 옛날 칭기스 칸의 후예들에게 지배당한 일을, 몽골군에게 대패한 치욕의 전투를 오래도록 기억했다는 점이다. 몽골이 러시아의 직접 영향권 아래 들어오자 때를 놓치지 않고 칭기스 칸을 악의 원흉으로 만들어 몽골 사람들은 아버지를 아버지라 부르지 못한 홍길동 신세가 되었다.

이런 상황에서 몽골 권력 서열 3위이자 몽골인민혁명당 정치국원인 투무르 오치르가 총대를 멨다. 1962년 칭기스 칸 탄생 800주년 기념행사를 결정한 후 기념우표를 발행하고 칭기스 칸이 태어난 다달에 기념비를 세웠다. 당연히 러시아의 반발을 사 우표는 회수되었고 그는 민족주의자로 낙인 찍혀 울란바토르에서 쫓겨났고 이듬해에는 당원 자격을 박탈당했다. 러시아 공산당의 기관지 프라우다는 칭기스 칸을 위대한 인물로 떠받들려는 시도를 엄중히 경고했다. 그는 지방을 전전하다 의문의 죽음으로 생을 마감했다.

그런데 권력 서열 3위가 숙청될 정도면 이 비 또한 파괴되었을 것 같은데 파괴되지 않은 채 지금까지 제자리를 지키고 있다. 선뜻 이해하기 어렵지만 당시 칭기스 칸을 둘러싼 몽골 사람들의 딜레마를 보여주는 대목이다. 그 후 몽골 사람들은 칭기스 칸의 초상화를 들고 민주화운동에 나섰다.

몽골을 침략하는 적들을 단호히 응징할 기세의 위압적인 기념비에는 이런 구절이 쓰여 있었다.

"한 발이 되는 내 몸은 피곤해도 괜찮지만 위대한 내 나라는 결코 부서져서는 안 된다."

이것이 어디 칭기스 칸의 바람일 뿐이겠는가. 투무르 오치르의 바람이었고 여행길에서 만난 유목민들의 바람이었다.

기념비를 보고 나니 몸에서 힘이 쭉 빠져나갔다. 내일은 울란바토르로 돌아가는 여정이기에 초원 여행은 오늘로써 마감이다. 초원으로 나온 때가 어제 같은데 벌써 일주일 가까이 지났다.

칭기스 칸이 태어난 다달, 어린 시절을 보내고 훗날 메르키트족의 공격을 피해 숨어들었고 먼 훗날 몸을 누인 보르항 할동, 노예 생활을 하다 도망쳐 살았고 후에 몽골족의 칸으로 추대된 흐흐호수, 부르테와 결혼한 후 야망을 키운 헤를렝강, 부르테를 구한 후 자무카와 공동 유목을 한 라샹 하드, 대몽골국을 선포한 빈데르까지 숨가쁘게 달려왔다.

칭기스 칸의 길을 따라다니며 그의 후예를 만났다. 성산 보르항 할동에 오르지 말라던 관리인들, 늑대와 사투를 벌이며 살아가는 헹티 산맥의 사냥꾼들, 묻지도 따지지도 않고 게르에 손님을 들이던 초원의 유목민들, 어려울 때 도와줘도 고맙다거나 미안하다 하지 않는 사람들, 차가 멈췄을 때 절대로 지나치지 않는 운전자들, 술자리에 나온 술은 다 마셔야 술자리가 끝난다는 사람들, 여행자를 위해 소풍을 준비하고 함께 즐긴 사람들, 자연과 어머니와 나라가 같다는 사람들, 시간에 얽매이지 않는 사람들, 쉴 새 없이 말하고 노래하는 사람들, 어둠 속에서도 길을 잃지 않는 사람들, 사람이 죽으면 사람은 하늘로 올라가고 하늘의 내 별이 땅으로 내려온다고 믿는 사람들. 이 모든 사람을 묶는 이름이 칭기스 칸이었다.

인기척이 느껴져 뒤돌아보니 어느새 사랑겔과 자파가 가까이 와 있었다. 그들은 손짓으로 카메라를 들고 사진을 찍는 시늉을 했다. "그 사람 혼자서 어떻게 사진을 찍겠어? 우리가 가서 기념사진 찍어 주자"며 오지 않았을까? 어찌 사진을 찍지 않을 수 있을까. 흔쾌히 사진기를 맡기고 기념비 앞에 섰다. 기념비 속의 칭기스 칸이 이 모습을 묵묵히 바라보고 있었다.

7. 저 불빛을 놓치면 안돼

## 다달을 떠나다

"이상하다, 왜 창밖이 환하지!"

실눈을 뜨고 보니 시계는 6시를 가리키고 있었다. 순간 저녁 6시인지, 아침 6시인지 헷갈렸다. 어제 저녁 잠깐 눈 붙이고 저녁을 먹자며 누웠는데 꼬박 12시간을 기절한 것처럼 침낭에서 자버린 것이다. 덕분에 어느 날보다 개운하고 힘이 솟아 당장 사막에 떨어져도 겁날 게 없었다.

오늘은, 아쉽지만 울란바토르로 돌아간다. 운이 좀 따른다면 몽골제국 최초의 수도였던 델게르항에 들릴 수 있을 것이다. 그렇게 되면 애초에 계획했던 여행 코스를 모두 가는 완벽한 여행이다. 그럴 수 있기를 바라며 침낭에서 꿈틀꿈틀 빠져나왔다.

눈. 그동안 고생했다고 하늘에서 주신 선물일까, 언젠가 눈 덮인 초원을 봤으면 하던 바람이 통한 걸까. 온통 눈이었다. 만약 몽골 초원에서 눈을 만나면 어깨에 눈이 쌓이도록 걸어보고, 눈밭에 누워 별을 보고, 눈 쌓인 자작나무 숲에 들어가 귀족 같다는 그 나무를 안아보고 싶었다. 더도 말고 딱 하루만 더 시간이 있다면.

어제 다녀온 소풍이 꿈결같이 아득했다. 여행의 끄트머리에서 여행을 되짚어보면 꿈결 같은 느낌이 들곤 했다. 오히려 여행을 마치고 우리나라로 돌아오면 기억이 또렷하게 살아나 여행을 다녀온 실감이 분명해졌다. 기억의 유효기간인 6개월이 지나면 서서히 약발이 떨어지고 그때 다시 여행 준비를 시작한다.

눈은 나비처럼 팔랑거렸다. 아니 양털 같았다. 하늘로 올라간 양에게는 더는 털이 필요 없겠지. 눈이 내리는 동안 환생을 준비하는 양들은 초원을 떠다니는 양떼구름이 되어 다시 태어날 곳을 찾는지 모른다.

분명한 건 오늘 이곳을 떠나고 내일모레는 몽골을 떠나 아내와 딸을 만난다는 것이다.

그녀를 본 건 눈 내리는 소 우리였다. 아침 습관대로 주위를 어슬렁거리다가 집 뒤의 소 우리까지 갔다. 그곳에는 한 여인이 눈을 맞으며 소젖을 짜고 있었다. 인기척을 느낀 그녀는 고개를 돌리고 살짝 웃었는데, 그 미소가 어찌나 눈부시던지 보살이 따로 없었다. 그녀는 주인집 딸이었다. 빨갛게 물든 두 손 끝에서 나온 하얀 젖 줄기가 세찬 소나기처럼 양동이에 꽂혔다. "쏴악 쏴악." 눈이 오나 비가 오나 늘 치르는 성스러운 의식이 끝나면 어미 곁에서 이제나저제나 기다리던 송아지 차례가 돌아온다. 그제야 제자리를 찾은 소나 젖 짜는 사람의 얼굴 모두 편안해진다.

몽골 사람들은 사진 찍기를 좋아한다. 서둘러 아침을 먹고 짐을 차에 실은 후 작별 인사를 하자 사랑겔이 가족사진을 찍어달라고 부탁했다. 주인집 부부, 딸과 손녀 이렇게 모두 넷이 집 앞에 모여 앉아 사진 한 장을 찍는데, 웃자고 작정을 한 사람들처럼 웃음이 끊이지 않았다. 영문을 모르는 나까지 덩달아 웃었다. 이 사진을 볼 때마다 우리를 기억하겠지. 주인집 가족과 작별 인사를 나누었다.

"사해오레!안녕"

이번에는 오농-발지 국립공원 관리사무소에 들러 눈이 오는 날이면 밀렵을 단속하느라 바쁘다는 반디와 작별 인사를 나누었다. 이틀 동안 좁은 방에서 같이 먹고 마시며 나눈 이야기들은 너무나 인상적이었다. 세계화 시대에 걸맞게 그의 인사는 남달랐다.

"씨 유 어게인"

"반디. 고마웠어요. 안녕."

마지막으로 자파의 집에 들러 작별할 차례다. 어제 아침 딱 반나절 머물렀을 뿐인데 자파네 집을 보자 친구집인 것처럼 정겹고 설렜다.

자파의 집 앞에는 가죽 장화를 신은 낯선 아주머니가 초조하게 서성거리고 있었다.

"이분 오빠가 뇌출혈로 쓰러져서 바가노르로 문병 가는 길이래요. 우리 차로 같이 가야 할 것 같아요."

허락을 구한다기보다 통보에 가깝지만 그동안 이런 상황에 제법 익숙해져 크게 당황스럽지는 않았다. 우리가 돈을 지불하고 차를 빌렸으니 우리에게 결정권이 있다는 생각과 어려울 때는 서로 돕고 살아야 하며 계약은 상황에 따라 바뀔 수 있다는 생각의 차이 때문에 혼란을 겪는 외국 사람들이 많다. 그러면 델게르항에 들리려던 계획은 어떻게 하지? 이럴 때는 마음이 편한 쪽이 낫다. 그래 가지 말자. 바가노르라면 나착도르지 시비가 있는 그 도시로 여기서 대략 하룻길이니 아주머니와 하루 동안 동행이다.

자파는 손님이 왔을 때 비나 눈이 오면 그 손님은 행운을 불러오는 손님이라며 연신 싱글벙글했다. 사람들이 비를 어떻게 대하는지 보려면 비 오는 거리를 나가보면 안다. 한번은 울란바토르에서 소나기를 만났는데 우리가 비를 피해 호들갑을 떨고 있을 때 그들은 무슨 일이 있냐는 듯 태연했다.

"사해오레!"
"그동안 즐거웠어요. 모두들 건강하세요. 바야를라!감사합니다"

언젠가 다시 와서 그들을 만났으면 좋겠다. 누구건 스스럼없이 친구로 받아들이는 환한 웃음 때문이다. 언제까지나 그 웃음 간직하기를.

다달에서 보낸 3일은 몽골 여행 가운데 가장 기억에 남을 만한 사건이다. 현지인과 친구가 되고 그 속에서 머물며 함께 생활을 해보았다는 것은 이방인으로서는 더할 나위 없는 축복이었다.

짧은 인사와 포옹을 나누고 차는 일행을 태우고 출발했다. 할리온이 멋있다고 자랑하던 아름드리 소나무 숲길을 지나 다달 입구 조형물 앞에서 잠시 멈췄다. 겨울 기운을 머금은 바람이 불어오고 우리가 가야 할 길은 눈으로 덮여 아스라이 지워지고 있었다. 몽골에서는 잠깐 가을이라더니 가을에 도착해 며칠 사이에 겨울을 맞았다. 우리는 칭기스 칸의 땅을 떠나 질척한 길을 따라 눈의 초원으로 들어섰다.

## 조드, 초원을 휩쓴 공포

문병 가는 아주머니는 연신 전화를 주고받다 통화가 끝나면 입을 다문 채 말없이 창밖을 볼 뿐이었다. 잠깐 멎었던 눈이 다시 흩날리며 초원은 은회색으로 물들고 있었다. 느릿느릿 걸으며 눈에 묻힌 풀을 찾아다니는 소들을 보며 느긋한 시간을 잊은 채 무작정 앞만 보고 질주하는 우리네 삶이 떠올랐다.

눈내린 다달 초원

소가 눈보라를 견디는 법

"요즘 몽골은 빈부 격차가 심해요. 잘사는 사람들은 자가용 비행기까지 있고요."

"자본주의가 되면서 겪는 문제겠죠. 몽골의 광산업이 호황을 누리면서 외국에서 돈이 많이 들어온다죠? 그런데 몽골 국민의 3분의 1이 빈곤층이라는 말을 듣고 외국에서 들어온 돈이 국민에게 골고루 돌아가지 않는구나 싶었어요. 돈이 많이 풀리니까 물가는 폭등하고 형편이 어려운 사람들은 더 어려워지겠죠."

여행을 오기 전 몽골에서 온 유학생을 만났다. 어려서부터 아버지를 따라 자주 시골에 다녔다는 그는 시골 사람 중에 "사회주의 시절에는 빈부 격차를 모르고 살았는데"라며 옛 시절을 그리워하는 사람이 많다고 했다. 몽골에 올 때마다 높아진 물가에 깜짝 놀라 '누가 이것을 살 수 있을까'라며 의아해했는데 아무리 물가가 폭등해도 눈도 깜짝하지 않을 사람들은 어디든 있었다. 절대 빈곤만큼 무서운 게 상대 빈곤이다.

세상 곳곳에서 소득 격차가 기하급수적으로 벌어진다고, 어떻게 해야 하느냐고 아우성이다. 겉보기에 그럴싸한 신자유주의, 무한 경쟁, 승자 독식이라는 놈들이 국경을 넘어 종횡무진 활약하고, 요즘에는 힐링 바람까지 가세했다. 모든 문제의 근원이 '바로 나'라고 진단하는 힐링 바람은 구조적인 문제를 개인의 탓으로 떠넘긴다는 혐의를 벗기 어렵다. 인드라망의 그물처럼 모든 문제가 서로 얽혀 있다는 건 사실을 넘어 진실이기 때문이다.

눈발이 점점 거세져서 사방은 온통 하얀 눈뿐이었다. 시간과 공간을 지워버리는 눈은 급기야 초원을 2차원 평면으로 만들었다. 하늘과 땅의 경계가 사라져 지각마저 의심되는 순간, 길이 사라졌다. 다달을 떠난 후 몇 시간 동안 차 한 대 보지 못했고 만약 차에 문제가 생겨도 도움을 청할 곳이 없다는 현실을 인식하자 불안감이 눈덩이처럼 커졌다. 한번 그물에 걸려들면 좀처럼 헤어나기 어려운 게 불안감이란 녀석이다.

"스노우 체인이나 스노우 타이어는 없어요?"

"아직은 가을이라 준비를 안 했어요. 울란바토르로 들어가는 도로도 장난이 아닐 텐데."

집에서 감상하는 눈은 커피 한잔의 여유를 주지만 초원에서 만난 눈은 두려움이다. 나지막한 언덕을 좀처럼 올라가지 못하고 미끄러지는 차를 보자 그나마 남아 있던 4륜구동 차에 대한 믿음이 사라졌다. 이런 식으로 가다가는 언제 울란바토르에 도착할지 가늠할 수 없고 눈밭에서 길을 물어볼 게르 하나 찾기 어려운 현실을 받아들이기 두려웠다.

"아저씨가 나침반으로 잘 가고 있는지 보래요."

나침반을 봐야 한다니! 그렇다면 지금껏 새럿은 감으로 가고 있었던 것인가. 몽골 여행을 갈 때면 액세서리로 가져오는 나침반에 이렇게 의지할 줄이야. 사람의 불안과 상관없이 나침반 바늘은 늘 한 방향만을 가리킨다는 것이 다행이었다. 나침반 바늘은 손바닥에서 한바탕 춤을 추다가 선심을 쓰듯 우리가 서남쪽으로 간다고 알려주었다.

"아저씨가 우리 잘 가고 있대요."

초원이나 사막에서 살아남으려면 제일 먼저 배워야 할 게 길을 찾는 방법이 아닐까. 지금까지 들어본 최고의 길 찾기 달인은 호주 그레이트 샌디사막에 사는 앞을 보지 못하는 원주민이다. 그들은 걸으면서 손뼉을 쳐서 되돌아오는 소리로 길을 찾아간다고 한다. 하지만 지금 우리는 어떻게 찾아가야 하나.

배고픔을 느낄 겨를 없이 점심이 지나갔다. 할리온은 이런 눈보라를 만난 적이 있겠지.

"아니요, 겨울에는 울란바토르에서 꼼짝 안 했어요. 밖으로 나갈 엄두가 나지 않는 거죠."

눈은 그칠 기미는커녕 더 거세게 몰아쳤다. 할 수 있는 건 '그래 잘 가고 있어'라는 말로 스스로를 위로하며 나침반을 따라가는 일뿐이었다.

"온통 하얘요. 시야가 좁아지고 원근감을 모르겠어요. 어지러워요."

운전석 옆 조수석에 앉아 여유롭게 풍경을 감상하리라던 애초의 기대는 온데간데없고 난데없이 화이트 아웃을 경험한 동료는 무척 당황스러워 했다. 선글라스를 끼면 좀 나을까 싶지만 가을 여행에서 선글라스는 애당초 준비물 목록에 없었다. 차라니 눈을 감고 있는 게 낫겠다.

마치 망망대해에서 등대를 본 것같이 게르를 만나자 너무나 반가운 마음에 길을 물으러 들렀다. 쉴 새 없이 눈보라가 몰아치는 양 우리 안에는 수백 마리의 양들이 펭귄처럼 몸을 맞대어 눈보라를 견디고 있었다. 반면 소들은 허허벌판에서 바람이 불어오는 방향에 엉덩이를 향하고 일렬로 늘어서 온몸으로 눈보라를 맞고 있었는데, 옷이라도 입혀주고 싶은 심정이었다. 몽골에서 한겨울 추위를 소꼬리가 부러질 정도라고 하는 이유를 이제야 알겠다.

조드는 유목으로 다져진 강인한 몽골 사람들도 두려워한다는 한겨울 폭설과 한파가 몰고 오는 자연재해다. 가뭄과 태풍을 한꺼번에 겪는 일보다 무섭다는 조드. 축사에서 사료를 먹는 가축이라면 문제가 아닐 테지만 몽골의 가축은 한겨울에도 초원에 나가 눈을 헤치고 풀을 먹어야 살 수 있다. 다른 방법은 없다. 그런데 강추위가 몰아치면서 고난이 시작된다. 이때 선 채로 얼어 죽는 가축이 생긴다. 소들은 옷을 입히고 털이 많은 양들은 서로의 체온에 의지하여 버틴다. 하지만 이건 시작에 불과하다. 폭설이 내리면 걷기 힘들고 눈에 묻힌 풀을 찾기는 더 어렵다. 만약 그 눈이 습기가 많은 함박눈이라면 모든 걸 포기해야 한다. 추위는 그 눈을 꽁꽁 얼리고 가축들의 연약한 주둥이로는 얼음을 뚫고 풀을 먹을 재주가 없다. 우박이 내려도 꽁꽁 얼어버린다. 그러면 손을 쓸 방법이 없어 모든 게 끝장이다. 그저 하늘에 기도하는 수밖에.

2009년에서 2010년에 이르는 겨울에 사상 최악의 조드가 밀어닥쳤다. 이때 몽골 전체 가축의 5분의 1이 한꺼번에 사라졌다. 무려 800만 마리였다. 보통 조드의 기준선인 100만 마리의 여덟 배나 되는 가축이 얼어 죽고 굶어 죽었다. 그해 가을에 내린 폭우는 초원을 빙판으로 만들더니 겨울에는 폭설까지 내렸다. 그야말로 설상가상이다. 켜켜이 쌓인 양의 사체를 멍하니 바라보던 유목민을 텔레비전에서 본 게 그때쯤이었다. 양을 묻으려 해도 묻을 수가 없다던 그 유목민은 허망한 얼굴로 자신의 모든 것을 잃었다고 했다.

그들은 떠나야 했다. 잔인한 겨울이 지나고 풀이 돋는 봄이 왔지만 그들에게 잔인한 시간은 끝나지 않았다. 풀을 뜯어먹일 가축 한 마리

없는 유목민이 할 수 있는 방법이란 살기 위해 도시로 떠나는 일이다. 그들이 갈 곳은 울란바토르다. 유목민에서 조드 난민이 된 그들을 기다리는 건 막노동이나 정부 보조금뿐, 보조금을 받는 순간 그들은 유목민에서 도시 빈민이 된다.

지금은 울란바토르라는 피난처가 있지만 옛날에는 어땠을까. 살아남은 가축 몇 마리를 이끌고 더 이상 죽지 않기 위해 그나마 풀이 있는 땅을 찾아야 한다. 때로는 도둑의 습격을 받아 몇 마리 남지 않은 가축을 빼앗기면서도 이동한다. 이렇게 초원에서 도저히 먹고살 길이 없을 때 정주민을 공격한다는 어느 학자의 주장은 설득력이 있다. 이래 죽으나 저래 죽으나 죽기는 마찬가지니까.

"지금 잘 가고 있대요. 조금만 더 가면 마을이 나온대요."

'그래, 잘 가고 있는 중이야'라며 중얼거리는 순간조차 눈보라가 앞을 막으며 몰아치고 있었다.

## 뛰어가서 도움을 요청해

시퍼런 얼음 루트에는 지금도 눈사태로 요란한 소리를 내고 있었다. 이렇게 사나운 날씨가 예고도 없이 찾아오리라고는 미처 생각지 못했다. 이런 날씨가 며칠이나 계속될지 지금으로서는 전혀 예측할 수 없었다. 「검은 고독 흰 고독」

산악인 라인홀트 메스너는 악마의 산으로 불리는 낭가파르바트를 단독으로 등반한 후 내려오다 눈보라를 만났다. 며칠을 기다리다 결국 침낭, 버너, 식량까지 버리고 하산을 결정했던 그의 처지에 비하면 지금 눈보라는 그저 지나가면 그뿐일 바람 정도로 여길지 모르겠다. 그러나 한번 스며든 공포는 쉽게 사그라지지 않았다.

지금 거북이와 포르공이 경주를 한다면 결과를 예상하기 어렵겠다. 다시 게르에서 출발할 때부터 다들 말이 없어졌다. 불안이 차 안을 맴돌고 있었다. 지금은 누가 무슨 말을 해도 지푸라기 잡는 심정으로 믿어버리고 싶었다.

게르에서 알려준 작은 마을이 신기루처럼 희끗희끗하게 보이기 시작했다. 나무집 몇 채에 불과한 작은 마을이지만 그동안 들렀던 어느 마을보다 반가웠다. 그러나 마을 초입에서 본 풍경은 막연한 기대를 산산조각 냈다. 차들은 눈 속에 갇혀 더 이상 나가기를 포기한 채 얼어붙은 항구에 정박한 고깃배처럼 보였다. 그나마 길가 휴게소에서 컵라면과 부탄가스를 구하고 주유소에 들러 기름을 채우니 조금은 안심이 되었다.

"몽골에서 하늘과 땅의 신을 믿는 이유를 알겠어. 사람의 예측을 훌쩍 뛰어넘는, 어쩔 수 없는 일들이 생기잖아. 그러니 신의 뜻에 따르고 신에게 의지할밖에."

순간, 깨달음 같은 말이 나왔다. 새럿은 눈이 뒤덮지 못한 길가의 전봇대를 이정표로 삼아 차를 몰았다. 몽골에서는 길을 잃으면 전봇대를 찾으라는 말이 있다. 전봇대가 안내하는 상상의 도로를 따라갔다. 근대를 열었다는 기차의 미덕은 불확실성을 줄여주었다는 점인데 우리는 지금 마을에서 마을로 이어진 전봇대의 도움을 받는 중이었다.

당연한 일이지만 눈 오는 초원은 날이 일찍 저문다. 안타깝게도 그렇다. 전봇대의 도움이 사라지자 이내 날이 완전히 어두워졌다. 어둠과 함께 불안은 더욱 기세를 올렸다. '내일 공항에 갈 수 있을까, 이러다가 비행기를 놓치는 건 아닐까.' 이쯤에서 멈추면 좋으련만 상상은 눈덩이처럼 불어나 '초원에서 고립되면 어떻게 하지, 연락이 안 되면 아내가 무척 걱정할 텐데'라는 데까지 이르렀다. '그래도 최악의 경우 추위를 버틸 침낭이 있고 남아 있는 음식으로 며칠은 버틸 수 있겠지'라며 마음을 다독였다.

뇌출혈로 쓰러진 아주머니의 오빠가 결국 세상을 떠났다는 전화를 받는 순간에도 눈은 그칠 기미가 없었다. 새럿만이 꿋꿋하게 제자리를 지키며 어둠 속에서 길 냄새를 맡으려는 듯 온 신경을 집중했다. 마침 게르 한 채를 발견했다.

"차라리 이 게르에서 자고 내일 아침에 가는 편이 낫지 않을까?"

고민하는 사이에 길을 물어본 새럿은 차를 출발시켰다. 다시 어둠 속을 달리다 아뿔싸! 차가 간다고 올라선 곳이 마침 언덕 경사면이어서 차는 기울어진 채 속절없이 미끄러졌다. 당장 뒤집힐 것 같던 차가 어느 정도 안정을 되찾는가 싶더니 "쿵" 소리를 내며 멈췄다. 눈에 덮여서 보이지 않는 늪이었다. 차를 빼내기 위해 문을 열고 내리자 눈이 무릎까지 차올라 차가운 눈들이 사정없이 신발로 쏟아져 들어왔. '젠장 올 것이 왔구나. 아까 게르에서 그냥 쉬었으면 이런 일은 없잖아.'

삽으로 눈을 퍼냈다. 할 수 있는 방법은 뭐든 다해야 했다. 눈을 대충 퍼내자 차 앞으로 가서 밀기 시작했다.

눈 내린 밤, 늪에 빠진 차

"하나 둘 셋!"

꿈쩍하지 않을 것 같던 포르공이 깊은 늪에서 빠져나왔다. 사람이 극한 상황에 처하면 자기도 모르는 힘이 솟는다더니 바로 지금이 그렇다. 하지만 안도의 한숨도 잠깐 또다시 들리는 소리.

"쿵!"

추위와 배고픔으로 지친 데다 눈보라 속에 다시 차를 빼내야 한다는 절망감이 마지막 남은 기운까지 뺏어갔다. 늪에는 분명히 불안을 먹고 사는 귀신이 살고 있었다. 헤드라이트 속으로 미친 듯이 춤을 추는 눈들이 빨려들었다.

삽으로 늪에서 눈을 퍼내다 한 발이 빠졌고 발을 빼내려다 나머지 발마저 같은 신세가 됐다. 신발 속에 물이 차서 맨발보다 나을 게 없었다. 이럴 때 삽질이 최고다. 삽질을 하는 동안은 아무런 생각이 들지 않으니까. 군대가 내게 준 최고의 선물은 인내심이 아니라 마음을 비우는 삽질이다.

그 순간 멀리서 움직이는 빛이 보였다. 게르 불빛이 아니다. 분명 움직이고 있는 차의 불빛이다. 로빈슨 크루소가 이런 심정이었을까. 가물가물하던 빛이 가까워지자 새럿이 때를 놓치지 않고 외쳤다.

"뛰어가서 도움을 요청해."

"제가 갈게요."

동료와 할리온은 작은 손전등 하나 들고 냅다 뛰기 시작했다. 불빛이 흔들리며 어둠에 써 놓은 영화 제목은 "저 불빛을 놓치면 안돼"쯤 될까. 그들이 어둠 속으로 사라지는가 싶더니 잠시 후 외마디 비명이 들렸다.

"으악! 늪에 빠졌어요."

눈발을 뚫고 바람결을 따라온 목소리가 희미했다. 이번에는 사람이 빠졌다. '많이 젖지는 않았을까, 이러다 차를 놓치지는 않을까.' 다행히 깊은 늪이 아니었는지 다시 불빛이 흔들리며 멀어졌다. 그들이 뛰어가는 동안 새릇과 나는 늪 귀신을 잡으려는 듯 삽질을 해댔다. 몸에서 열이 났다. 더 이상 파낼 눈이 없을 때 불빛이 우리 쪽으로 다가오는 게 보였다. 자동차 불빛이다. '이제는…… 살았다.'

"가다가 늪에 빠졌어요. 그래도 죽자사자 뛰어갔어요."

동료의 거친 숨소리를 뒤로 하고 랜드 크루저와 포르공이 구세주처럼 나타났다. 그런데 그 차를 본 아주머니 얼굴이 밝아졌는데, 알고보니 그 차에는 돌아가신 오빠 집에 가려고 나중에 출발한 아주머니의 친척들이 타고 있었다.

우리 차와 랜드 크루저를 쇠줄로 연결해 조금씩 끌어당기자 꿈쩍 않던 포르공이 서서히 늪 귀신의 손아귀에서 빠져나왔다. 포르공이 완전히 늪을 빠져나오자 나도 모르게 이런 말을 내뱉었다.

"하느님, 고맙습니다."

아무래도 그동안 본 초원과 다른 모습을 경험하라고 하늘이 주신 기회인 것만 같았다. 게다가 길동무까지 생겨 차 한 대에 문제가 생겨도 다른 차가 도와주고, 이 지역의 길까지 잘 알고 있으니 더 바랄 게 없었다. 여러 불운 끝에 좋은 길동무를 만났다.

조금만 더 가면 큰 도시가 나오고 그곳부터는 비교적 잘 닦인 길이 시작된단다. 이제는 고생 끝인가 싶었는데, 잘 따라오는가 싶던 포르공이 갑자기 멈춰섰다.

"기름이 떨어졌대요. 그래서 우리 차가 끌고가야 해요."

"어떻게 기름이 떨어진 줄 모를 수 있지? 먼 길을 떠나면서 확인하지 않나. 눈길에 어떻게 끌고가지."

"계기판이 고장 나서 알 수가 없었대요. 도시의 주유소까지 십여 킬로미터 남았다고 해요."

평온함 뒤에 평온함이 없다더니 곳곳에서 예상치 못한 일이 생겼다. 우리 차가 그 차를 끌지 못하자 먼저 길을 나섰던 힘 좋은 랜드 크루저가 되돌아와 차를 끌고 눈길을 달렸다. 밀어주고 당겨주고 함께 가는 사이 주유소가 있는 도시에 도착했고 눈발도 간간이 바람에 날리는 정도로 약해졌다. 하루 내내 눈만 봤으니 이제 제발 그만 보고 싶었다.

## 새럿도 잠을 자야 하는 사람인데

과연 라면은 20세기의 발명품으로 손색이 없었다. 밤 열시가 넘어 컵라면의 뜨거운 국물이 목을 넘어가자 웃음과 함께 처음으로 여유가 생겼다.

"눈이 많이 와서 이 동네 여관방이 동났대요. 우리는 곧 출발할 거예요. 다른 차하고 같이 가야 길도 잃어버리지 않고 위험에 처해도 도움을 받을 수 있죠."

새럿의 말이 일리가 있었다.

"여기부터 아스팔트 포장도로까지 60킬로미터 정도 가면 된대요."

그래 60킬로미터만 가면 천국이다. 출발하기 전에 새럿이 차 바닥에 돗자리를 깔고 이불로 젖은 발을 덮어주고 온풍기를 작동시켜 공기를 따뜻하게 데웠다. 눈밭의 사투를 함께한 동지애랄까. 사람 마음이란 이런 것인지 오늘 하루 새럿에게 쌓인 크고 작은 불만이 눈 녹듯 사라졌다.

그나저나 새럿이 걱정이다. 눈길을 운전한 지 꼬박 14시간이 넘었다. 우리는 두 다리 펴고 자면 그만이지만 새럿은 다시 눈길을 운전해야 한다. 온풍기에서 따뜻한 바람이 나오자 차 안은 금세 따뜻해지고 젖었던 발도 뽀송뽀송 말라갔다. 눈발은 잦아들었지만 바람은 강하게 불어 길에 쌓인 눈가루들이 날려 시야를 가렸다.

꿈결 같은 길이다. 뒷자리에 반쯤 누워 침낭을 덮은 채 꾸벅꾸벅 졸기 시작했다. 길이 넓고 반듯한 데다 눈이 많이 쌓이지 않아 길을 잃을 염려가 없어 마음이 편했다. 출발하고 얼마 후 눈에 갇혀 꼼짝 못하는 자동차 한 대를 꺼내준 후 잠이 들었다. 간간이 잠에서 깨었는데, 함께 출발한 차들은 먼저 갔는지 보이지 않았다.

다시 잠에서 깼을 때 차를 세운 채 운전대에 머리를 대고 잠깐 눈을 붙이고 있는 새럿이 보였다. 잠마저 이길 것 같던 무적의 전사에서 보통 사람으로 내려온 듯했다. 배고프면 먹어야 하고 졸리면 잠을 자야 한다. 영웅이건 전사이건 그가 누구건 피할 수 없다. 어제 아침 8시부터 운전을 시작했으니까 꼬박 16시간째 운전대에서 손을 떼지 못했다. 그도 사람이다.

눈이 완전히 멎었다. 창밖은 너무나 조용하고 깜깜했다. 만약 우주를 유영한다면 이런 기분이 아닐까. 다시 차가 멈춘 곳은 아주머니가 내릴 곳, 바가노르 근처 주유소였다.

"이곳으로 아주머니 친척이 차를 가지고 오기로 했어요."

아주머니는 무척 피곤해 보였다. 마음이 급했을 텐데 오는 시간이 너무 많이 걸렸다. 다달을 출발한 지 21시간이 지났다. 부디 무사히 가시기를. 아주머니가 내리자 이번에는 울란바토르로 가는 다른 아주머니가 그 자리를 대신했다. 초원의 주유소는 카풀을 위한 곳이기도 했다.

서서히 날이 밝기 시작했을 때는 중국 사람이 발견해 채굴을 시작했다는 울란바토르 외곽 탄광 구역을 지나가는 중이었다. 울란바토르를 떠난 지 8일 만에 다시 울란바토르로 돌아왔다. 그동안 초원에 적응해서인지 갑자기 많은 집들이 보이자 낯설었다. 갑자기 차 안으로 들어오는 공기가 달라졌다.

"날씨가 추워지면 석탄을 많이 때 도시로 들어가면 석탄 냄새가 심할 거예요."

할리온의 말대로 몽골에 처음 도착했을 때는 맡지 못했던 매캐한 냄새였다.

"겨울에는 옷에도 석탄 냄새가 배어 이곳에 있을 때는 모르지만 외국에 나가면 석탄 냄새가 나서 다시 빨아야 해요."

초원의 나라에 석탄 냄새라니. 그래서 겨울에는 몽골 여행을 자제하라고 충고하는 사람도 있고, 여유가 있는 몽골 사람들은 따뜻한 나라로 떠난다고 한다. 겨울에는 피난을 해야 하는 곳이 울란바토르다. 매캐한 연기는 중앙 난방과는 거리가 먼, 울란바토르 외곽에 자리 잡은

20만 채의 게르에서 뿜어져 나온다. 겨울철 난방을 석탄과 나무에 의지하는데, 특히 석탄이 타면서 내뿜는 연기가 고약한 냄새의 주범이다. 정부가 무연 조개탄과 굴뚝 없는 난로를 위해 투자하고 있다고 말하는 사이 울란바토르를 떠나지 못하는 사람들은 겨울 매연을 그냥 견딘다. 겨울 매연은 피난 갈 수 없는 사람들에게는 그저 일상일 뿐이다.

다달에서 출발한 지 꼬박 하루 만에 울란바토르 시내로 들어왔다. 포르공은 초원의 눈을 덮어쓴 채 게스트하우스 앞에 멈췄다. 제일 먼저 식당으로 갔는데 기진맥진하고 긴장이 풀려 모두 말이 없었다. 24시간을 운전하며 우리를 울란바토르로 무사히 데리고 온 지친 새럿의 얼굴을 살폈다. 무뚝뚝하고 고집이 세지만 알면 알수록 속정이 깊었다. 한 곳이라도 더 보여주려고 애썼고 급한 성격을 꾹꾹 눌러가며 우리를 기다렸고 틈나는 대로 몽골 이야기를 들려주었다. 위기 상황에도 당황하는 기색 없이 씨익 웃으면 그만이었다.

"운전 경력 30년에 어제 같은 경우는 처음 겪었어요."
게스트하우스로 돌아온 새럿이 사장에게 머리를 흔들며 말했다.
새럿이 우리 뺨에 뽀뽀를 하며 작별 인사를 하자 초원 여행이 끝났다는 생각에 온몸의 기운이 빠져나갔다.
시간이란 묘해서 어제 몽골에 온 것 같은데 내일이 떠나는 날이다. 늘 여행 끝 무렵이면 다가오는 뭔지 모를 아쉬움이 이번에는 더했다. 비행기 출발 시간에 제대로 도착할지 걱정을 한 게 반나절 전이었는데, 밤새워 달려온 새럿 덕분에 오늘은 울란바토르 시내와 박물관을 구경할 수 있고 버떠 아저씨 가족과 다시 만날 여유가 생겼다. 나는 이

상황이 가능하지 않을 것이라고 예상했고 새럿은 내 예상을 뒤집었다. 새럿은 게스트하우스로 오는 손님을 태우러 공항으로 떠났다.

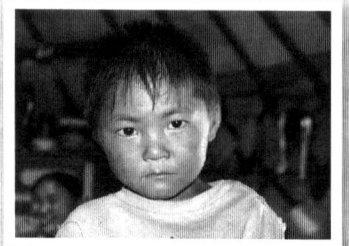

## 8. 내게 소원이 있다면

## 유목민의 평생 〈몽골의 하루〉

"이건 게르. 이건 해일 테고. 이건 양이 아닐까?"

지나가던 동네 아이가 먼지 덮인 차 문짝에다 재빨리 그림을 그렸나보다. 우리나라에서 내가 본 낙서는 "차 좀 닦아"라는 온건한 표현보다 "똥차"라는 직설적인 글이 훨씬 많았다. 그럴 때면 비싼 차도 진짜 똥차처럼 보였다. 『감옥으로부터의 사색』으로 유명한 신영복 선생이 한번은 이렇게 말했다.

"집을 그리라고 하면 보통 사람들은 지붕부터 그리지만 목수들은 주춧돌부터 그립니다."

마찬가지로 몽골에서 아이들에게 게르를 그리라고 하면 시골 아이는 영락없이 게르 문을 남쪽으로 그리는 데 비해 도시 아이는 마음대로 그린다고 한다.

그사이 집에 갔던 할리온이 돌아왔다. 헤어지기 전 호언장담한 대로 깨끗이 씻고 화장까지 해서 처음 만났을 때 그 모습이다.

"변신한 거 맞죠?"

어제 이맘 때 눈보라 속을 헤매고 있었다는 사실이 믿기지 않을 만큼 상쾌한 날씨였다.

"자나바자르 미술관으로 가볼까요?"

그동안 울란바토르에서 우리나라 국립중앙박물관에 해당하는 몽골 국립박물관과 자연사박물관은 보았지만 다른 미술관이나 박물관은 갈 여유가 없었다. 울란바토르는 머물고 둘러보는 곳이라기보다 초원 여행의 전진기지 같아 명소 몇 곳 외에는 둘러볼 마음이 생기지 않았다. 그러다가 아차 싶었던 곳이 자나바자르 미술관이다. 이곳에 몽골 불교의 첫 번째 수장이며 예술가였던 자나바자르가 만든 아름다운 불상과 몽골 사람의 일생을 그린 샤라브의 〈몽골의 하루〉가 전시되었다는 말을 들은 후 꼭 찾아봐야겠다고 마음을 먹고 있었다.

마침 미술관은 숙소에서 걸어서 채 10분이 걸리지 않을 정도로 가까이 있었다. 그런데 2층짜리 미술관으로 들어가는 육중한 나무문이 잠겨 있었다. 잠시 당황하다 안내판을 찾아보니 동절기에는 월요일부터 금요일까지만 문을 연다고 한다.

"지금이 동절기예요? 그래도 토요일은 해야 하는 거 아니에요? 샤라브의 그림과 자나바자르의 불상을 너무 보고 싶었는데……."

몽골의 겨울은 10월부터 이듬해 4월까지란다. 할리온에게 괜한 넋두리를 해봤지만 어쩔 수 없는 일이다. 못내 아쉬워 그 앞을 서성거리다 안내판에 있는 자나바자르가 만든 불상 사진을 찍으며 아쉬운 마음을 달랬다.

〈몽골의 하루〉 그림을 처음 본 건 1999년 경기도박물관에서 열린 〈초원의 대서사시-몽골 유목대전〉에서였다. 사실 그때는 몽골 사람들이 많이 등장하는 풍속화 정도로 알았다. 다시 그 그림을 만난 건 2012년이었다. 여러 해 동안 몽골에 가지 못해 마음이 허하던 어느 날 남양주시에 있는 몽골문화촌에 들렀다. 한 전시실에서 해설사가 〈몽골의 하루〉를 설명해주었는데 남자가 성기를 꺼내고 있는 장면에서 귀가 쫑긋했다.

"성기를 꺼낸 건 불에 성기를 쬐면 좋다고 해서랍니다."

적외선 치료 요법일까. 숨기는 것 없이 사실적이지만 자칫 외설로 보일 수 있는 장면이 포함된 이 그림은 놀랍게도 정치와 종교를 관장한 몽골의 마지막 복드인 8대 젭준담바 호탁트의 주문으로 그려졌다. 티베트 사람인 그가 몽골 사람의 삶을 한눈에 살펴보는 데 이만한 것도 없었을 것이다. 복드는 이 그림이 마음에 들었는지 여러 사람의 반대에도 불구하고 궁전에 걸어 놓았다. 그런데 한 가지 이상한 점은 그림이 완성된 1910년대에는 복드가 더 이상 앞을 보지 못했다는 점이다.

〈몽골의 하루〉는 가로 175센티미터, 세로 134.8센티미터로 대략 어른 키만 한 높이에 어림잡아 300여 명이 등장한다. 동쪽에는 농사 짓는 장면, 서북쪽에는 나무를 자르고 수렵하는 장면, 중앙은 초원, 그리고 남쪽으로 갈수록 낙타를 많이 그렸다. 다른 장면은 이해할 만한데 농사짓는 장면은 의아스러웠다. 씨 뿌리고 수확하고 심지어 연자방아로 곡식을 빻는 장면까지 나와, 농민을 가축이나 다름없는 사람으로 여기는 몽골인의 인식으로는 다소 기이한 장면이다. 한 일본인 학자는 20세기 초반 몽골에 살았던 중국 사람을 위해 농사를 짓던 장면이 아닌가 하고 추정했다.

그림의 제목은 하루지만 실제로는 일생을 뜻한다. 하늘에서 몽골을 바라본다면 하루 동안 누군가는 태어나고 또 누군가는 생을 마감하니 일생보다 하루라는 말이 더 설득력 있게 들린다. 인간의 시작은 출생이다. 몽골에서는 앉아서 아이를 낳는데 아이를 낳은 산모는 온 힘을 쏟아 부었는지 더 이상 소리를 지를 기력조차 없어 보인다. 요즘 우리나라 임산부는 세균 때문에 애완동물은 피하라고 하는데 몽골에서는 낙타를 피하라고 한다. 낙타를 타거나 낙타 고기를 먹어서는 안

〈몽골의 하루〉 부분도

된다. 낙타는 임신 기간이 12개월이라 혹시 낙타와 접촉하면 아이에게 동티가 날까봐 걱정하는 탓이다. 아이에게 올지 모를 불행을 피하기 위한 노력은 이름을 지어주는 데서도 보인다. 그래서 '나 사람 아님'이란 이름까지 있다. 우리나라에서 귀한 자손에게 '똥강아지'라고 부르는 것과 비슷하다.

결혼과 죽음은 혼례와 장례라는 이름이 붙을 정도로 한 사람의 생에서 가장 중요하다. 〈몽골의 하루〉에서는 신랑이 신부 집에 간 장면, 신부를 데리고 오는 장면, 신혼 살림집 장면이 보인다. 여기서 하이라이트는 신부지만 눈을 씻고 찾아봐도 신부의 표정은 볼 수 없다. 신부는 늘 붉은 자루를 쓰고 있기 때문이다. 몽골의 결혼 풍습에서 흥미로운 건 신부가 친정집을 떠날 때 심하게 울면 행복하다는 것이다. 신부를 보낼 때는 신부 어머니가 딸을 따라가는데, 신랑과 신부의 첫날밤을 지도하기 위해서란다. 칭기스 칸이 결혼을 할 때 신부인 부르테의 어머니가 동몽골에서 흐흐호수까지 그 먼 길을 따라온 것 역시 이런 관습을 따랐던 것 같다.

〈몽골의 하루〉에서 가장 극적인 장면은 죽음이다. 초등학교 다닐 때 한 월간지에 실린 티베트의 조장은 수십 년이 지난 지금까지 머리에 남을 정도로 충격적이었다. 그때는 기이하고 두려웠으며 어떻게 그럴 수가 있는지 도무지 이해가 되지 않았다. 몽골에서는 사람이 죽으면 낙타 등 가축에 시신을 싣고 가 낙타가 오줌을 싸는 곳을 장지로 정했다. 그림에는 늑대들이 달려들어 시신을 물어뜯고 초원의 청소부 타스가 내려와 쪼아먹고 있다. 시신을 동물들에게 바치는 장례는 건조해서 시신이 쉽게 부패하지 않는 초원에서, 땅을 파는 것을 꺼려하는 몽골 사람의 입장에서는 최선의 선택으로 보인다. 사회주의 이후 러시아의 영향을 받아 무덤에 매장하기 전까지 이러한 장례법이 일반적이었다.

이외에 곳곳에 재미있는 장면들이 많다. 가장 먼저 눈에 띄는 건 양털로 이스끼를 만들다 눈이 맞은 남녀로 이스끼 아래에서 격정적인 사랑을 나누고 있다. 싸움을 하는 모습도 종종 보인다. 이사 준비를 하다 무슨 사단이 생겼는지 남편은 아내를 때리고 옆의 사람은 싸움을 말리느라 남편 머리를 잡아당기고 있다. 심지어 뱀도 등장한다. 뱀에게 다리를 물린 사람은 기겁을 하고 그 모습을 본 똥 줍던 여인은 꽁지 빠지게 도망간다. 우리나라 불화인 감로탱에도 뱀에게 물려 비명횡사하는 장면이 있는데, 어딜 가나 뱀은 사람을 기겁하게 만드나보다.

## 타라보살의 젖가슴

자나바자르 미술관의 주인공은 당연히 자나바자르다. 우리나라로 치면 서산대사나 원효대사 같은 고승으로 몽골 국기에 들어간 소욤보라는 문자를 만든 장본인이며 몽골의 미켈란젤로라 불리는 예술가다. 더군다나 복드라 불린 몽골 불교 최초의 수장이었다.

1635년 외몽골의 실력자 3인방 중 한 명인 곰보도르지의 아내 함도잠초는 하늘에 무지개가 뜨는 꿈을 꾸었다. 그리고 임신을 했는데 어쩐 일인지 그해에는 자연재해가 들지 않았다. 큰 인물은 태어날 때부터 보통 사람과 다른데 자나바자르의 출생 역시 남달랐다. 1639년 다섯 살 꼬마는 외몽골의 불교를 대표하는 복드로 추대되었다. 당시 몽골을 둘러싼 국제 정세는 그를 필요로 했다. 만주 지역의 강자로 부상한 청나라는 누구보다 유목민의 저력을 잘 알고 있었는데 경계 대상 1호는 유목의 본고장 몽골이었다. 위기를 감지한 몽골의 실력자들은 '정치와 종교가 중심이 되어 평화를 지키자'고 맹세했고 곰보도르지의 아들 자나바자르를 복드로 추대했다.

복드가 된 자나바자르 앞에 어떤 세상이 펼쳐졌을까. 그는 열네 살 때 라마교의 본고장 티베트로 유학을 떠났다. 그곳에서 달라이라마와 반친 복드로부터 성인聖人 즉 '쩝중담바'라는 칭호를 받았다. 재미있는 사실은 유학 중에 청동주조 기술, 즉 청동으로 불상을 만드는 기술을 배웠다는 점이다. 아마도 그는 호기심이 많고 예술적 창의력이 뛰어난 인물이 아니었을까 싶다.

현재 몽골의 수도인 울란바토르의 역사를 거슬러 올라가면 자나바자르와 만난다. 다섯 살 때 복드가 된 후부터 그가 머무는 천막촌 마을은 평균 5년 반마다 이동하다 토올강 유역에 있는 현재의 울란바토르에 정착했다. 처음에는 이흐 후레로 불리다가 1911년에는 니슬렐 후레로, 1924년 몽골인민공화국을 선포하면서 붉은 영웅이란 뜻의 울란바토르로 이름을 바꾸었다.

그러나 그가 사랑한 곳은 움직이는 게르가 아니라 초원과 계곡이 아스라이 보이는 항가이산맥의 절벽 사원 툽홍으로 보인다. 그는 이곳에 30여 년간 머물렀다고 한다. 매일 사원 동굴에 앉아 명상을 하고 새벽녘에는 절벽 꼭대기에서 경전을 읽었다.

그는 소욤보라는 문자를 만들었다. 소욤보는 세모, 네모, 동그라미를 조합한 것처럼 보이는데, 몽골을 여행하다보면 곳곳에서 소욤보를 볼 수 있다. 입국 심사 때 찍은 도장, 몽골 지폐, 그리고 몽골 국기에 소욤보가 있다. 소욤보 가장 위쪽의 불은 과거, 현재, 미래를 상징하며 해와 달은 영원한 번영을 뜻한다. 두 개의 세모는 칼의 모습으로, 칼이 아래로 향한 것은 적을 물리친다는 뜻이고 중간의 두 개의 수평 막대기는 올바른 사상을 상징한다. 가운데 있는 물고기는 언뜻 태극기의 음과 양처럼 보이는데, 절대 눈을 감지 않는 물고기처럼 철통 경계를 상징하며 두 마리는 각각 음과 양을 밝히고 국가를 보호한다는 뜻이다. 양쪽의 두 기둥은 벽을 표현한 것으로, 국민이 국가를 위해 움직이다보면 벽보다 단단한 국가가 형성된다는 것을 의미한다.

그러나 소욤보를 만든 바로 그해 청나라의 주재로 동·서 몽골이 화해하는 의식을 가진다. 그때 자나바자르는 이렇게 말했다고 전한다.

"북쪽의 노란 중국(러시아)이라고 불리는 나라의 황제는 정치가 안정된 대국이지만 불법(佛法)을 알지 못하고 의복의 깃이 잘못되었기 때문에 우리가 그들에게 복속하는 것이 불가능하다. 남쪽의 검은 중국(만주)의 군주는 정치가 안정되었으며 게다가 불법이 널리 퍼졌고, 특히 만주 칸의 재화는 하늘처럼 많기 때문에 큰 공덕이 있다. 따라서 그쪽으로 향하면 정치가 안정되고 중생이 모두 안녕할 것이다."

『몽골의 역사』

그는 더 이상 청나라의 힘을 막을 수 없다고 판단한 것 같다. 그로

자브항아이막의 중심 도시 올리아스타이 전경

타라보살의 젖가슴은 자비로운 어머니의
상징이다.

부터 2년 후 몽골의 실력자들은 청나라에 복속할 것을 결정하고 다음 해 공식적으로 복속했다. 한때 세계를 호령하던 몽골은 청나라의 지배를 받는 신세가 되었다.

파란의 시절을 보낸 자나바자르는 1723년 열반에 들었다. 그가 죽었을 때 그의 어머니가 태몽을 꾸었을 때처럼 하늘에 무지개가 뜨고 신기한 일이 일어났다고 한다. 그러나 이런 동화 같은 이야기는 후대에 지어낸 것이며 실상은 그의 영향력을 없애기 위해 청나라가 살해한 것으로 추정한다. 비록 그를 살해했다고 해도 사후 처리를 엉망으로 했다가는 후폭풍을 맞는다는 걸 잘 아는 청나라에서는 자나바자르를 기념하고 불교를 적극적으로 포교하기 위하여 '아마르 바야스 갈랑트', 편안한 즐거움이라는 뜻의 사원을 만든다. 이 사원은 셀렝게아이막에 있으며 몽골 전통양식과 중국 건축양식이 혼합되었는데, 현재 28개의 건물이 남아 있다. 자나바자르의 시신은 화장을 한 후 간당 사원에 모셔졌다가 다시 아마르 바야스 갈랑트 사원으로 옮겨졌다. 자나바자르와 두번째 복드가 죽은 후 청나라의 간섭으로 더 이상 몽골 사람 가운데 복드는 나오지 않았고 그 자리는 티베트 사람이 대신했다.

자나바자르에게 더 관심이 간 건 그가 만든 타라보살 때문이었다. 우리나라 불상과 달리 매우 여성적이며 풍만한 젖가슴이 그대로 드러나 있다. 우리나라 불상 가운데 이 정도로 과감하게 노출한 예는 쉽게 찾아보기 어렵다. 고려 말~조선 초기 원나라의 영향을 받은 라마 양식의 불상들이 노출을 하긴 했지만 이 정도는 아니었다. 우리나라였다면 난리가 나도 몇 번은 났을 것이다.

보살은 기본적으로 남자이지만 한눈에 봐도 여자인 타라보살은 어떻게 탄생했을까? 관음보살이 사람의 고통에 가슴 아파하며 흘린 눈물이 모여 연못을 만들었고 이 눈물의 연못에서 타라보살이 탄생했다고 전한다. 비슷하지만 다른 이야기로 관음보살의 오른쪽 눈물에서 녹색타라가, 왼쪽 눈물에서 백색타라가 탄생했다고 한다. 눈물과 연꽃은 달리 말하자면 공감과 치유를 뜻하는데, 이 두 가지는 타라보살의 주된 역할이다.

타라보살의 탄생 이야기는 역사적 사실을 배경으로 한 듯하다. 티베트 최초의 불교도 왕이었던 송첸감포의 두 아내 즉 중국 출신의 왕비가 백색타라로, 네팔 출신의 왕비가 녹색타라가 되었다고 한다. 물론 송첸감포는 타라보살의 중심 보살인 관음보살이다. 백색타라와 녹색타라 두 보살은 관음보살이 중생들을 위해 하는 일을 구체화시켜 강조했다. 백색타라는 이마에 달린 눈까지 세 개가 기본이며 양 손과 발까지 모두 7개인 경우도 있는데 이 많은 눈과 손으로 중생을 살핀다. 녹색타라는 여행자의 안전을 돕고 여러 가지 위험에서 중생들을 지켜준다.

백색타라와 녹색타라를 잉태한 관음보살은 불교 역사에서 가장 많은 인기를 누린 보살로 우리나라 역시 곳곳에 관음설화가 깃든 관음신앙의 성지가 많다. 관음보살은 말 그대로 사람들의 마음을 보고 고통의 소리를 듣는다. 사람이 마음속 고통의 소리조차 내지르지 못하는 그 순간이 지옥이다. 그 침묵의 고통 소리를 들은 관음보살은 그 마음에 공감하여 눈물을 흘리고 그 눈물로 사람의 마음을 어루만진다. 모든 것을 포용하는 미소는 굳을 대로 굳은 사람들의 마음을 녹인다. 그래서 사람들은 늘 "나무아미타불 관세음보살"을 읊었고 몽골 초원에서는 관음보살의 분신 타라보살이 유행했다.

자나바자르가 만든 타라보살의 젖가슴은 관능의 상징이 아니라 모든 생명을 먹여 살리며 슬픔을 넉넉하게 품는 자비로운 어머니의 상징이다.

## 8천만 년 동안의 싸움

낡고 허름해 보이는 하얀색 3층 건물 앞에 섰다. 자연사박물관의 겉모습은 8년 전이나 지금이나 크게 달라진 게 없는 듯했다. 경쟁하듯 새 빌딩이 올라가고 고급주택 단지가 들어선 울란바토르에서 앞으로도 크게 변하지 않을 것 같다. 2004년 몽골 여행을 마치고 한국으로 돌아오는 날 이곳을 방문했다. 그때는 박물관에 근무하고 있던 터라 박물관에 들어서자마자 매의 눈으로 진열실 이곳저곳을 둘러보았다. 주먹한 방이면 그대로 끝장인 일반 유리를 진열장 유리로 쓰는 걸 보고 한숨을 내쉬다 거의 완벽하게 보존된 다양한 공룡 화석들을 보고 깜짝 놀랐다. 그때 몽골이 세계적인 공룡 화석 산지라는 것을 알게 되었다.

그로부터 3년 후 고비사막 바양작이라는 곳에 갔을 때 다시 공룡을 만났다. 옛날 작이라는 나무가 많아 이름 붙은 바양작은 더는 나무를 찾아보기 힘들고 붉은 흙이 드러난 절벽이 끝없이 펼쳐져 얻은 '불꽃벼랑'이라는 별명이 더 어울리는 곳이었다. 절벽을 따라 내려갔을 때 절벽 사이에 박힌 공룡 알을 어렵지 않게 볼 수 있었다. 하지만 공룡에 그다지 관심이 없었던 터라 공룡 알을 직접 눈으로 봤다는 흥분은 얼마 가지 않았다.

사실 공룡에 관심이 간 건 좀 엉뚱한 일에서 시작되었다. 어린이집에 다니던 딸아이가 어느 날 "티라노사우루스"라는 말을 하기 시작했다. 같은 어린이집에 다니는 남자친구 가운데 공룡박사가 있는데, 그 친구에게 들었다는 것이다. 얼마 후에는 그 친구에게 배웠는지 집에서 공룡책 한 번 본 적이 없는 딸아이가 브라키오사우루스, 프테라노돈 같은 이름을 알 정도였다.

왜 아이들은 공룡에 열광하는 걸까. 아이를 키우면서 아이들은 왜 자기 똥을 좋아할까라는 의문 이후 가장 궁금한 일이었다. 똥은 자기가 만든 최초의 작품이기에 좋아한다는 답을 준 친구가 이번에는 이렇게 말했다.

"아이들은 기차, 버스, 비행기를 좋아하잖아. 큰 걸 좋아해. 공룡도 마찬가지야."

아이에게 공룡 이야기를 꾸며내기에 바쁜 어느 날이었다. 우연치 않게 공룡 두 마리가 서로 뒤엉켜 있는 화석 사진을 봤다. 이 공룡들은 어쩌다 이 지경에 이르렀을까. 이 화석이 가장 유명한 공룡 화석 가운데 하나인 '싸우는 공룡' 화석이었고 소장처가 다름 아닌 몽골의 자연사박물관이었다.

자연사박물관 로비는 외국 관광객과 몽골 사람들로 붐볐다. 새릿이 누누이 말하던 성산 오트공 텡그리가 모형으로 전시되어 시선을 끌었다. 그리고 보르항 할동을 만났다. 복도 한 벽면을 꽉 채운 큰 그림이었는데, 평평한 산 정상은 눈으로 덮였고 맨 위쪽에 흔히 칭기스 칸의 무덤이라고 전하는 평평한 제단 모습이 보였다. 복도에 전시된 사슴뿔을 보고 사슴돌에 새겨진 사슴뿔이 단지 상상의 산물이 아니라는 걸 다시 확인했다.

드디어 공룡 전시실로 들어갔다. 그런데 박물관 전시물 촬영료를 지불했어도 이곳만큼은 촬영이 금지되어 있어 실물에 집중하라는 뜻으로 받아들이고 카메라 전원을 껐다.

"싸우는 공룡 화석이 전시되어 있을까요?"

"아마 없을 거예요. 외국으로 나갔다는 말을 들었어요."

몽골은 공룡 화석의 메카로 거의 모든 종류의 공룡 화석이 발견되었다. 게다가 보존 상태가 뛰어나고 당시의 생생한 모습을 보여주는 화석들도 많이 있다. 몽골 공룡 화석 발굴의 역사는 90여 년 전으로 거슬러 올라가는데 우리나라 장생포에서 귀신고래를 연구했던 미국 사람 로이 앤드류스가 주인공이다. 인디아나존스의 실제 모델인 그는 자기 눈으로 확인해야 직성이 풀리는 성격이었는지 중앙아시아에서는 오래된 동물의 흔적이 나오지 않을 거라는 지질학자들의 말에 의문을 품었다.

그는 몽골의 고비사막을 주목했다. 1922년 자동차 8대, 낙타 150마리로 이루어진 탐험대를 이끌고 고비사막으로 들어갔다. 그의 직감대로 공룡의 화석을 발견하였고 이듬해 다시 고비사막 바양작으로 들어가 세계 최초로 공룡 알을 찾아냈으며 쥐떼의 습격으로 죽은 것으로 보이는 완벽한 공룡 뼈를 발견했다. 그 후부터 여러 나라의 공룡 탐험대가 몽골로 들어갔으며 최근에는 우리나라가 주도한 국제 탐험대가 들어갔다.

지금까지 발견된 공룡 화석 가운데 가장 유명한 건 '싸우는 공룡'이다. 주인공은 육식공룡인 벨로시랩터와 초식공룡인 프로토케라톱스이다. 벨로시랩터는 영화 〈쥬라기공원〉에서 아이들을 잡아먹으려 주방을 종횡무진 활보하던 그 공룡이다. 프로토케라톱스는 머리가 큰 공룡으로 목에 장식이 있는 최초의 공룡으로 알려졌다. 벨로시랩터는 뒷다리의 갈고리 발톱으로 프로토케라톱스의 배를 공격하였으며 이에 질세라 프로토케라톱스도 벨로시랩터의 팔을 물어뜯었다. 서로가 서로를 물고 사투를 벌이던 그 순간에 모래 폭풍 혹은 모래 언덕이 순식간에 그들을 덮쳐 공룡들은 8천만 년 동안 그렇게 끝낼 수 없는 승부를 벌이고 있었다. 무려 8천만 년이다.

또 하나 재미있는 화석은 오비랍토르다. 오비는 알, 랍토르는 약탈자라는 뜻으로 두 말을 합치면 알도둑이다. 오비랍토르는 무슨 알을 훔쳤을까. 싸우는 화석의 주인공 프로토케라톱스의 알로 추정되는 알 위에 오비랍토르가 겹쳐 있는 화석이 발견되었는데 학자들은 오비랍토르가 알을 훔치러 왔다가 그대로 화석이 되었다고 추정하고 이런 이름을 붙였다. 나중에 연구해보니 그 알은 프로토케라톱스의 것이 아니고 오비랍토르의 것으로 밝혀졌다. 하지만 한 번 붙여진 이름은 쉽게 바뀌지 않는 법이다. 오비랍토르는 자기 알을 품었을 뿐인데, 알도둑이란 이름은 그대로여서 오비랍토르 입장에서는 억울한 일이다.

메인 홀에는 거대한 공룡이 날카로운 이빨을 드러낸 채 어디론가 향하는 모습으로 서있었다. 이 공룡이 유명한 육식공룡 티라노사우루스의 친척인 타르보사우루스였다. 이 공룡을 중심으로 몽골에서 발견된 여러 공룡들이 호위하듯 늘어서 있다.

화석을 둘러본 후 할리온에게 말했다.

"상태가 좋은 공룡 화석이 고비사막에서 많이 나왔는데 미국 사람들이 발굴해서 많이 가져갔어요. 19세기, 20세기 제국주의가 한창일 무렵 제국주의 국가에서 탐험과 조사라는 이름으로 몽골뿐 아니라 중국, 중앙아시아로 많은 탐험대를 보냈죠. 그러고는 막대한 유물들을 본국으로 가져갔어요. 아예 중국에서는 동굴 벽화를 통째로 뜯어갔어요. 그 당시 그들에게는 아무런 죄책감이 없었어요. 그 후 힘없는 나라들은 약탈을 당했다고 주장했지만 이미 돌이킬 수 없는 일이었어요. 다른 나라로 간 중요한 공룡 화석들은 언젠가는 몽골로 돌아와야겠죠. 공룡의 고향이 몽골이잖아요."

## 울란바토르의 마지막 레닌

박물관을 나오자 찬바람이 불어왔다. 문 하나를 사이에 두고 수천만 년이 오갔다. 몽골 사람들은 바람에 역사를 쓴다고 할 정도로 초원에서는 입에서 입을 통해 경험과 지혜가 쌓이고 전해졌다.

"이쪽이 몽골국립대학교이고 저쪽이 울란바토르대학교예요. 몽골국립대학교는 공부 잘하는 아이들이 많이 가는데, 시골에서 올라온 학생들이 많아요. 반면 울란바토르대학교는 사립대학교이고 부잣집 아이들이 많이 가죠."

시골 수재와 도시 부자들이 다니는 대학 근처에 있는 몽골에서 제일 크다는 서점을 들렀다. 습관처럼 역사책과 도록이 있는 쪽으로 가보니 눈에 익은 흉노 유적 도록과 제법 두꺼운 자나바자르 작품집이 눈에 띄었다. 물가수준에 비해 무척 비싸 책을 사볼 수 있는 사람이 그렇게 많지 않을 것 같았다. 2층으로 올라가 영어로 된 책을 뒤적거리다 『자나바자르』, 『몽골 말을 타고 여행하기』, 『게르 짓는 법』 같은 책을 만났다.

그중에서 『게르 짓는 법』이 흥미로웠다. 몽골 게르에 대한 소개, 구조, 세우는 법이 들어 있었는데, 해체된 게르를 수레에 싣고 가는 장면이 삽화로 들어 있었다. 게르는 유목민 삶의 놀라운 유산으로 구조와 디자인이 3천 년 전부터 지금까지 전해져 왔다고 한다. 이 책을 넘겨 보자 마치 게르 한 채를 가진 것처럼 뿌듯했고 지금 당장 게르를 짓고 해체할 수 있을 것 같았다.

몽골에 여행을 오는 사람이면 말을 타고 초원을 횡단하는 로망을 꿈꾸곤 한다. 실제로 그렇게 몽골을 횡단한 사람이 있고 혼자 말을 끌고 다니는 여행자도 만났었다. 요즘은 말 대신에 오토바이를 타고 유럽에서 출발해 몽골까지 오는 사람들까지 생겼다. 『몽골 말을 타고 여행하기』 한 권이면 언젠가는 말을 타고 몽골을 횡단할 수 있을 것 같은 자신감이 들었다. 재미있는 삽화도 들어 있었다. "Hello, What a taxi!" 라던 여행자가 잠시 후 택시 대신 말을 탔다. 재갈, 안장, 등자에 대한 자세한 설명이 이어졌는데, 흥미로운 부분은 말 엉덩이에 찍는 낙인이었다. 낙인은 소유권을 뜻하는 표식으로 모두 126개가 소개되었는데 해, 달, 물고기, 새, 삼각형, 숫자, 불, 문자 등 무척 다양했다. 그중에서 삼지창을 데칼코마니처럼 위아래로 새겨 넣은 문양은 고려청

울란바토르의 마지막 레닌 동상

몽골 독립의 영웅, 수흐바타르 장군

자에 있는 것과 유사해 흥미로웠다.

서점을 나와 제법 붐비는 인파를 헤치며 걷다 울란바토르 호텔 앞에서 뜻밖의 동상을 만났다.

"할리온, 저 사람 누군지 알아요?"

"……."

사회주의 끝 무렵에 태어난 할리온은 모를 수도 있겠다. 독일 사람이라고 모두 괴테를 아는 건 아닐 테니까.

"유명했던 사람이에요. 블라디미르 일리치 레닌."

유명했던 사람, 레닌이 누구인가. 20세기 초 러시아에서 세계 최초로 사회주의 혁명을 일으켰고 1980년대 우리나라 대학가에서 선풍적인 인기를 끌었던 인물이었다. 러시아의 영향을 받았던 사회주의권치고 그의 동상이 없던 나라는 없을 것이다. 인류 역사상 가장 많은 나라에서 가장 많이 세워진 동상이 아닐까. 한 세기를 풍미하던 레닌도 사회주의 국가들의 붕괴와 함께 내리막을 달려 대부분의 사회주의권 국가에서는 경쟁적으로 동상을 철거하였다. 쇠사슬에 묶인 채 끌어내려지던 레닌 동상은 사회주의의 종말을 고하는 증거로 널리 사용되었다.

떠돌이 이방인의 눈으로 레닌을 보려 한 사진작가 이상엽은 러시아에 남겨진 레닌의 동상을 따라 여행을 떠났다. 서쪽 상트페테르부르크에서 동쪽 끝 블라디보스토크까지 시베리아 횡단열차를 따라 지독히 쓸쓸하다는 레닌의 동상을 따라갔다. 그가 찍은 레닌의 동상들은 대부분 작은 키에 대머리였고 결연한 의지를 담은 인상이다. 그중에서 가장 먼저 세워졌을 상트페테르부르크 핀란드역의 레닌 동상은 방금 핀란드에서 망명을 끝내고 돌아와 러시아 사람들에게 혁명을 주장하는 듯 주먹을 불끈 쥐고 있었다. 이 동상에 비하면 몽골의 레닌 동상은 다소 점잖다고 할까.

몽골에서 레닌 동상은 다른 사회주의권 나라와 다른 대접을 받았다. 레닌의 외할머니 쪽이 몽골계라는 것이 이유였다고 한다. 즉 같은 핏줄이라는 이유로 철거를 면했다. 지방 도시에서도 종종 레닌 동상을 볼 수 있는데 몇 해 전 알타이산맥의 도시 을기에 갔을 때 광장 한복판에서 그의 흉상을 봤다.

"그런데 왜 촬영을 하고 있지? 무슨 일이 있나?"

방송국 직원으로 보이는 카메라맨이 레닌 동상을 찍는 중이었다. 우리나라로 돌아온 후 그 까닭을 알 수 있었다. 우리가 동상을 본 다음 날 울란바토르시에서 동상을 철거했다는 소식을 들었다.

"인류 역사상 공산주의자들처럼 동족을 대량 학살한 세력은 없었다. 구소련과 중국의 공산주의자들은 자국민들을 종교를 이유로, 출신 배경을 이유로 또 공산주의를 인정하지 않았다는 이유로 총으로 쏴 죽였다. 무고한 사람을 죽이는 세력을 창시한 사람이 바로 레닌이며, 바로 이 레닌 때문에 제일 많이 피해를 입은 국가가 바로 우리 몽골이다. 1930년대 수년 동안 몽골 국민 4만여 명이 종교를 이유로, 출신 배경을 이유로 공산주의자들에 의해 모조리 살해됐다. 나는 오늘을 역사적인 날이라고 말하고 싶다."

에르데네 바트울 울란바토르 시장이 동상을 철거한 이유를 외신은 이렇게 전했다.

사람을 뜻대로 개조하여 변화시킬 수 있다는 믿음만큼 치명적인 유혹은 없었던 것 같다. 그런 믿음은 사람을 그 자체로 보지 않고 대상화시키려고 했던 사고에서 나오지 않았나 싶다. 있는 그대로 사람을 보지 않고 개조시키려 했던 오만이 사회주의의 불행한 씨앗을 잉태한 것은 아니었을까.

  레닌 동상을 지나 수흐바타르 광장을 가로질렀다. 수흐바타르 광장은 울란바토르에 오는 여행자라면 한 번쯤은 들리는 우리의 광화문 광장 같은 곳이다. 시내 중심부에 있고 주위에 박물관, 미술관, 우체국, 관공서가 모여 있다. 광화문 광장에 이순신 장군의 동상이 있다면 수흐바타르 광장에는 수흐바타르의 동상이 있다. 호리호리한 체격에 말을 타고 질주하는 수흐바타르는 몽골 독립의 영웅이며 칭기스 칸과 더불어 몽골 지폐의 주인공이다. 몽골의 독립전쟁을 앞장서서 지휘한 그는 레닌을 찾아가 도움을 요청했고 러시아의 지원을 받아 중국으로부터 독립을 이루었다. 몽골의 마지막 복드가 세상을 떠나고 몽골 최초의 헌법을 공포한 지 얼마 지나지 않아 갑자기 세상을 떠났다. 그의 사인은 명쾌하지 않아 정치노선을 둘러싼 갈등으로 희생되었다고 보는 사람이 많다. 그의 동상에는 이런 글이 보인다.
  "만일 우리 모두에게 공통된 의지와 노력이 있다면 우리가 이 세상에서 이루지 못할 것이 없고 배우지 못할 것이 없으며 실패할 것이 없다."
  그러나 강압된 의지와 노력은 사람들을 불행하게 만든다.

## 내게 소원이 있다면

몽골 여행의 마지막 저녁을 버떠 아저씨 가족과 함께하기로 했다. 웃고 떠들며 지난 여행 이야기를 신나게 풀어놓았다. 버떠 아저씨 역시 우리처럼 눈 속을 헤맨 적이 있을까?

"몽골에서는 사계절을 하루에 볼 수 있는 날이 있어요. 그런 날은 해 떴다, 비 왔다, 눈 왔다 하죠. 예측할 수가 없어요. 몽골 사람들은 여기서 태어났으니까 길에 대한 감도 있고 대충 아는데 한국 사람들은 처음 가보는 거고 감도 없으니까 불안한 거죠. 몽골 운전기사들은 갑자기 날씨가 나빠지면 4~5일 정도 차 안에서 지내는 경우도 있어요. 초원은 인적이 있어 걸어서 게르를 찾아가면 되는데 수흐바타르아이막이나 고비사막은 인적이 드물어 그럴 수조차 없어요."

알면 알수록, 겪으면 겪을수록 무서운 곳이 초원이다. 여행을 올 때마다 크고 작은 일을 겪었지만 이번이 가장 아찔한 경험이었다. 지나고 나면 추억이지만 당시에는 귀신에 홀린 것 같은 기분이었다. 하루 동안 헤맨 것도 끔찍한데 눈 속에 고립되어 5일 동안 지낸다는 건 상상조차 끔찍하다.

이번 여행은 다른 여행 때보다 현지 유목민 게르에 묵으면서 그들과 이야기를 많이 나눌 수 있어서 몽골 속으로 한 발자국 더 들어간 느낌이었다. 신선한 말고기, 쇠고기는 특별히 양념을 하지 않아도 맛이 좋다는 새롭지 않은 사실을 새삼 알았다. 사람들의 삶이 녹아 있는 게 음식이었다. 내 이야기를 듣던 아저씨가 제안을 했다.

"다음에 올 때 여유가 있으면 몽골 음식을 직접 만들어보는 건 어때요?"

"호르혹은 꼭 만들어보고 싶어요. 양 잡는 건 빼고요."

그런데 호르혹 요리의 핵심이 양을 잡는 건데 이걸 하지 않으면 요리했다고 할 수 없을 것이다.

그때 할리온과 동료가 갑자기 악수를 했다.

"몽골 사람들은 발을 부딪치면 악수해야 해요."

이러한 몽골의 생활 예절은 동료 말대로 괜한 오해를 풀고 싸움을 없애기 위해서인 것 같다. 지난 번 다달에서는 동료가 계속 재채기를 하자 곁에 있던 사랑겔이 재미있는 말을 했다.

"호이 호이 호이. 신이여 용서하십시오. 복 있는 집안의 사위가 되십시오."

여행 이야기를 하다 어느덧 비자 문제에 이르렀다. 발단은 이랬다.

"몇 년 전 버떠 아저씨가 한국에 차 사러 오신다고 했을 때 아저씨가 오면 어떻게 대접할까 여행팀 동료들이 이런저런 계획을 세웠죠."

"그때 비자를 받기 어려워서 못 갔어요."

우리나라를 여러 번 다녀온 적이 있는 할리온이 말했다.

"몽골에서는 한국으로 가는 비자를 받기 위해 준비할 서류가 거의 책 한 권이에요. 은행 잔고가 적어도 만 불 이상 있어야 하고 재직증명서, 사회보험금 납부증명서 내야 하고. 초청하는 사람과 어떤 관계인지 증거자료가 있어야 하고……."

"우리나라도 미국 비자 받을 때 그랬었는데……."

꼭 십 년 전, 미국에서 개최되는 특별전시 준비로 미국에 갈 일이 있었는데, 비자를 받기가 너무 까다로웠다. 비용도 만만치 않았지만 비자를 받기까지 들인 시간과 노력을 따지면 너무 한다는 생각까지 들었다.

"아저씨, 다음에는 같이 여행 가요."
"다들 건강하세요. 제일 중요한 게 건강이에요. 볼 때마다 느끼지만 가족들이 행복한 것 같아서 제 마음이 좋아요. 이렇게 오랫동안 알고 지내서 기분이 좋아요."
아저씨와 헤어질 때면 눈물이 찔끔찔끔 났는데 이번에도 그랬다. 내년에는 꼭 같이 여행할 수 있기를.
"할리온. 그동안 고생 많았어요. 다음에 올 때 또 통역해줘요."
식사를 마친 후 할리온이 택시를 타고 떠나자 여행이 서서히 끝나가는 걸 실감했다. 할리온은 지금까지 가장 많은 이야기를 나눈 몽골 사람이다. 그녀를 통해 몽골에 대해 많은 이야기를 들었고, 많은 경험을 했고, 그들의 생각을 조금 더 이해할 수 있었다. 고된 여행길이었지만 불평 한마디 하지 않았고 통역이 아니라 함께 여행하는 동료라는 기분이 들었다. 돌이켜보면 지금까지 몽골 여행은 여러 가지 운이 따랐는데, 그중 하나가 좋은 통역과 운전기사를 만난 게 아닌가 싶다.
"이번 여행은 우리끼리 노는 시간보다 몽골 사람들과 이야기 나누는 기회가 많아서 좋았어. 그전까지는 우리 여행팀끼리 여행을 했다면 이번에는 몽골 속으로 한 발자국 깊숙이 들어간 것 같아. 유목이 어떤 것인지 맛보았고 소젖을 짜고 건초를 날랐잖아. 날마다 굉장한 일이 생겼어."
게스트하우스의 삐걱거리는 침대에 누워 있으려니 여행을 하며 겪었던 일들이 하나둘 떠오르기 시작했다. 만나자마자 귀신 이야기를 하던 할리온과 눈길을 헤치며 밤새워 울란바토르로 돌아온 일까지 끝도 없이 이야기가 쏟아졌고 이야기가 끝날 때마다 배꼽을 쥐고 웃었다. 나중에는 너무 웃다가 허기가 들어 웃을 힘마저 사라졌다.

비행기 시간에 맞춰 새벽 3시에 조용히 짐을 들고 숙소를 빠져나왔다. 캄캄한 울란바토르 거리가 스산하게 느껴진 건 더 머물고 싶다는 아쉬움 때문이었으리라. 올 때는 차가 너무 막혀 여기가 몽골이 맞나 싶었던 거리는 드문드문 차가 지나다닐 뿐이다. 몽골에 처음 왔을 때 거리를 메우던 한국 차들을 보고 우쭐했던 기억과 우리나라에서 쓰던 노선표를 그대로 붙이고 다니던 버스를 보며 느낀 우월감은 나도 모르는 사이 몽골을 왜곡해 보도록 만들었다. 이제는 내려놓아야 할 것들이다.

동료가 수하물에 넣은 버너를 압수 당하는 해프닝을 끝으로 새벽 비행기는 몽골 하늘로 올랐다. 먼동이 트기 전 석탄 연기로 뿌옇게 흐린 울란바토르는 공상과학 영화에 나올 법한 우울한 도시 같았다.

잠시 후 눈 덮인 초원이 조용히 흘러갔다.

"내게 소원이 있다면 우리 자연을 훼손하지 않고 그대로 후손에게 전해주는 겁니다."

홉스글호수에서 만난 말치기 대장 호이가의 소원이었다. 세상에서 가장 깨끗하다고 알려진 곳에 사는 그의 소원치고는 좀 이상했다. 그러나 몽골 초원을 다니면서 그들은 자연을 단지 보호의 대상이 아니라 경외의 대상으로 받아들인다는 것을 알았다. 오래전부터 개발 논리가 전 세계를 휩쓸었고 경제 발전은 성장과 번영과 행복을 만든다는 논리가 사람들을 지배했다. 호이가의 소원은 시대에 많이 뒤떨어진 것일지 모른다. 하지만 시대에 뒤떨어진 그의 소원이 내내 마음에 와 닿는 건 그의 소원이 우리 땅에 대한 나의 바람과 같기 때문이다.

칭기스 칸의 길을 따라가면서 칭기스 칸의 후예들을 만났다. 울란바토르에서, 초원에서, 눈보라 속에서 만난 그들을 한 마디로 묶을 수 있는 말은 유목민이라는 단어다. 이미 자신들은 유목국가가 아니라고 주장하고 유목을 시대에 뒤떨어진 것으로 취급한다 해도 이방인이 보기에 그들은 여전히 초원 속에서 살아가는 유목민이었다. 그들에게 느꼈던 당혹감과 낯설음은 개인적인 차이보다 문화적인 차이에서 비롯된 바가 컸다.

초원에서 점점 멀어지면서 여행은 기억의 저편으로 빠르게 넘어가기 시작했다.

몽골이 각별한 이유. 버떠 아저씨 가족

〈몽골 여행 루트〉

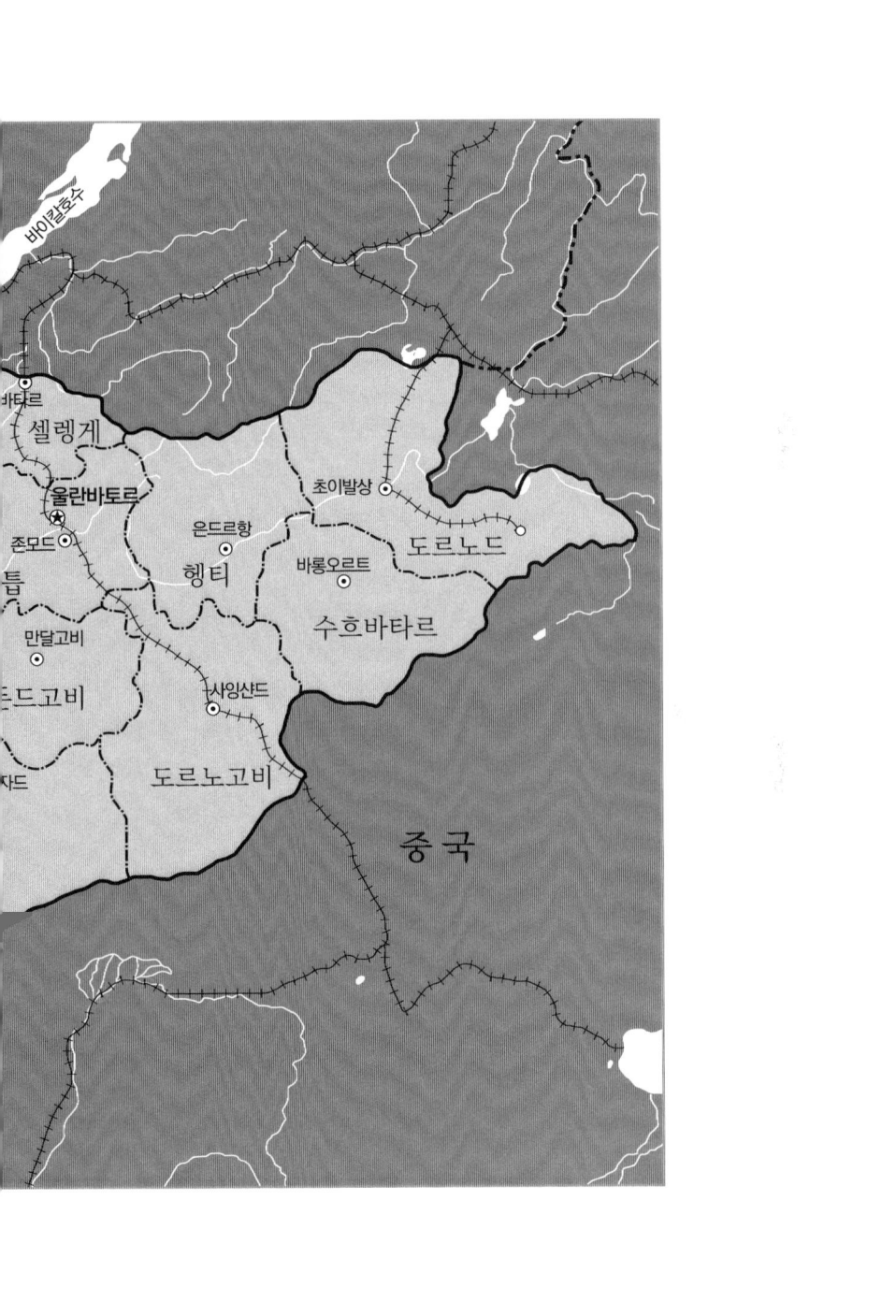

## 2004년(9일 일정)
## 울란바토르에서 테르힝 차강호수까지

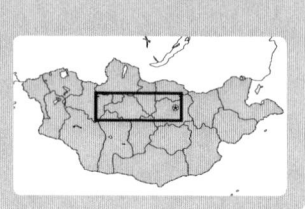

 실속 있는 몽골 여행 종합선물세트. 초원과 강은 물론 호수, 협곡, 산림, 화산, 심지어 사막까지 볼 수 있다. 어디를 가든 끝없는 푸른 초원과 파란 하늘을 만나고 수많은 별과 별똥별을 보며 소원을 빌 수 있다. 게르를 방문해 유목민을 만나는 일도 즐겁다. 울란바토르에서 하르호링 코스를 선택하는 여행자들이 많지만 조금 무리해서 테르힝 차강호수까지 간다면 여행의 즐거움은 몇 배가 된다.

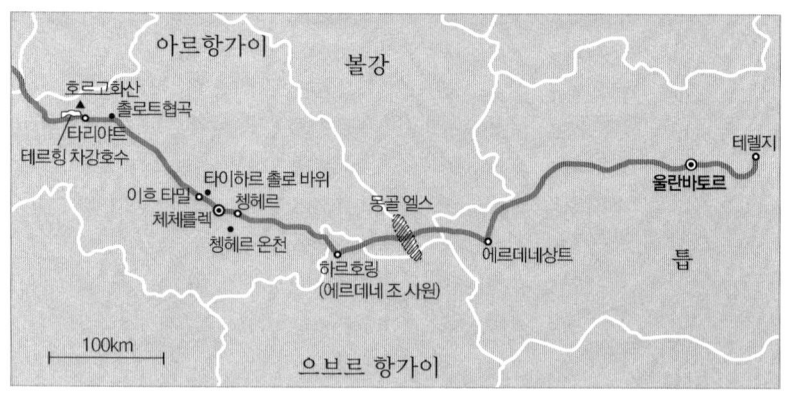

## 1일차 (8월 28일) | 인천공항-울란바토르

몽골로 가는 항공편은 대한항공과 몽골항공MIAT이 있다. 인천공항에서 울란바토르까지 3시간 정도 걸리며 시차는 1시간이다. 밤 비행기를 타면 창문에 얼굴을 대고 얼굴 주변에 베개를 밀착시켜 하늘의 별을 볼 수 있고, 낮에 타면 고비사막과 초원을 내려다볼 수 있다.

## 2일차 (8월 29일) | 울란바토르-몽골 엘스

여행에 필요한 물품을 구입하고 환전을 했다. 시내 곳곳에 환전소가 있으며 구겨지거나 찢어진 돈은 피할 것. 요즘은 라면이나 김치를 노민백화점 마트에서 손쉽게 구할 수 있다. 울란바토르를 벗어나는 순간 거대한 초원이 펼쳐진다. 여행자가 점심을 해먹을 수 있다면 시간과 장소의 제약에서 자유롭다. 초원에서 먹은 첫 점심은 두고두고 머리에 남았다. 바람의 나라답게 바람막이 점퍼는 필수. 여자들이 먼저 적응해야 할 것은 화장실. 3인 1조이며 모포는 필수. 금방 익숙해진다. 보드카는 여행의 필수품. 풍경과 기분에 취해 끊임없이 보드카가 입으로 들어갔다. 초원의 작은 모래사막 몽골 엘스에 도착. 달빛을 받으며 산에 오르는 건 기분 좋은 일이었다.

## 3일차 (8월 30일) | 몽골 엘스-에르데네 조 사원-쳉헤르 온천

몽골 엘스는 아침 산책하기에 딱 좋았다. 다만 가까운 것 같지만 다가갈수록 멀어지는 것 같아 당황하기 쉽다. 처음으로 게르를 방문. 게르를 방문할 때 지켜야 할 점은 첫째 작은 선물을 준비할 것, 둘째 문지방을 밟지 말 것, 셋째 게르 왼쪽 편에 앉을 것, 넷째 화로나 기둥을 주의할 것. 딱딱한 치즈인 아롤을 받았으나 먹는 법을 몰라 애를 먹었다. 아롤은 살살 녹여서 먹어야 한다. 에르데네 조 사원 앞에서 처음 먹어본 아이락은 시큼털털했지만 자꾸 마시다보니 중독되었다. 게르를 방문하고 사진을 찍는데 이웃 게르에서 사람들이 몰려와 같이 찍었다. 주소를 받아 적었다. 만약 사진을 보내주겠다고 약속을 했으면 꼭 보낼 것. 평화로운 계곡 끝 울창한 산림에 자리 잡은 쳉헤르온천. 별을 보며 온천하기를 원한다면 꼭 들리기를.

**4일차** (8월 31일) | 쳉헤르 온천-체체를렉-타이하르 촐로 바위-테르힝 차강호수

　쳉헤르 온천에서 체체를렉으로 가는 길은 양탄자를 타고 날아가는 기분이었다. 체체를렉은 유명한 몽골 소설 『맑은 타미르강』의 무대이다. 타이하르 촐로 바위는 초원에 빌딩처럼 우뚝 솟은 영험한 바위로 전국에서 유명하다. 소원을 비는 방법은 돌을 던져 바위를 넘기거나 세 바퀴를 도는 것인데, 지금은 사람들이 다칠 위험이 있어 돌은 던지지 못한다. 게르를 방문하다보면 몽골의 전통술인 쉬밍아리흐를 받기도 하는데 도수가 낮다고 벌컥벌컥 마시다가는 큰 코 다친다. 몽골의 그랜드 캐니언이라는 촐로트강을 지나자 화산 지대와 테르힝 차강호수가 나왔다. 극적으로 호수를 보고 싶다면 꼭 언덕으로 넘을 것. 노을 지는 저녁이라면 더 좋다. 그곳에서 전설 같은 테르힝 차강호수를 순식간에 만날 수 있다. 가장 아름다운 호수 가운데 하나.

**5일차** (9월 1일) | 테르힝 차강호수-호르고화산-촐로트강-하르호링

　아침 일찍 일어나 호수를 산책하는 것도 좋고 욕심을 내서 뒷산으로 올라가 호수와 화산 지대 전체를 바라보는 것은 더욱 좋다. 이제부터는 돌아가는 여정. 호르고화산은 아찔할 정도로 분화구가 깊지만 정상으로 오르는 길은 예상보다 짧다. 영화 〈동굴에서 나온 누렁개〉의 모티브가 된 곳. 물이 떨어졌으나 가도 가도 가게가 나오지 않아 고생을 했다. 물은 늘 충분히 준비할 것. 체체를렉을 지나 초원에 누워 별을 보았는데 등에 똥이 묻었다. 밤에 누울 때는 돗자리를 준비할 것. 초원의 월출을 보고 입을 다물지 못했다. 한밤 중 지평선에서 붉은 불덩이가 떠올라도 그건 해가 아니라 달이니 놀라지 마

시라.

## 6일차 ⁽⁹월 2일⁾ | 하르호링-에르데네 조 사원-몽골 엘스-울란바토르

하르호링의 에르데네 조 사원은 고대 몽골 제국의 수도 터에 지은 절이다. 사원을 둘러싼 거대한 108탑이 인상적. 사원 안에는 스님이 축원을 해주는 곳이 있는데 우리 일행 중 여자들은 공짜로 점을 봐주고 축원을 해주었다. 낙타를 타러 몽골 엘스로 갔으나 낙타는 짝짓기 철을 맞아 사막으로 가버리고 대신 모래 언덕 구르기와 럭비를 했다. 어찌나 재미있었는지 비바람이 몰려오지 않았다면 쓰러질 때까지 할 기세였다. 비바람이 지나가자 무지개가 떴다. 몽골 여행 중 적어도 한두 번은 무지개를 만나며 운이 좋으면 완전한 쌍무지개를 만난다.

## 7일차 ⁽⁹월 3일⁾ | 울란바토르(수흐바타르 광장, 자이상 전망대, 이태준 선생 기념공원)-테렐지 국립공원

수흐바타르 광장에서 울란바토르 도시 여행을 시작했다. 몽골 독립의 영웅 수흐바타르의 동상은 광장 모퉁이에 있는데 그 앞에서 결혼식 기념사진을 찍는 풍경을 심심찮게 볼 수 있다. 자이상 전망대는 울란바토르를 한눈에 조망할 수 있는 곳으로 전망대에는 몽골의 근현대사를 모아놓은 모자이크 그림이 있다. 전망대 아래에 이태준 선생 기념공원이 있는데 이태준 선생은 일제 강점기 몽골에서 활약한 의사이며 독립운동가이다. 계곡과 숲으로 유명한 휴양지 테렐지로 이동. 양을 잡아 해체하고 통에 넣어 호르혹을 만드는 모든 광경을 보았다. 잔인하다는 느낌은 들지 않았다. 사람들을 많이 태우는 이곳의 말들은 눈치가 빨라 만만하다 싶으면 움직이지 않는다. 계곡에서 모포를 깔고 물소리를 들으며 별을 보는 재미가 쏠쏠했다.

## 8일차 (9월 4일) | 테렐지 국립공원-울란바토르(자연사박물관, 간당 사원, 나랑 톨 시장, 전통공연 관람)

울란바토르로 돌아와 몽골 만두 보즈를 먹었는데 안에 뜨거운 기름이 들어 있어 방심하다 입천장을 데었다. 자연사박물관의 공룡 화석은 세계적인 수준. 몽골 불교 중심지인 간당 사원에서 동그란 경전 통인 마니차를 돌려보고 거대한 관음보살을 만나보기를. 나랑 톨 시장은 몽골 최대의 시장으로 "소매치기를 조심하고 사진은 찍지 말라"는 충고를 받고 입장. 저녁에 제대로 된 한국 음식을 먹는 순간 행복한 미소가 번졌다.

## 9일차 (9월 5일) | 울란바토르-인천공항

새벽에 인천공항 도착. 공항을 나서자마자 옷에서 양 냄새가 훅하고 올라왔다.

## 2005년 (9일 일정)
### 울란바토르에서 흡스글호수까지

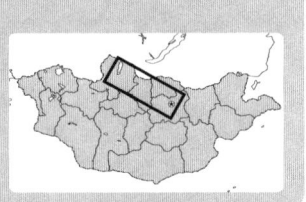

몽골 사람이 가장 가고 싶어 하는 곳, 몽골 사람의 바다 흡스글호수를 가는 여정. 가는 방법은 두 가지, 울란바토르에서 항공편으로 흡스글호수의 관문 도시 므릉으로 가거나 1박 2일 혹은 2박 3일 일정으로 육로로 가거나. 육로는 몸은 힘들고 시간이 걸리지만 그만큼 기억에 남는다. 흡스글호수는 이곳이 몽골인가 싶을 정도로 아름다우며 말을 타고 호숫가를 달릴 때는 넋을 잃고 만다.

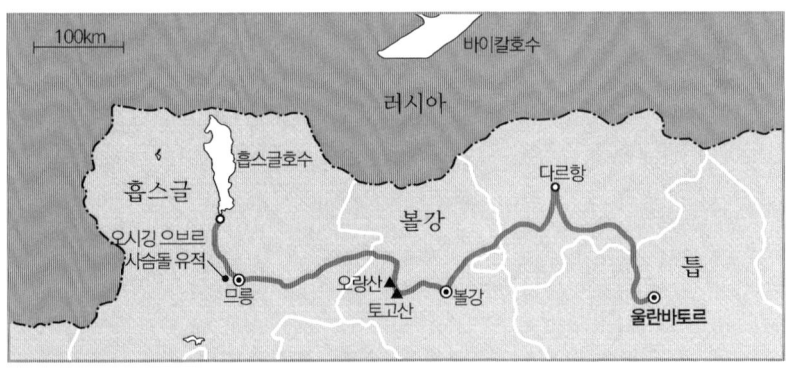

## 1일차 (7월 30일) | 인천공항–울란바토르

숙소에 도착하자 며칠 동안 비가 내려 길이 좋지 않다는 말을 들었는데, 그때까지 이 말이 무엇을 의미하는지 알 수 없었다. 몽골에 온 기념 보드카를 마셨다.

## 2일차 (7월 31일) | 울란바토르–에르데네트–오랑·토고 톨가산 자연보호구역

멀리서 비를 쏟아내는 구름 기둥을 봤다. 멀리 있다고 안심하지 말 것. 잠시 후 여러분 머리 위로 올 것이다. 울란바토르에서 북쪽 도시 다르항으로 가는 길에 축구장에서나 볼 수 있는 줄무늬 초원. 정체는 밀밭이었다. 만약 밀밭을 만나면 내려서 볼 것. 에르데네트 광산은 몽골 수출액의 30퍼센트를 차지하는 노천 구리 광산이다. 소라처럼 땅을 파고 들어간다. 비가 온 탓에 이날 밤에만 두 번이나 차가 늪에 빠졌다. 처음에는 덤프트럭이, 두 번째는 우리 힘으로 꺼냈다. 몽골에서는 비상 상황도 여행의 일부분이다. 이 일을 겪은 후 분위기가 무척 좋아져 운전기사와 통역은 여행을 같이하는 동료가 되었다.

## 3일차 (8월 1일) | 오랑·토고 톨가산 자연보호구역–므릉

숲으로 둘러싸인 오랑 토고 게르 캠프는 잠만 자고 떠나기에는 너무 아까운 곳이었다. 야생화의 계절답게 눈을 돌리면 모두 야생화여서 너나 할 것 없이 꽃 속으로 들어가 사진을 찍기에 바빴다. 오랑 화산은 초원에 우뚝 솟아 있어 사진을 찍기 좋았다. 한 마을에서 병원을 가는 꼬마 아가씨 슈렝과 엄마를 만나 반나절 동안 동행. 이렇게 만난 동행은 여행의 큰 즐거움이다. 강가 작은 마을에서 아이들을 만났고 아이들에게 선물을 주자 삽시간에 소문이 퍼졌다. 만약 주려면 다 주던지 아니면 아무도 주지 말던지. 어두워지자 별 박사가 별자리 이야기를 들려주었다. 아는 만큼 보이고 보이는 것만큼 즐

거웠다. 밤새 길을 달릴 때는 모포와 목 베개가 여행자를 구원한다.

### 4일차 (8월 2일) | 므릉-오시깅 으브르 사슴돌 유적-홉스글호수

므릉에서 홉스글호수로 가는 길에 꼭 들러야 할 곳은 세계적인 사슴돌 유적지 오시깅 으브르. 초원에 돌 기둥들이 우뚝 솟았는데 만약 돌 기둥에 새겨진 사슴을 본다면 벌린 입을 다물지 못한다. 사슴돌을 두 배 즐기는 법은 관리인의 설명을 듣는 것. 밤 10시 넘어 홉스글호수 게르 캠프에 도착. 짐을 정리하고 삼각대를 들고 나와 별 사진을 찍기 시작했다. 어떻게 찍어야 할지 난감했다. 별 사진을 잘 찍으려면 본문을 참고할 것.

### 5일차 (8월 3일) | 홉스글호수(말타기, 산책)

홉스글의 아침. 두 눈을 의심했다. 여기가 몽골이라고! 사진으로 본 캐나다 어디쯤이라고 해도 믿겠다. 푸른 하늘, 푸른 호수, 호수를 두른 산들, 하늘로 솟은 푸른 나무들. 호숫가를 가득 메운 야생화들. 말을 타고 호수를 산책했다. 말을 탈 때는 말 뒤로 가지 말고(뒷발에 차일 수 있다), 왼쪽에서 타서 왼쪽으로 내리고, 등자에 발을 너무 깊숙히 넣지 말 것. 말 위에서 사진을 찍었는데 알고보니 말은 셔터 소리에 무척 예민하단다. 말은 겁이 많았다. 점심을 먹고 쉬는데 우리는 하늘을 향해, 말잡이들은 땅으로 엎드러서 잤다. 그들처럼 자 보는 것도 괜찮았다. 돌아오는 길에 무거운 동료가 탄 말이 무너지듯 고꾸라졌다. 몸무게가 나가는 분들은 말을 타고 너무 달리지 말기를. 서너 시간 말을 탔더니 엉덩이가 까져 한쪽 엉덩이만 말 등에 걸친 채 움직였다. 존재의 고통이란!

### 6일차 (8월 4일) | 홉스글호수(말타기, 차탕족 방문, 산책)

엉덩이가 아파 어정쩡한 자세로 말을 타고 숲 속에 사는 소수 부족 차탕족을 만났다. 산 넘고 물 건너 사는 그들은 여름철 여행객을 만나러 이곳으로 내려왔단다. 그들은 여행객이 오면 직접 만든 기념품을 팔았다. 흡스글호수에 오면 차탕족을 만나 그들의 이야기를 들어보기를. 돌아오는 길에 말치기 대장 호이가 집에 들러 이야기를 나누었고 저녁에는 말잡이들을 초대해 호숫가에서 저녁을 먹었다. 말이 통하지 않아도 즐거운 밤. 호이가는 자기가 번 돈을 우리 모두에게 선물로 되돌려주었다. 현지 사람과 함께하는 식사는 여행을 풍요롭게 만든다. 호수에 비친 화성 빛을 사진으로 담았다.

**7일차** (8월 5일) | 흡스글호수-므릉-울란바토르

흡스글호수를 떠나기 전 장엄한 일출을 보았다. 몽골의 일출은 스케일이 달라 금방 뜰 것 같아도 한참을 기다려야 하니 끈기 있게 기다려야 한다. 차가 고장 나서 마음 졸이며 므릉 공항에 도착했는데 운 좋게 비행기가 연착했다. 몽골에서는 항공편이라고 늘 정확하지 않고 때로는 정기편이 전세기로 바뀌기도 한다. 프로펠러 비행기는 왠지 불안하고 시끄러웠지만 비행 고도가 낮아 초원의 풍경을 감상하는 데는 그만이었다. 온통 초록 세상. 게르는 새가 눈 흰 똥 같았다. 구름은 초원을 검은 그림자로 물들이며 빠르게 움직였다. 하늘에서 보니 사행천이 왜 사행천인지 한눈에 알겠다.

**8일차** (8월 6일) | 울란바토르(자이상 전망대, 이태준 선생 기념공원, 수흐바타르 광장, 몽골국립박물관, 나랑 톨 시장, 전통공연 관람)

처음 온 동료들과 함께 자이상 전망대, 이태준 선생 기념공원, 수흐바타르 광장을 둘러봤다. 우체국으로 가서 우리나라로 엽서를 보냈다. 친구들에게 혹은 자신에게 보냈는데 특히 자신에게 보낸 엽서를 여행을 끝내고 돌아와 받아보면 느낌이 색다르다. 몽골국립박물관을 둘러보고 동료들은 나랑 톨 시장으로, 나는 다시 박물관으로 갔다. 박물관을 꼭 봐야 한다고 주장하고 싶지는 않지만 박물관에 가면 그 나라를 풍부하게 이해할 수 있다. 작년

에 이어 두 번째 전통공연을 관람. 몽골의 대표적인 악기인 모링 호르 연주, 흐미, 오르틴 도, 전통춤이 인상적이었다. 쇼핑은 주로 노민백화점에서 했는데 양털로 만든 제품을 많이 샀다. 나는 전통음악에 관심이 많아 몽골 전통음악 앨범을 몇 장 샀다.

**9일차** (8월 7일) | 울란바토르-인천공항

새까만 얼굴로 입국장을 통과하던 동료에게 입국심사관이 던진 말.
"한국 말 참 잘하시네요."
양 냄새나는 옷은 이제 내가 빨아야겠다.

## 2006년(10일 일정)
## 울란바토르에서 바이칼호수까지

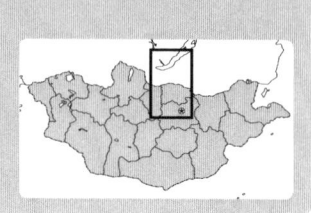

　이름만으로도 설레는 호수가 있다면 시베리아의 바이칼이 아닐까. 사람들은 왜 그곳에 가려는 걸까. 세상에서 제일 큰 호수라서, 우리 민족의 뿌리가 이곳에서 왔다고 해서, 시베리아에 대한 낭만으로? 이유는 달라도 만약 바이칼을 본다면 당신의 마음은 뭉클해질 것이다. 바이칼에서 몽골로 돌아오는 2박 3일 간의 철도 여행을 하면서 시베리아 횡단열차의 느낌을 살짝 맛볼 수 있다.

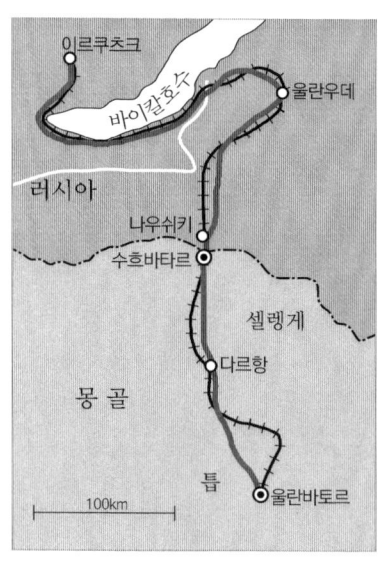

## 1일차 (7월 29일) | 인천공항-울란바토르-테렐지 국립공원

여행을 가기 전 본 영화 〈닥터 지바고〉는 사실 극동 시베리아와 관련이 없었다. 일단 몽골에 들어갔다가 다시 비행기로 바이칼로 가는 여정(지금은 여름철에 러시아 이르쿠츠크 직항편이 있다). 울란바토르에 머물지 않고 한밤중에 차로 2시간을 달려 테렐지에 도착. 가는 길에 잠시 차에서 내려 우연히 본 하늘의 별에 감동. 그저 고개만 들었을 뿐인데.

## 2일차 (7월 30일) | 테렐지 국립공원-울란바토르-러시아 이르쿠츠크

여름 초원은 에델바이스 천지. 조용한 아침나절 에델바이스가 융단처럼 깔린 초원을 산책하고 쪼그리고 앉아 귀여운 꽃송이도 들여다보기를. 말을 타고 숲 속을 달리고 급류를 헤치고 초원으로 나갔다. 말 잘 탄다고 자랑하려다 달리기 시작하면 웬만해서는 멈추지 않는 말을 타서 죽다 살아났다. 괜한 만용은 금물. 점심으로 호르혹을 먹었는데 미리 준비해 간 소금과 먹으니 더 맛있었다. 울란바토르로 돌아와 비행기로 이르쿠츠크로 출발. 하늘에서 본 바이칼은 큰 바다였다.

## 3일차 (7월 31일) | 이르쿠츠크-리스트비얀카-탈찌 목조박물관-알혼섬 선착장

이르쿠츠크의 끼로프 광장으로 가서 스빠스까야 교회, 영원의 불꽃을 보고 바이칼에서 흘러나오는 유일한 강 앙가라로 갔다. 바이칼의 마을 리스트비얀카로 가기 위해 배를 기다리던 중 돌아가는 열차 일정이 하루 당겨졌다는 이야기를 듣고 잠시 흥분했다. 지나친 흥분은 여행을 망친다. 리스트비얀카에서 처음 발을 담근 바이칼 물은 무척 차가워 호언장담과 달리 오래 있지 못했다. 길가의 무성한 자작나무 숲으로 들어가 보드카 한잔 마시고 자작나무를 배경으로 사진을 찍었다. 겉보기에는 그럴듯했으나 실제로는 개미가 많았다. 늦은 밤까지 길을 달려 바이칼 알혼섬 입구 선착장 캠프에 도착. 호숫가에서 아무것도 보이지 않는다고 마음껏 소리를 질러댔는데 다음 날 아침 주변에 집들이 제법 있는 걸 보고 민망했다.

### 4일차 (8월 1일) | 바이칼 알혼섬(부르한 바위)

알혼섬으로 들어가는 배를 타는 순서는 차를 댄 순서. 뱃삯은 없었고 현지 주민은 우선권이 있었다. 승선을 기다리다 언덕으로 올라가 돗자리를 깔고 누워 바이칼을 보고 있으니 부러울 게 없었다. 알혼섬은 바이칼에서 가장 큰 섬으로 숙소인 후쥐르 마을로 가는 풍경은 몽골과 비슷했다. 후쥐르 마을 언덕에 올라 바람에 몸을 맡겼더니 하늘로 붕붕 뜨는 듯했다. 샤만의 바위로 유명한 부르한은 놓칠 수 없었다. 바위에 올라가 보고 주변에서 수영도 하고 운전기사가 가지고 온 고무보트를 타고 바위를 둘러보았다.

### 5일차 (8월 2일) | 바이칼 알혼섬(싸간 후쉬운 곶-하보이 곶-우쥐르 마을-바이칼 로드 무비)

포르공을 타고 알혼섬 북쪽을 여행. 싸간 후쉬운 곶은 내려가는 길이 험하지만 아름다운 야생화와 호수의 물결을 가까이 볼 수 있었다. 알혼섬의 가장 북쪽 하보이 곶은 깎아지른 절벽으로 이곳에서 바라본 바이칼은 망망대해였다. 일부 모험심이 많은 사람은 절벽 끝에 걸터앉았는데 보는 것만으로 오싹했다. 돌아오는 도중 숙소까지 산책할 요량으로 차를 먼저 보냈다. 추적추적 내리는 비를 맞으며 바이칼 침엽수림 숲 속을 걷는 기분은 최고였다. 이번 여행에서 잊지 못할 최고의 경험. 만약 바이칼 알혼섬에 간다면 꼭 숲 속을 걸어보시길.

### 6일차 (8월 3일) | 바이칼 알혼섬-이르쿠츠크-몽골행 시베리아 횡단열차

짙은 안개로 제시간에 출항을 못하는 배. 항구 주변에서 남은 시간 각자의 방식으로 바이칼을 즐겼다. 선착장 끝에서 음악을 듣는 것도 좋았다. 늦

은 시간 이르쿠츠크에 도착해 즈나멘스키 사원을 찾아갔다. 의례와 격식을 중요시하는 러시아 정교회의 엄숙함이 인상적이었다. 북적대는 몽골행 열차에 올라 여기저기 흩어진 좌석을 찾는 통에 한바탕 난리가 났다. 다시 한 칸에 모여 노래 한 자락하고 시를 낭송. 특히 시 낭송은 가슴이 뭉클했다. 못되게 구는 차장에게 예쁜 색연필을 선물하니 태도가 확 달라졌다.

## 7일차 (8월 4일) | 몽골행 시베리아 횡단열차(울란우데 역-나우쉬크 역-수흐바타르 역)

점심 무렵 러시아 국경역 나우쉬크에 도착. 열차를 바꾸는 동안 동네 산책. 우연히 들어간 마을회관에서 공연 리허설을 하는 아이들을 보았다. 뜨내기 여행객을 위해 즉석 공연을 해준 아이들에게 감동. 국경을 넘다 본 기다란 구덩이가 국경선이란 말에 놀랐다. 몽골 땅으로 들어오자마자 고향에 온 것 같은 푸근한 느낌. 수흐바타르 역에 도착해 입국심사를 받은 후 역을 어슬렁거리다 아이락을 사먹었다. 바이칼에서는 부족했던 2퍼센트가 비로소 채워지는 기분.

## 8일차 (8월 5일) | 울란바토르-두간 하드 게르 캠프

아침 7시 울란바토르 도착. 사우나를 하고 우체국에 가 몽골의 역사를 담은 우표를 산 후 주로 몽골 사람들이 간다는 두간 하드 게르 캠프로 출발했다. 몽골 여행의 묘미는 러시아에서는 하지 못한 게르 방문. 카메라를 쑥스러워하는 게르 주인과 사진을 찍고 다시 출발. 캠프에 도착해 말을 탔는데 천둥과 돌풍을 만나 공황에 빠졌다. 갑자기 말이 발걸음을 멈췄고 통역은 피뢰침이 될 수 있다며 핸드폰 전원을 껐다. 저녁에는 불빛을 보고 작고 벌레들이 게르에 날아드는 소동이 일어났다. 벌레가 귓속으로 들어가니 휴지로 귀를 막고 자라는 충고에 다들 기겁했다. 이 벌레를 만나면 잘 때는 귀를 막기를.

## 9일차 ⁽⁸월 6일⁾ | 두간 하드 게르 캠프-울란바토르-건국 800주년 기념행사장-울란바토르

길가에서 쉬다가 버떠 아저씨와 동료가 씨름 한 판을 한 후 아저씨에게 독수리춤을 배웠다. 잠시 후 여기저기서 들리는 비명 소리. 독 있는 풀에 쏠린 것이다. 운전기사인 버떠 아저씨의 초대를 받아 아저씨 댁으로. 산더미같이 쌓인 양고기 만두 보즈를 보고 놀랐으나 몇 개쯤 먹는 게 예의라 애써서 두 개쯤 먹었다. 몽골 건국 800주년 기념행사장에 도착. 북소리 같은 말발굽 소리와 뿌연 먼지 속에 나타난 기마부대의 날렵함에 공포를 실감했다. 그들은 달리는 말에서 모든 걸 할 수 있었다.

## 10일차 ⁽⁸월 7일⁾ | 울란바토르-인천공항

월요일 새벽에 도착한 비행기가 연착되어 씻지도 못한 채 바로 회사로 출근. 설상가상 이날은 전시 유물을 교체하는 날이었다. 이날처럼 유물에 집중한 때가 있었던가.

## 2007년(9일 일정)
## 울란바토르에서 고비사막까지

몽골 여행의 3부작으로 테르힝 차강호수, 흡스글호수, 고비사막을 꼽을 수 있지 않을까. 그런데 고비를 사하라처럼 끝없는 모래사막이라고 상상하면 오산이다. 산악인 라인홀트 메스너가 마지막 모험지로 선택한 곳이고 봄철 우리나라에 황사를 몰고 오는 진원지다. 외부 사람에게는 황무지일 뿐이지만 그곳에도 물이 솟아나고 풀이 돋고 사람이 산다.

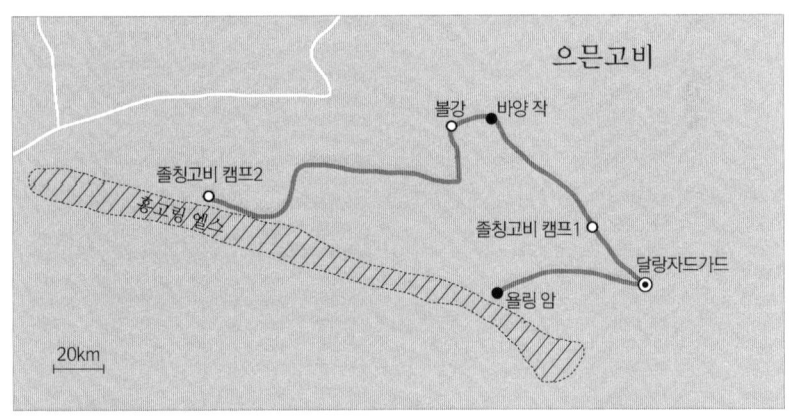

## 1일차 ⁽⁸⁾⁽월⁾ ⁽¹¹⁾⁽일⁾ | 인천공항-울란바토르

출발할 때까지 왜 고비에 가려는지 내 마음을 몰랐다. 문명의 경계 지대라서, 사막에 대한 로망으로, 어쩌면 고비에 나무를 심는 영화를 봤기 때문일지도.

## 2일차 ⁽⁸⁾⁽월⁾ ⁽¹²⁾⁽일⁾ | 울란바토르(자이상 전망대, 이태준 선생 기념공원, 전통공연 관람)

일요일에 출발하려던 비행기가 정비를 이유로 월요일로 일정이 변경되어 시내 구경에 나섰다. 노점상이 파는 책 제목 『한곡어 회화』. 노래책이 아니라 한국어 회화였다. 자이상 전망대에서 종이 공작을 하는 아저씨에게 직접 흐미를 들었다. 코앞에서 들으니 감동적이었다. 북한에서 운영한다는 모란각에서 평양냉면을 먹었는데 몽골에서 냉면을 먹는 것도, 북한 사람을 본 것도 처음이다. 전통공연에는 전에는 보지 못했던 샤만의 춤을 공연해 흥미로웠다. 밤중에 숙소를 나와 공항 근처 어두운 언덕으로 올라가서 별을 보았다. 몽골에 처음 온 동료들이 비로소 몽골을 실감했다.

## 3일차 ⁽⁸⁾⁽월⁾ ⁽¹³⁾⁽일⁾ | 울란바토르-달랑자드가드-욜링 암-졸칭고비 캠프 1

고비로 가는 방법은 두 가지. 울란바토르에서 육로로 가거나 비행기로 가거나. 우리는 비행기를 택했다. 하늘에서 내려다보는 고비는 보는 것만으로 눈에 흙이 들어간 듯 뻑뻑했다. 사막 위에 세워진 영화 세트 같은 도시 달랑자드가드에 도착. 활주로가 맨땅이어서 무척 당황했다. 달랑자드가드에서 산 보급품 가운데 계란 한 판은 깨질까봐 덜컹거리는 차에서 사람보다 극진한 대접을 받았다. 몽골에서 계란을 살 때는 한 번 더 생각해보기를. 게르가 호수에 둥둥 떠다니는 풍경을 보고 화들짝 놀랐다. 사막의 상징 신기루였다. 사막속의 협곡 욜링 암으로 출발. 계곡물은 시원하고 바위를 타고 내려오는 물은 맛있고 독수리는 멋있고. 돌아오는 길에 저녁 햇살을 보고 넋을 잃고

한 말 "이것이 몽골의 빛이야!" 누워서 본 하늘도 아름다웠다.

**4일차** (8월 14일) | 졸칭고비 캠프 1-홍고링 엘스-졸칭고비 캠프 2

사막의 핏빛 일출은 강렬했다. 사막에서 방랑하는 낙타를 보았다. 물어보니 모두 주인이 있는 낙타로 주인은 자기 낙타가 어디 있는지 훤히 안단다. 이번 여름, 비가 좀 내렸다는 고비는 풍요로워 하얀 꽃이 소금을 뿌린 듯 황무지를 덮었다. 홍고링 엘스로 가기 전 고갯길에서 만난 신기한 사막의 우물. 하도 신기해서 우물을 들여다보다 동료는 껴보지도 못한 비싼 선글라스를 우물에 빠뜨렸다. 체념할 즈음 어디선가 나타난 유목민이 우물 속으로 내려가 찾아주었다. 홍고링 엘스에 도착했을 때는 깜깜한 저녁. 모래 언덕을 보고 미친 듯이 올랐으나 호락호락하지 않았다. 발이 푹푹 빠지면서 미끄러지고 또 미끄러지고. 이 소동으로 우물에서 건진 선글라스를 영영 잃어버렸다.

**5일차** (8월 15일) | 홍고링 엘스(나담 구경, 낙타 하이킹, 모래사막 오르기)

상쾌한 고비의 아침. 액자가 된 게르 문으로 모래사막이 그림처럼 눈에 들어왔다. 게르에 묵으면 문이 만들어내는 그림을 꼭 감상하기를. 나담을 보러 출발. 어른들은 삼삼오오 이야기하기 바빴고 아이들은 아이스크림 먹기 바빴다. 나담에서 최고 인기라는 씨름은 시간이 길어서 좀 지루했다. 유목민들은 말 경주에서 1등 말이 들어오자 정신없이 달려가 말이 흘린 땀을 묻혔다. 이 땀이 건강과 행운을 준다고. 나담 행사장을 뒤로 하고 낙타를 타고 사막으로 갔다. 낙타가 앉아 있을 때는 모르지만 일어서면 엄청 높으니 마음의 준비 단단히 하시길. 낙타와 기싸움에서 지면 낙타는 자기 마음대로 가려고 한다. 오전에 내린 비 덕분에 모래 언덕에서도 미끄러지지 않았다. 사람들은 사막에 가면 왜 맨발로 걷거나 소원을 쓰거나 영화의 한 장면을 흉내 내는 걸까. 돌아올 때는 낙타를 보내고 아내와 둘이서 걸었으나 낭만은 잠시! 사막에서 큰 개울을 만날 줄이야. 아내를 업고 건넜다. 바람에 움직이는 모래가 낸다는 "스르륵 스르륵" 소리는 듣지 못해 아쉬웠다.

## 6일차 (8월 16일) | 홍고링 엘스-바양작-졸칭고비 캠프 1

선글라스를 꺼내준 게르에 다시 들러 수다를 떨었다. 겉보기에는 외로운 사막의 게르였지만 북적거리는 아이들로 시끌시끌했다. 고비의 햇살이 따가워도 그늘 속으로 들어가면 시원했다. '작'이라는 나무가 많은 곳이라는 뜻의 바양작은 다른 행성이라도 되는 듯 붉게 드러난 흙 절벽이었다. 공룡 화석이 가장 많이 나온 곳답게 절벽에 박힌 공룡 알을 어렵지 않게 볼 수 있었다. 동료들 중 남자들은 너나 할 것 없이 절벽을 오르내리고 절벽 끝으로 가는 등 모험심이 제대로 발동했다. 바양작을 떠나 작은 오아시스 마을에 도착. 아이들에게 물총을 선물하자 아이들은 금세 물을 채우고 물총 싸움을 시작했다. 사막의 아이들은 물총 싸움을 하지 않을 거라는 선입견이 와장창 깨졌다.

## 7일차 (8월 17일) | 졸칭고비 캠프 1-달랑자드가드-울란바토르(복드항 겨울궁전)-두간 하드 게르 캠프

달랑자드가드에서 비행기를 타고 울란바토르에 도착. 사막에서 도시로 순간이동했다. 복드항 겨울궁전은 몽골의 마지막 복드가 살았던 곳으로 150마리의 눈표범 가죽으로 만든 게르가 인상적이었다. 내게 눈표범은 『신의 산으로 떠난 여행』을 읽은 후부터 전설의 동물로 기억되었다. 박제된 늑대의 머리도 있는데 이것은 더 이상 늑대가 아니었다. 동물을 박제하는 유일한 동물이 사람이다. 작년에 묵었던 두간 하드 게르 캠프에 도착. 편안하고 아늑했다. 이곳의 말들은 만만치 않았다. 나담 말 경주에서 1등한 말, 한번 달리면 멈추지 않는 말까지 이력이 화려했는데 멈추지 않는다는 말은 아무도 탈 엄두를 내지 못했다.

## 8일차 (8월 18일) | 두간 하드 게르 캠프-울란바토르

게르 캠프를 떠나기 전 12지신이 새겨진 나무 기둥이 서 있는 독특한 오보로 가 소원을 빌었다. 울란바토르에서 버떠 아저씨의 딸 나라에게 작은 모링 호르와 "당신의 행복과 성공을 기원합니다"라고 한글로 쓴 엽서를 받았다.

## 9일차 (8월 19일) | 울란바토르-인천공항

새벽에 인천공항 도착. 갑자기 끈끈한 공기가 훅하고 몸에 달라붙었다. 그리워라. 몽골이여!

## 2008년 (9일 일정)
## 울란바토르에서 알타이산맥까지

몽골의 서쪽 끝 알타이산맥. 전설 같은 땅을 찾아가는 여정이다. 황금이란 뜻의 알타이는 알타이 문명을 낳았고 그곳에서 막대한 양의 금 유물이 발견되었다. 지금은 몽골, 중국, 러시아가 알타이에 맞닿아 있지만 오랫동안 그곳은 몽골 땅이었다. 을기에서 물 넘고 산 넘어 올라간 고개에서 바라본 알타이산맥은 신들의 세상이었다. 초원과 호수와 사막을 본 여행자의 다음 코스는 알타이산맥이다.

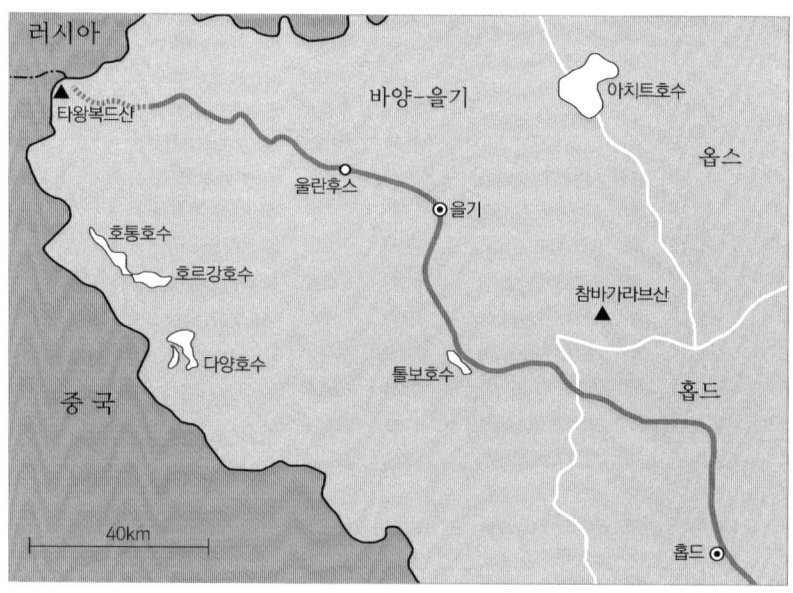

## 1일차 (7월 26일) | 인천공항-울란바토르

선발대는 전날 저녁 출발. 후발대는 조금 늦었다고 항공사에서 대기자에게 좌석을 넘겨줘 하루 늦게 인천을 출발. 대신 좌석은 비즈니스였다. 을기로 가는 몽골 국내선 정기편 항공은 개기일식 특수를 맞아 국제선보다 비싼 전세기로 돌리는 실정이었다.

## 2일차 (7월 27일) | 울란바토르-호스타이 국립공원-울란바토르

게르 캠프 앞에 있는 자작나무 숲으로 산책을 갔다가 짖어대는 개들을 만나 줄행랑쳤다. 야생동물 보호구역인 호스타이 국립공원으로 가서 유명한 야생마 타히를 보았다. 그러나 처음 온 동료들은 타히보다 대초원을 보고 감탄했다. "여기가 몽골이군!" 초원에 누워 있으니 흙 냄새, 풀 냄새가 코끝을 찔러댔다.

## 3일차 (7월 28일) | 울란바토르-을기

자작나무가 있는 산에 다시 올라갔다. 다가갈수록 멀어지는 게 몽골의 산이었다. 인내심을 가지고 오르니 이리저리 뒤틀어진 자작나무를 만났다. 하늘에 오를 듯 신성했다. 머무는 곳에 자작나무 숲이 있다면 꼭 들어가볼 것. 을기로 가는 비행기를 타기 위해 공항으로 갔다. 국내선은 개인당 수하물이 15킬로그램까지여서 (수하물과 기내에 들고 타는 것을 포함, 작은 가방 등은 제외) 초과 요금이 많았다. 눈 아래 펼쳐진 만년설산 참바가라브산을 보는 행운을 누렸다. 부디 이 산을 놓치기 말기를. 을기에 도착해 우리를 만나기 위해 미친 듯 달렸다는 선발대를 만났다. 해가 넘어갈 무렵 텐트를 치는데 손에 익숙하지 않아 시간이 제법 걸렸다. 미리 연습을 하면 좋다. "별빛이 소곤대는 홍콩의 밤거리…" 몽골에 온 기념으로 동료가 부른 노래.

## 4일차 (7월 29일) | 을기-알타이산맥 타왕복드

여행사에서 마련해준 가스레인지 중 멀쩡한 것은 한 개뿐. 야영을 할 때는 장비를 잘 점검하시길. 한산한 카자흐족 마을을 지나 계곡으로 접어드니 힘 좋다는 포르공도 낑낑거리며 고개를 넘었다. 고갯마루에 올라선 순간 홀연히 펼쳐진 몽골 알타이산맥의 최고봉. 다들 넋을 잃었다. 타왕복드로 들어가는 계곡은 지금까지 본 적이 없는 웅장한 계곡이었다. 계곡에서 카자흐족 게르를 방문하고 사냥용 독수리를 보았다(3년 후 여행팀이 다시 이곳을 찾았을 때 이 가족은 카자흐스탄으로 이사를 가고 없었다). 타왕복드 입구 관리인이 머무는 게르를 빌려 이틀을 묵기로 했다. 주인 아주머니는 말똥을 화로에 집어넣었는데 냄새도 없었고 화력도 좋았다.

## 5일차 (7월 30일) | 알타이산맥 타왕복드(빙하 지대 왕복 트레킹)

새벽에 관리소 직원들이 와서 국경출입허가증 소지 여부를 물었다. 우리는 그런 것이 있는 줄 몰랐는데 다행히 잘 넘어갔다. 시내에서 국경출입허가증을 받을 것. 말을 타고 5시간이 걸려 타왕복드의 빙하 지대에 도착. 빙하와 설산을 보고 누군가 "이래서 몽골에 온 거야"라며 소리쳤다. 빙하 속으로 떨어지는 폭포 소리가 들렸다. 점심은 즉석밥을 먹었는데, 3년 후 다시 이곳을 찾은 여행팀은 빙하 물로 냉면을 해먹었다. 뜻 맞는 동료와 함께 말을 보내고 걸어서 내려가기로 했다. 처음에는 좋았으나 날이 어두워지면서 길이 보이지 않아 불안해진 데다 빙하 계곡이 가로막아 난감했다. 신발을 벗고 물속에 발을 딛는 순간 한 번도 경험하지 못한 통증이 엄습했다. 물은 차갑고 바닥에는 뾰족한 돌투성이였다. 말을 타지 않은 것을 후회. 결국 7시간이 걸려 숙소에 도착했다. 초원은 걷는 게 아니라 말을 타고 다녀야 한다.

## 6일차 (7월 31일) | 알타이산맥 타왕복드-을기

을기로 가기 위해 관리소를 출발. 개울에서 오토바이가 물살 때문에 건너가지 못하자 말을 탄 유목민이 와 오토바이에 줄을 매고 같이 건넜다. 도움을 주고받는 게 초원이다. 을기에 도착해 시장에서 장을 보고 이글 캠프로 가는 길에 사고가 났다. 언덕에서 차가 미끄러져 담벼락을 받고 멈췄다. 통역이 탄 차는 먼저 가버렸고 동네 사람들이 모여들었다. 크게 다친 사람은 없었지만 어떻게 해야 할지 난감했다. 다행히 지나던 영어교사를 만나 영어로 사정을 이야기하는 동안 경찰이 출동. 병원에 갔던 사람들이 말하길 병원에서 할 수 있는 치료는 거의 없었는데 외국인이라고 특별히 엑스레이를 찍어줬다고. 많이 다치지 않은 게 다행이었다.

## 7일차 (8월 1일) | 을기 이글 캠프(개기일식 관측)

게르 캠프에는 개기일식을 관측하러 세계 각지에서 온 사람들로 붐볐다. 다친 사람들은 병원에 다녀왔고 사고를 낸 운전기사를 위해 탄원서를 작성했다. 드디어 달이 해를 완전히 가리는 1분 30초간의 완전 개기일식. 내 인생에서 겪은 가장 충격적인 장면의 하나였다. 갑자기 어둠이 몰려오자 양떼들은 집으로 돌아가기 위해 움직였고 수백 마리의 독수리들은 둥지로 날아들었다. 동료 한 명은 기다리다 볼일이 급해 화장실에 갔는데 마침 이때 완전 개기일식이 일어났다. 완전 개기일식 때는 아무리 급해도 꾹 참을 것.

## 8일차 (8월 2일) | 을기-톨보호수-하샤틴 고개-홉드-울란바토르

비행기를 타러 홉드로 가다 큰 호수를 만났다. 옥빛으로 출렁이는 톨보호수. 눕는 사람, 절벽으로 오르는 사람 등 각자의 방식으로 호수를 즐겼다. 고갯마루는 바람 방향으로 서 있으면 숨을 쉴 수 없을 정도로 바람이 거셌다. 좋은 풍경이 있는 곳을 앞차가 그냥 지나가버리면 많이 아쉽다(이런 일 때문에

3년 후에 올 때는 무전기 2대를 준비했다). 홉드에 도착해 통역하는 친구의 본가를 방문하고 저녁을 대접받았다. 일행 가운데 먹성이 좋은 사람이 있다는 건 참 좋은 일이었다. 다른 사람이 잘 먹지 못해도 대충 체면치레는 하는 셈이니까. 늦은 밤 울란바토르로 출발.

## 9일차 (8월 3일) | 울란바토르-인천공항

울란바토르에 도착해 점심을 먹은 후 간당 사원으로 가는 팀, 복드항 겨울궁전으로 가는 팀, 노민백화점에서 쇼핑하는 팀으로 나누었다. 백화점에서 쇼핑하는 것을 도와주었다. 낙타 가죽이나 양털로 만든 제품은 살 때는 냄새가 나지 않는 것 같지만 우리나라로 돌아오면 냄새가 많이 난다. 그동안 산 것 가운데 양털로 만든 컵받침(가격도 부담이 없고 디자인도 예쁘다), 전통음악 앨범(지금도 듣는다), 몽골 지도가 성공적이었다(지도만 보면 행복하다). 꽃무늬가 그려진 몽골 보온병은 투박해 보여도 보온력은 상상 이상이다. 왜 그렇지 않겠는가. 뜨거운 차가 일상인 이곳에서. 꼬마들에게는 양털로 만든 낙타 인형이 인기가 좋았다.

공항으로 마중 나온 아내에게 동료가 던진 한마디.

"언니, 이번에 개고생 했어!"

## 2012년(10일 일정)
## 칭기스 칸의 길을 따라서(헹티아이막)

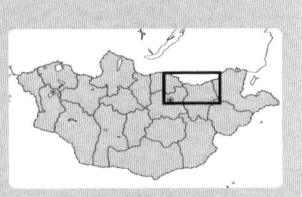

몽골의 역사를 따라 여행하려는 사람이라면 칭기스 칸의 고장 헹티 아이막을 주목할 것. 곳곳에서 칭기스 칸의 흔적을 만날 수 있다. 적은 인원이라면 게르 캠프보다 현지 유목민의 집을 찾아가 하룻밤 묵으며 그들의 이야기를 들어볼 것. 특히 칭기스 칸이 태어난 다달은 초원, 강, 숲, 산을 한꺼번에 볼 수 있는 아름다운 곳이다. 미리 공부를 하고 가면 큰 도움이 된다.

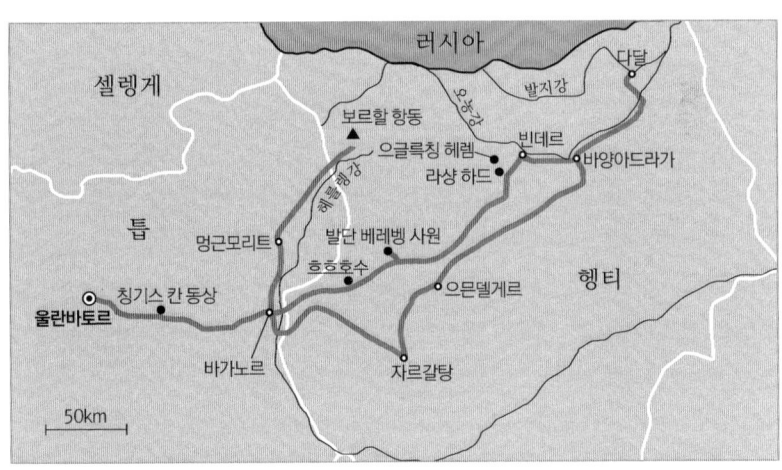

## 1일차 (10월 5일) | 인천공항-울란바토르

이전 여행은 대부분 여행사를 이용했지만 이번은 다른 방법으로 준비했다. 항공권과 통역은 여행사를, 숙소와 차량은 게스트하우스를 이용했다. 전적으로 여행사를 이용할 때보다 비용이 줄어들었다. 여행을 위해 겨울용 침낭과 넉넉한 식량을 준비(그러나 게르에서 음식을 대접받아 준비한 식량이 남았다). 울란바토르 게스트하우스는 괜찮았지만 방이 건조해 코 아래에 젖은 수건을 댄 후에야 잠이 들었다.

## 2일차 (10월 6일) | 울란바토르-촌징 볼독 칭기스 칸 동상-바가노르(나착도르지 시비)-멍근모리트-보르항 할동 국립공원

여행 인원이 2명이라 통역에게 궁금한 것을 마음껏 묻고 이야기를 들었다. 여행 인원이 많을 때와는 다른 장점이었다. 몽골 사람들을 이해하는 두 가지 코드는 초원과 유목이다. 여행을 할 때 통역과 운전기사에게 물어보면 많은 것을 이야기해준다. 참고로 몽골 사람들은 한국 사람에 비해 이야기하기를 좋아한다. 여름 여행과 가을 여행은 무척 달랐다. 여름에는 푸른 초원, 야생화, 허브 향이 여행자를 반기지만 가을에는 겨울을 준비하는 누런 초원이 여행자를 기다린다. 몽골 여행을 가서 읽어보면 좋을 시 한 편을 꼽자면 나착도르지가 쓴 〈나의 고향〉이다. 가끔 여행서에 실리지 않은 이야기를 현지인으로부터 들었다. 예를 들면 보르항 할동 아래에서 만난 유목민의 경고. "그 산에 올라갈 생각은 하지 마라." 현지인의 믿음을 어떻게 받아들여야 할지 고민스럽기도 하다.

## 3일차 (10월 7일) | 보르항 할동 국립공원-보르항 할동 입구-흐흐호수

가을철 여행의 특권은 늑대를 볼 수 있다는 점. 물론 사냥을 한 후 벗겨진 가죽이지만 살아 있다는 느낌을 받았다. 보르항 할동을 멀리서 바라보고 흐

호호수로 이동. 물을 대하는 그들의 금기와 신념을 바로 곁에서 겪었다. 냇물은 떠서 쓰고 더러운 것으로 오염시키지 않는다는 것. 경험에서 나온 여행자의 금기 하나, "언제 도착해요"라는 질문. 궁금하겠지만 운전기사도 잘 모른다. 초원에서는 별별 일이 다 생기니까 정확하게 답하기 곤란하다. 길을 묻기 위해 우리 차가 멈춘다면 맞은편에서 오던 차도 멈추고 혹은 어디선가 유목민이 번개처럼 나타나 도움을 준다. 순간순간 상황을 즐기는 게 즐거운 몽골 여행의 지름길이다. 어두워진 후 흐흐호수에 도착.

**4일차** (10월 8일) | 흐흐호수-발단 베레벵 사원-사슴돌-빈데르 인근

흐흐호수를 즐기는 네 가지 방법. 몽골족의 칸으로 추대된 기념광장에서 역사적인 인물의 얼굴을 찾아볼 것, 검은 심장의 산을 바라보는 호수 전망대에 올라볼 것, 물맛이 좋은 검은 심장의 샘물을 마셔볼 것, 검은 심장의 산에 오를 것. 가을철이나 겨울철 산속의 사원은 스님이 추위를 피해 다른 곳으로 갔을 가능성이 크다. 인적이 끊긴 사원을 돌아보는 것도 나름대로 맛이 있었다. 불상은 그 나라 사람의 얼굴대로 만든다. 사원에 들리면 불상의 얼굴을 자세히 보라. 바람이 심하게 불어 풀밭에서 밥을 하기 힘들었다. 결국 포르공 차 안에서 라면을 끓였다. 운전기사와 사이가 좋지 않으면 이마저도 어려울 수 있다. 사슴돌을 보고 초원의 저녁 빛을 감상하고 게르에서 묵었다. 묵게 해줘서 고맙다고 따로 인사할 필요는 없다는 게 그들의 설명. 게르 안주인이 내어준 말고기를 '맛있게 먹을 거야'라고 다짐하고 먹으니 정말 맛있었다. 몽골 음식을 맛있게 먹는 법이다.

**5일차** (10월 9일) | 빈데르 인근 -으글륵칭 헤렘-라샹 하드-빈데르

체험을 해보겠다는 여행자를 거절하는 유목민은 없다. 소젖 짜기, 아이락 젓기 등등. 실제로 해보면 보는 것과 크게 다르다는 것을 알게 된다. 으글륵

칭 헤렘은 돌을 쌓아 만든 성이다. 우리나라 성도 그렇지만 이 성도 제대로 보기 위해서는 산꼭대기에 올라가는 수고를 마다하지 말 것. 올라가 본 사람만이 할 수 있는 이야기가 있다. 꼼꼼하게 살펴볼수록 많은 게 보이는 것이라 샹 하드였다. 거대한 바위 곳곳에 여러 시대에 걸쳐 만든 암각화와 글자가 비밀스럽게 새겨져 있었다. 이곳에서는 이곳의 이름을 직접 말하지 말 것. 몽골 사람들은 성스러운 곳에서 직접 이름을 말하면 부정을 탄다고 믿는다. 빈데르로 향하다 늪에 빠져 하루 동안 고립. 나무를 지렛대 삼아 차를 들어 겨우 빠져나왔다. 불가능할 것 같은 일도 가능하도록 만드는 게 초원이었다.

### 6일차 (10월 10일) | 빈데르-대몽골국 선포지-바양아드라가(왕비의 궁전)-오농강-다달(발지강-하조 볼락-델론 볼독-시내)

여행의 절정으로 가는 길. 아는 길도 물어서 가라. 바양아드라가에 있는 도르릭 나르스 흉노 유적 바로 곁을 지나면서도 먼 곳에 있다고 지레짐작하고 물어보지 않아 낭패를 봤다. 발지강에서 물에 빠진 차를 꺼내주었는데 그 상황에서도 웃는 그들. 몽골 여행을 하다 이런 상황에서 태연자약, 웃으며 별일 아니라는 그들을 만나도 열 내지 말 것. 열 낸다고 해결되는 건 아무것도 없다. '델론 볼독' 즉 비장의 언덕은 비장한 언덕일까? 줄곧 이런 줄 알았다. 사실은 신체 장기인 비장 모양을 한 언덕이었다. 직접 보면 그 이유를 안다. 저녁에는 집주인과 술자리. 그들의 술자리 원칙, "나온 술은 다 마셔야 술자리가 끝난다." 술 세다고 벌컥벌컥 마시다간 다음 날이 힘들다. 술자리에는 노래가 필수. 노래할 차례가 되었을 때 빼지 말고 신나게 불러라. 그들에게 노래는 대화와 같은 일상적인 일이다.

### 7일차 (10월 11일) | 다달(소풍)

마을 사람들과 오농강, 발지강으로 소풍을 갔다. 가장 기억에 남을 만한 일 가운데 하나다. 이 지역의 노래와 이야기를 들려주려는 그들을 보며 땅에

대한 그들의 자부심을 느꼈다. 소풍에 빠지지 않는 것은 술, 노래, 맛있는 음식 그리고 사람. 혹 그들이 소풍을 가자고 하면 꼭 함께하기를. 여행자의 좋은 점은 직접 음식을 준비하지 않아도 된다는 점이었다.

## 8일차 (10월 12일) | 다달-울란바토르로 오는 길 위

몽골에는 하루에 사계절이 있다. 처음 눈을 보았을 때는 반가웠으나 눈이 초원을 뒤덮어 사방을 구분하지 못했을 때에는 원망스러웠다. 초원의 공포를 제대로 실감한 날이었다. 길이 사라진 초원에서 믿을 건 때때로 보이는 게르와 운전기사의 경험과 감각이다. 그리고 '괜찮을 거야'라는 긍정적인 마음과 행운이다. 몽골 여행을 할 때 늘 따뜻한 옷을 챙겨야 하는데, 가을철 몽골에 가는 여행자는 겨울이라 생각하고 준비할 것. 이날 처음 핫팩의 도움을 받았다. 절박한 상황에 처하면 사람에게 엄청난 힘이 나온다는 걸 알았다. 늪에 빠진 차를 밀어서 꺼냈으니까.

## 9일차 (10월 13일) | 울란바토르(자나바자르 미술관, 자연사박물관, 수흐바타르 광장)

자나바자르 미술관을 갔으나 토요일 휴관. 여름과 겨울은 휴관일이 다르다. 이곳에는 몽골의 미켈란젤로로 불리는 고승 자나바자르의 불상과 샤라브가 그린 〈몽골의 하루〉가 소장되어 있다. 특히 〈몽골의 하루〉는 몽골 사람의 종합 풍속도로, 보면 볼수록 재미있다. 몽골의 대학로와 서점을 둘러보는 것도 빼놓지 말기를. 저녁에 버떠 아저씨 가족과 같이 밥을 먹었는데 식탁 아래서 두 사람이 발을 부딪치자 서로 악수를 했다. 혹시 모를 싸움을 막기 위한 예의라고. 옆 사람이 재채기를 하면 "신이여 용서하십시오"라고 말한다.

## 10일차 (10월 14일) | 울란바토르-인천공항

비행기에서 바라본 눈 덮인 초원은 흑백사진 같았다.

## 2013년 (16일 일정)
몽골 서부 횡단 (여행 기간이 길어서 중간에 돌아오는 팀이 있었다)

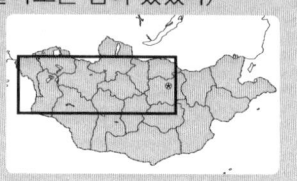

몽골 여행의 종합판으로 울란바토르에서 서쪽 끝 알타이산맥까지 횡단하는 여정이다. 많은 것이 필요하다. 체력, 인내심, 경험, 동료 간의 호흡, 시간 그리고 무엇보다도 열정. 경험 많은 가이드와 운전기사, 차 두 대가 필수다. 초원, 반사막, 사막 지대를 통과하면서 성산과 호수를 찾아갔고 유목민들을 만났고 나담을 보며 그들에게 나담이 어떤 의미인지 알았다.

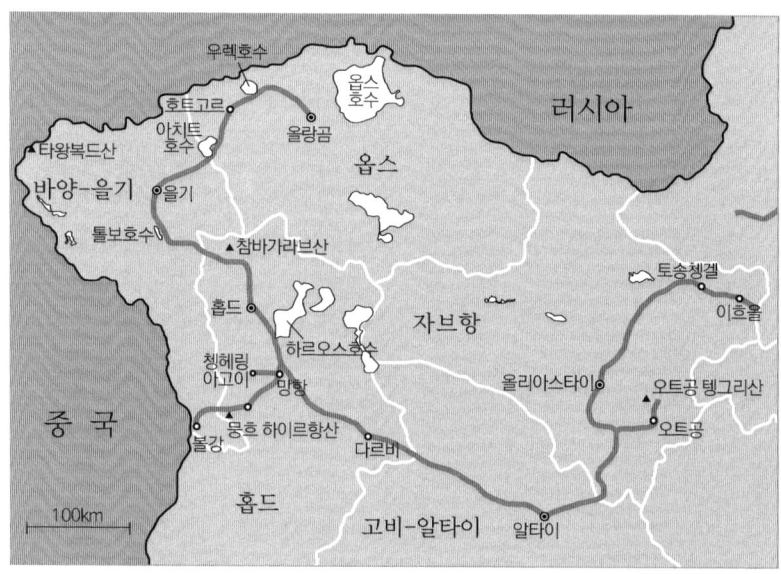

## 1일차 (7월 5일) | 인천공항-울란바토르

비행기에 실을 수 있는 1인당 수하물의 수량과 무게(1인당 1개, 21kg 이내)가 정해져 있어 저울로 짐을 재서 포장 작업. 야영을 하는 여행이기에 텐트, 침낭, 매트리스(에어매트리스가 성능이 좋았다), 취사도구, 식량(쌀, 라면 등등), 보온장비 등 가져가야 할 장비가 많았다. 개인 짐은 배낭에 담아 기내에 들고 탔다. 늦은 밤 버떠 아저씨의 길 안내를 받아 게르 캠프에 도착. 도착 기념으로 보드카를 마시려고 울란바토르 시내를 샅샅이 뒤졌으나 구하지 못하고 결국 아저씨 집에서 술을 가져와 자축했다.

## 2일차 (7월 6일) | 울란바토르-에르데네상트 부근

아침에 두 대의 포르공에 종류별로 짐을 나눠 싣고 출발. 초원에서 쉬는 사이 오토바이를 탄 유목민을 만나 한번 태워달라고 하니 흔쾌히 태워줬다. 포르공의 창문은 잘 고정되지 않았다. 끈, 캔 등 다양한 도구를 썼으나 페트병을 창틈에 끼워 놓는 게 최선의 방법. 포르공을 타보면 무슨 말인지 안다. 계속 초원에 취해 달리다 햇살이 지는 저녁 무렵 오보를 돌았다. 처음 온 동료들은 해지는 초원에 넋을 잃었다. 너무 오래 지체한 탓에 날이 어두워져 운전기사가 추천한 곳에서 야영. 여행을 오기 전에 텐트 치는 법을 미리 배워 한결 수월했다. 야영을 할 때는 개인용 전등이 매우 요긴한데 크기가 작아 잃어버리기 쉬우니 잘 간수할 것.

## 3일차 (7월 7일) | 에르데네상트 부근-하르호링 에르데네 조 사원-타미르강-체체를렉-타이하르 촐로 바위-촐로트 게르 캠프

초원의 아침 산책은 늘 즐겁다. 풀을 뜯는 말을 따라가는 재미가 쏠쏠했다. 동료 덕분에 감동적인 원두커피를 마시고 상쾌하게 아침을 시작했다. 길을 가다 마음에 드는 곳이 있다면 그냥 서라. 올가라는 올가미가 달린 장대를 이용해서 달리는 말을 잡는 모습을 보았다. 10년 만에 방문한 에르데네 조사원에서 스님에게 여행길의 안전을 비는 축원을 부탁. 타미르강을 만나거든 지나치지 말고 꼭 가보기를. 그전에 『맑은 타미르강』을 꼭 읽어보기를. 포르공 문이 닫히지 않는 문제가 발생했으나 잠시 후 문을 뜯어 뚝딱뚝딱 고쳤다. 타이하르 촐로 바위에서 소원을 빌고 늦은 밤 촐로트 게르 캠프에 도착.

**4일차** (7월 8일) | 촐로트 게르 캠프-호르고화산-테르힝 차강호수-이흐올 부근

깎아지른 절벽 옆에 자리 잡은 게르 캠프. 갑자기 바람이 불면 낭떠러지로 떨어질 듯해 협곡 가까이 가지 못했다. 한 움큼의 물로 세수를 하는 동료들을 보니 사람은 적응하기 마련. 호르고화산을 보고 테르힝 차강호수로 가는 길. 고개를 넘으리라는 예상과 달리 허리길로 돌아갔다. 서서히 보이는 호수. 역시 아름다웠다. 차를 세우고 술잔을 기울였다. 대낮에 다들 취했다. 여기서 취하지 않으면 어디서 취하리. 호수를 끼고 도는 길은 지금까지 간 몽골의 길 가운데 최고였다. 하늘이 눈이 시리도록 푸르렀다. 긴 고개를 넘고 계곡에서 밥을 먹고 이흐올이라는 마을을 지나 강가에서 야영. 강물에 반짝이는 건 은하수와 별들. 처음 보는 장면에 넋을 잃었다. 이 장면 하나로 몽골 여행은 본전을 뽑았다.

**5일차** (7월 9일) | 이흐올 부근-올리아스타이-오트공 부근

두 대의 차가 서로 헤어지면 앞에 가던 차가 적당한 곳에서 기다렸다. 경치 좋은 언덕 위에서 쉬다보면 먼지를 날리는 물체가 다가온다. 뒤차다. 이런 모습을 볼 때마다 마음이 느긋하고 편안하다. 경치가 아름다운 자가스타잉고개를 넘어서자 나오는 도시는 올리아스타이. 재미있게 읽은 몽골 민담의 주인공 척척생게가 올리아스타이의 청나라 총독을 골려준 곳이라 반가웠다. 이곳을 지나 오트공 텡그리산으로 가는 두 개의 코스 중 산 밑까지 접근할

수 있는 긴 코스를 선택. 큰 고개를 넘자 예상하지 못한 반사막 지대가 펼쳐졌다. 『몽골-론리플래닛』에서 '〈아라비아의 로렌스〉를 보는 것 같은 풍경'이라고 표현했던 그곳이었다. 야영할 만한 곳을 찾아 헤매다 게르를 발견하고 곁에서 하룻밤 묵기를 부탁하고 야영을 했다. 볼일을 보는데 갑자기 눈 붉은 동물이 나타나 소란스러웠던 밤이었다.

## 6일차 (7월 10일) | 오트공 부근-오트공-오트공 텡그리산-게르 캠프

탐정이 된 기분으로 혹시나 싶어 눈 붉은 동물이 출현했다는 곳에 가보기는 했으나 별다른 수확은 없었다. 가는 길에 만난 넓은 계곡에는 거대한 돌무덤인 께렉수르가 곳곳에 늘어섰고 사슴돌도 만났다. 돌아올 때 께렉수르를 자세하게 보려고 했지만 이곳으로 오지 않아 결국 보지 못했다. 볼 수 있을 때 봐야 한다. 언덕에서 진행되는 나담을 보고 오트공 마을에 들러 호쇼르로 점심을 먹은 후 출발. 그동안 별 탈 없던 차가 늪에 빠졌다. 그 넓은 초원에서 차가 있는 곳만 유독 비가 내리다니. 어렵지 않게 차를 빼내고 내달려 만난 오트공 텡그리산. 독수리처럼 홀연히 솟아 있었다. 산의 입구에서 오체투지를 하고 향을 사르고 아이락을 뿌리는 몽골 사람들. 이곳부터는 외국 사람들만 더 올라갈 수 있단다. 관리사무소의 주의사항, "정상 아래 호수까지만 갈 수 있고 그 물에 손을 대서는 안 된다." 차를 두고 길을 오르기 시작. 숨을 헐떡이며 도착한 정상 아래 호수. 호숫가의 오보를 돌고 바위에 걸터앉아 눈을 감고 바람 소리를 들었다. 기분 탓인지 뭔가 범상치 않은 느낌. 산을 내려와 숙소에 도착해서 보니 오트공 텡그리산 위로 밝은 별 하나가 떴다. 이 산에 간다면 산 위에 별이 뜬 모습을 꼭 보시길.

## 7일차 (7월 11일) | 오트공 텡그리산-알타이-알타이 부근 사막

달리고, 달리고 또 달리고. 하루 종일 달렸다. 떠들다가 자다가 풍경을 보다 차 안에서 한잔씩 했다. 하루 종일 계속되는 반사막 지대는 보는 것만으로 지쳤다. 여행을 오기 전에 운동을 해서 체력을 키울걸 하고 후회. 반사막 지대 끝에 신기루처럼 호수가 보이기 시작했다. 수력발전소였다. 사막에 수력발전소라니. 호수를 본 기념으로 점심은 비빔국수였다. 델게르 마을 나담 행사장에 들러 씨름 경기를 보고 다시 달리고 달려 알타이시에서 식량과 물을 구입. 먼지가 펄펄 날리는 사막을 달리다 적당한 곳에서 내려 해넘이를 보았다. 강렬한 사막의 해넘이. 사막에서 야영을 했다. 모든 것이 고요하고 가끔 먼 게르에서 개 짖는 소리가 아득하게 들렸다. 사막에 가거든 누워서 밤하늘을 보시길. 새벽까지 별을 보며 사진을 찍다 늦게 잠이 들었다. 가끔 도마뱀이 텐트로 들어오기도 하니 너무 놀라지 말 것.

### 8일차 (7월 12일) | 알타이 부근 사막-다르비-망항-쳉헤링 아고이 게르 캠프

어젯밤과는 달리 바람이 심하게 불어와 아침 먹을 겨를도 없이 철수. 아침을 먹으려고 들린 길가의 음식점 텔레비전에서는 나담을 방송하고 있었다. 전국이 나담으로 들썩였다. 슬슬 체력이 바닥나는 시점인 데다 보는 것만으로 지치는 사막 지대를 몇 시간째 달려 기진맥진. 초원과 사막은 식생뿐만 아니라 여행자의 심리에 끼치는 영향이 달랐다. 사막에서 큰 종교가 생겨난 이유를 알겠다. 드디어 사막 지대를 탈출하고 알타이산맥의 도시 망항에 도착. 그러나 이곳은 모기의 도시였다. 사방에서 모기가 극성스럽게 달려들었다. 시냇물을 따라 험준한 계곡을 올라가자 쳉헤링 아고이 게르 캠프가 나왔다. 이곳 역시 사방에서 모기가 달려들어 어떻게 할 수가 없었고 모기 기피제도 큰 도움이 되지 않았다. 게르에는 화로가 없는데 만약 화로에 연통을 달면 그 통으로 모기가 들어온다나. 다른 곳으로 피신할까 고민하고 있는데 늦은 밤에는 모기가 사라진다는 주인의 말처럼 늦은 밤이 되자 모기가 사라졌다.

## 9일차 (7월 13일) | 쳉헤링 아고이 게르 캠프-쳉헤링 아고이동굴-망항-뭉흐 하이르항산

관리인을 따라 캠프 위쪽에 있는 쳉헤링 아고이동굴에 들어갔다. 말로만 듣던 유명한 고대의 동굴 벽화가 있는 곳. 관리인이 손전등으로 벽화를 비춰주며 벽화를 설명해주었다. 책 속의 동굴 벽화와 실제 눈으로 본 동굴 벽화의 느낌은 전혀 달랐다. 현장에 가야 제대로 안다. 망항에서 1차 귀국하는 팀을 전송. 비행기표에 있는 출발시간은 출발지 시간일 것이라는 예상과 달리 울란바토르 시간 기준. 울란바토르와 이곳의 시차는 1시간. 뭉흐 하이르항산으로 가는 협곡은 작은 산사태로 길이 막혔다. 맞은편에서 오던 차가 멈춰 몇 사람이 돌을 치우는 중이어서 우리도 삽을 들고 흙더미를 치워 길을 열었다. 협곡 끝의 마을 뭉흐 하이르항에서 길을 안내할 길잡이를 섭외. 지도에 나오지 않는 현지인만이 아는 길로 가야 하기에. 차가 뒤집힐 것 같은 고개를 넘자 펼쳐지는 드넓은 산맥의 고원 지대. 뭉흐 하이르항산 입구에서 야영. 저녁에 인근 게르를 방문하고 이야기를 나누었다.

## 10일차 (7월 14일) | 뭉흐 하이르항산-망항-홉드

아침 햇살이 비추는 뭉흐 하이르항산을 보려고 일어났으나 이미 해가 떠올랐다. 아침을 먹고 뭉흐 하이르항산 트레킹 시작. 산으로 가까이 갈수록 욕심이 생겨 좀 더 가까이 좀 더 가까이 하는 마음으로 걸어갔다. 계곡으로 들어갈수록 산은 더 웅장했다. 물러나야 할 때를 알아야 하는데……. 겁 없이 만년설 쪽으로 올라간 동료 부부는 죽을 고생을 해 사색이 되어 돌아왔다. 야영지로 내려와 김치전과 냉면 한 그릇을 뚝딱. 이 순간 무엇이 부러우랴. 뭉흐 하이르항산을 조망할 수 있는 언덕에서 마지막으로 산을 보고 떠나는데 비가 후드득후드득 내렸다. 계곡 물이 불어나기 전에 계곡을 빠져나가려고 서둘렀고 계곡을 빠져나오자 이번에는 모기들이 달려들었다. 망항에서 홉드로 출발. 캄캄한 밤에 차 두 대가 서로 떨어져 걱정을 했으나 우여곡절 끝에 홉드에서 만났다. 게르 캠프에서 자려던 계획을 바꾸어 예정에 없던 호텔(이름만 호텔)에서 잠을 잤다.

## 11일차 (7월 15일) | 홉드-참바가라브산

11시 55분쯤 홉드 박물관을 찾아갔는데 12시부터 점심시간이라고 해서 5분만 보겠다고 사정을 했으나 결국 들어가지 못했다. 쳉헤링 아고이를 재현한 벽화는 보지 못한 채 뜰에 전시된 사슴돌로 아쉬운 마음을 달랬다. 참바가라브산으로 가는 길의 다리가 끊어졌다. 어떻게 할까? 운전기사가 강에 돌을 던져 깊이를 재보더니 포르공을 몰아 강을 건넜다. 참바가라브산은 부드러운 산세에 꼭대기의 만년설로 하얀 산줄기는 공룡의 발톱 같았다. 이 모습을 보고 히말라야를 다녀온 동료가 말하길 "이것이 부드러운 몽골의 만년설이다." 게르가 있는 적당한 곳을 골라 야영. 달빛은 교교했고 참바가라브는 전설 속의 거인 같았다.

## 12일차 (7월 16일) | 참바가라브산-톨보호수-을기

보기 드물게 아침부터 비가 내림. 비를 헤치고 게르의 아이들이 아이락을 들고 찾아와 동료들이 환호성을 질렀다. 아이들의 마음에 홀딱 반했다. 언제쯤 비가 그칠지 게르에 가서 물어보았으나 쉽게 그치지는 않을 모양. 비가 그친 후가 더 문제라는데 계곡 물이 불면 다른 곳으로 이동을 할 수 없다. 내일 귀국하기 위해 을기에서 울란바토르로 가는 비행기를 타야 하는 동료가 있어 걱정이었다. 일단 주변의 게르를 방문하기로 했다. 마침 방문한 게르에서 양고기를 들고 나담 행사장으로 간다기에 같이 차를 타고 가는데 맛보라고 준 양고기가 별미였다. 비가 내리는데도 나담은 진행됐다. 다른 게르를 방문해서 이 지역의 유명한 말 조련사라는 자부심이 넘치는 할아버지를 만났다. 게르 방문을 마치고 돌아와도 비가 그칠 기미가 보이지 않아 계곡 물이

불기 전에 아쉽지만 참바가라브산에서 철수하기로 결정했다. 이런 때 신속한 결정이 생명이다. 번개 같은 속도로 짐을 정리하고 뒷날을 기약한 채 을기로 출발. 계속 비가 내려 톨보호수도 비에 젖었다.

## 13일차 (7월 17일) | 을기-아치트호수-우렉호수

2차 귀국팀을 떠나보내고 우렉호수로 출발. 비가 내린 탓에 강물은 황톳물로 바뀌어 거세게 흘렀다. 아치트호수에서 밥을 먹으려고 했으나 역시 모기들이 많아 포기하고 이동. 광산마을인 호트고르를 지날 때 우리에게 손을 흔드는 아이를 보고 차를 세워 인사를 했다. 다시 길을 가다 카자흐족의 게르를 방문했는데 몽골족의 게르보다 크고 화려했다. 길고 험한 바이람고개의 정상에서 볼거리는 두 가지. 정상에 있는 크고 동그란 고대 무덤과 북쪽으로 펼쳐진 설산들. 몇 해 전 야영을 했다는 우렉호수 최적의 야영지를 찾아 텐트를 치니 해가 뉘엿뉘엿 넘어갔다. 해가 완전히 넘어가도 빛의 잔영은 사라지지 않다가 하늘 저편에서 어둠이 화선지 물들이듯 번지자 조금씩 사라졌다. 지금까지 본 몽골의 빛 가운데 최고!

## 14일차 (7월 18일) | 우렉호수

처음으로 이동을 하지 않은 여유로운 날. 호수를 산책하고 책을 읽고 낮잠을 잤다. 이곳에는 물고기가 많아 몇 해 전 왔을 때는 낚시를 해서 팔뚝보다 굵은 물고기를 잡기도 했다. 오후에는 저녁에 먹을 양고기와 술을 구하러 게르 방문. 양고기를 부탁하자 방금 풀을 뜯던 양을 끌고와 바로 잡았는데 하나도 버릴 게 없었다. 게르 주인집 아이가 우리가 준 보드판에 그림을 그렸는데 듣던 대로 게르 문을 정확하게 그렸다. 양을 따라다니며 밧줄을 던지며 노는 아이들을 보니 놀이는 역시 아이의 본능이었다. 고기, 장작, 술을 구하고 야영지로 돌아오니 만찬 준비 끝. 모닥불을 피우고 돌판에 고기를 구웠다. 지나가던 유목민도 들렀다. 내일이면 긴 여행도 끝난다. 밤늦도록 노래하고 이야기했다.

## 15일차 (7월 19일) | 우렉호수-올랑곰-울란바토르

호수를 떠난 후 창밖으로 손을 내밀어 바람을 잡는 사이 올랑고개 정상 오보에 도착. 오보를 돌고 소원을 빌었다. 운전기사를 따라 올랑곰 시장을 둘러보고 올랑곰 공항에서 3시간쯤 비행해서 울란바토르에 도착. 버떠 아저씨 차를 타고 저녁을 먹고 쇼핑을 하고 공항으로 갔다.

## 16일차 (7월 20일) | 울란바토르-인천공항

새벽에 인천공항 도착. 어느 때보다 힘들고 긴 일정이었으나 두고두고 기억에 남으리라.

몽골 주요 도시간 거리(km)

| | 울란바토르 | 체체를레그 | 울기 | 바양흥고르 | 불강 | 알타이 | 초이르 | 다르항 | 사잉샨드 | 초이발상 | 만달고비 | 울리아스타이 | 에르데네트 | 아르바이헤르 | 달랑자드가드 | 바롱-오르트 | 수흐바타르 | 홍드 | 모롱 | 운드르항 | 준모드 | 울랑곰 | 차강노르 | 하트갈 |
|---|---|---|---|---|---|---|---|---|---|---|---|---|---|---|---|---|---|---|---|---|---|---|---|---|
| 울란바토르 | 0 | | | | | | | | | | | | | | | | | | | | | | | |
| 체체를레그 | 430 | 0 | | | | | | | | | | | | | | | | | | | | | | |
| 울기 | 1636 | 1220 | 0 | | | | | | | | | | | | | | | | | | | | | |
| 바양흥고르 | 630 | 214 | 1006 | 0 | | | | | | | | | | | | | | | | | | | | |
| 불강 | 318 | 289 | 1334 | 503 | 0 | | | | | | | | | | | | | | | | | | | |
| 알타이 | 1001 | — | 635 | 371 | 874 | 0 | | | | | | | | | | | | | | | | | | |
| 초이르 | 238 | 630 | 1644 | 638 | 456 | — | 0 | | | | | | | | | | | | | | | | | |
| 다르항 | 219 | 537 | 1582 | 751 | 248 | 874 | 457 | 0 | | | | | | | | | | | | | | | | |
| 사잉샨드 | 463 | 855 | 1869 | 863 | 781 | — | 225 | 682 | 0 | | | | | | | | | | | | | | | |
| 초이발상 | 655 | 1108 | 2291 | 1285 | 973 | — | 439 | 874 | 531 | 0 | | | | | | | | | | | | | | |
| 만달고비 | 260 | 500 | 1314 | 508 | — | — | 185 | 479 | 355 | 741 | 0 | | | | | | | | | | | | | |
| 울리아스타이 | 984 | 531 | — | 459 | 807 | — | 1153 | 989 | 1322 | 1639 | 967 | 0 | | | | | | | | | | | | |
| 에르데네트 | 371 | 357 | 1402 | 571 | 68 | — | 609 | 180 | 834 | 1026 | 631 | 809 | 0 | | | | | | | | | | | |
| 아르바이헤르 | 430 | 266 | 1206 | 200 | 348 | 571 | 494 | 596 | 663 | 1085 | 308 | 659 | 416 | 0 | | | | | | | | | | |
| 달랑자드가드 | 553 | 643 | 1583 | 577 | 725 | 948 | 479 | 772 | 516 | 1074 | 293 | 1036 | 793 | 377 | 0 | | | | | | | | | |
| 바롱-오르트 | 560 | 1013 | — | — | 878 | — | 462 | 779 | 340 | 191 | 613 | 1544 | 931 | 990 | 856 | 0 | | | | | | | | |
| 수흐바타르 | 311 | 629 | — | 843 | 340 | — | 1214 | 92 | 774 | 966 | 191 | 1147 | 272 | 688 | 864 | 871 | 0 | | | | | | | |
| 홍드 | 1425 | — | 211 | 795 | — | 1489 | 549 | 1658 | 1134 | 2080 | 966 | 1303 | 465 | 1339 | 995 | 1372 | — | 0 | | | | | | |
| 모롱 | 671 | — | 413 | 617 | 353 | 583 | 909 | 601 | 1134 | 1326 | 913 | 417 | 421 | 679 | 1056 | 1231 | 1612 | 693 | 0 | | | | | |
| 운드르항 | 331 | 784 | 1967 | 961 | 649 | 1332 | 233 | 550 | 262 | 449 | 661 | 1315 | 702 | 1326 | 324 | 229 | 536 | 1756 | 853 | 0 | | | | |
| 준모드 | 43 | 496 | 1591 | 585 | 361 | 956 | 224 | 262 | 449 | 1281 | 1513 | 1738 | 991 | 1383 | 661 | 225 | 1027 | 1380 | 642 | 354 | 0 | | | |
| 울랑곰 | 1336 | 883 | 301 | 988 | 1033 | 662 | 1569 | 1281 | 1933 | 2223 | 1583 | 761 | 1101 | 1275 | 1333 | 1896 | 1188 | 238 | 1373 | 1605 | 1379 | 0 | | |
| 차강노르 | 1568 | 1115 | 69 | 1075 | 1265 | 704 | 1769 | 1513 | 2223 | 1583 | 1652 | 1228 | 1585 | 1652 | 280 | 912 | 232 | 1611 | 199 | 1667 | 337 | 1002 | 0 | |
| 하트갈 | 772 | 514 | 1040 | 728 | 454 | 642 | 910 | 702 | 1236 | 1427 | 1014 | 447 | 522 | 780 | 1157 | 1332 | 794 | 942 | 101 | 1103 | 815 | 971 | 739 | 0 |

**에필로그**

## 약속한 때가 되었다

늦가을 헹티로 여행을 다녀온 지 아홉 달 후 다시 몽골로 떠났다. 몽골의 7월은 여행을 하기에 딱 좋은 계절이다. 울란바토르를 출발해 알타이산맥까지, 2주 동안 서쪽 지역을 차량으로 횡단하는 여정이었다. 초원을 지나고 사막 지대를 통과해 서쪽의 알타이산맥까지 총 2,700킬로미터를 이동하며 두 개의 큰 산맥, 세 개의 성산, 네 개의 큰 호수를 만났다. 새럿의 고향인 자브항아이막에서 몽골 제일의 성산 오트공 텡그리산을 만났다. 그리고 아름다운 성산 뭉흐 하이르항산과 웅장한 참바가라브산을 찾아갔다.

성산은 성산이었다. 단지 한여름에 만년설이 쌓여 있다는 것만으로는 받을 수 없는 느낌이었다. 여행자도 이런데 몽골 사람에게는 더 말할 나위가 있을까? 특히 오트공 텡그리산을 향해 오체투지를 하고 향을 사르고 아이락을 뿌리는 그들에게서 신과 인간을 잇는 끈을 보았다.

알타이산맥을 지나다가 날이 저물어 사막에서 텐트를 치고 야영을 한 적이 있다. 해가 넘어가자 하늘 가득 별이 나타났고 사막 끝에서 솟은 은하수는 우주를 받치는 기둥처럼 하늘을 가로질러 산맥 뒤로 사라졌다. 그렇게 넋을 잃고 본 은하수는 처음이었다. 밤이 깊자 자리를 깔고 누워 별을 바라보며 이야기를 나누었다. 사막이라는 공간 때문이었는지, 적막하지만 충만한 느낌 때문이었는지, 별 때문이었는지, 보드카 때문이었는지, 동료들 때문이었는지 알 수 없었지만 텐트에 들어온 도마뱀마저 아름다운 밤이었다.

오트공 텡그리산을 찾아가는 길이었다. 날이 저물고 텐트를 칠 만한 곳을 찾지 못해 한참을 헤매다 겨우 외딴 게르를 발견했다. 어른은 일을 보러 나가고 아이들만 있었다. 아이들에게 게르 곁에서 야영을 해도 괜찮겠냐고 물었을 때 흔쾌히 그렇게 하라고 했다. 그런 결정을 선뜻 내리는 아이들이 새삼스러웠다.

참바가라브 고산 지대에서 야영을 하고 일어난 아침이었다. 옅은 비안개를 헤치고 주변에 살던 예닐곱 된 아이들이 찾아와 아이락을 건네주었다. 그때 먹은 아이락은 낯선 이에게 마음을 열고 베푸는 아이들의 눈빛처럼 순했다. 여행길에서 참 많은 유목민의 도움을 받았다.

캄캄한 밤 초원에서 낯선 동물을 만나는 일은 당황스럽다. 깊은 밤 볼일이 급한 세 명이 가이드의 도움을 받아 볼일을 보러 갔다. 먼저 두 명이 돌아온 후 얼마 지나지 않아 나머지 두 명이 칼을 움켜쥔 채 얼굴이 사색이 되어 돌아왔다. 그들에 따르면 볼일을 보던 중 느낌이 이상해 뒤돌아보니 붉은 눈 두 개가 불을 켜고 쳐다보고 있더란다. 다리가 후들거렸으나 당황하지 않은 척 랜턴으로 붉은 눈을 비추고 칼을 빼들고 뒷걸음질로 돌아왔단다. 그들은 늑대라고 주장했고 다른 이들은 개라며 놀려댔다. 이 사건 이후 유목민을 만날 때마다 눈 붉은 동물의 정체를 묻곤 했는데 늑대라는 설과 개라는 설이 팽팽하게 맞섰다. 혹 늦은 밤 초원에서 볼일을 볼 때는 부디 뒤를 조심하시길.

몽골 여행을 마치고 집으로 돌아왔을 때였다.

"아빠만 좋은 데 갔다오고. 미워!"

딸아이만 볼멘소리를 한 건 아니었다.

"우리는 언제 몽골에 가? 혼자만 가고."

아내도 거들었다.

아이가 태어나자마자 벽에 커다란 세계지도를 붙였다. 그리고 태어난 지 얼마 되지 않는 딸을 안고 아빠가 가고 싶은 나라를 알려주었다.

"몽골, 네팔, 안데스, 알래스카, 노르웨이!"

이 때문인지 아이는 몽골에 관심이 많다. 가끔 몽골 집이나 몽골 지도를 그려달라고 하고, 때로는 친구들에게 몽골에 간다고 자랑을 늘어놓는다.

아내와 아이의 푸념 때문이 아니더라도 함께 몽골을 가려고 마음먹고 있었다. 내뱉은 말은 지켜야 할 의무가 생긴다. 아이가 어렸을 때부터 "여섯 살이 되면 같이 몽골에 가자"고 말해왔다. 올해 드디어 딸이 여섯 살이 되었다.

여섯 살에 떠나는 여행을 아이는 기억하지 못할 수 있다. 그러나 기억을 하건 못하건 그건 중요한 문제가 아니다. 꼭 머리에 남기려고 여행을 가는 건 아니니까. 아이가 여행을 하며 겪은 느낌들은 마음에 고이고이 남을 것이다. 여행은 여행 당시만 여행을 하는 건 아니다. 아이가 태어나고 벽에 지도를 붙이는 순간부터 아이와 함께 가는 나의 몽골 여행이 시작되었고, 함께 몽골을 이야기를 했을 때 이미 아이의 몽골 여행은 시작되었다.

"서령아, 아빠랑 같이 몽골에 가면 뭐 보고 싶어?"

"꽃도 보고 싶고, 새끼 말도 보고 싶고, 새끼 낙타도 보고 싶어."

"서령아, 몽골에 가면 뭐하고 싶어?"

"몽골 사람들이 말하는 거 듣고 싶어. 어떤 아침을 먹는지, 점심을 먹는지, 어떤 맛있는 걸 먹는지 궁금해."

"몽골에 별 많아?"

"별 엄청 많이 보이지."

"나 별 보러 가야지."

그래 이번 여름에는 딸아이와 별을 보자. 그리고 말해야지.

"별 진짜 많지!"

# 몽골 여행에 도움이 되는 책과 영상

## 여행 준비

『몽골 인 몽골리아』 어럴저뜨 지음, 김성철 사진, 두르가, 2008

『몽골—론리플래닛』 여의주·노종현 책임편집, 안그라픽스, 2011

『몽골어 첫걸음』 유원수 지음, 삼지사, 2011

『신현덕의 몽골풍속기』 신현덕 지음, 혜안, 1999

## 문화 일반

『몽골—하늘과 맞닿은 바람의 나라』 대구MBC 〈몽골〉제작팀, 이른아침, 2008

『몽골의 문화와 자연지리』 박원길 지음, 민속원, 1999

『몽골의 언어와 문화』 유원수 지음, 소나무, 2009

『몽골의 유목문화와 민속 읽기』 박환영 지음, 민속원, 2005

『몽골의 전통과 민속보기』 박환영 지음, 박이정, 2008

『아시아의 죽음 문화』 김선자 외 5명 지음, 소나무, 2010

『우리 집을 공개합니다—하나의 지구, 서른 가족, 그리고 1787개의 소유 이야기』 피터 멘절 외 지음, 김승진 옮김, 월북, 2012

『초원의 대서사시—몽골 유목문화대전』 경기도박물관, 1999

## 역사

『도르릭 나르스 흉노무덤』 국립중앙박물관, 2009

『동방견문록—마르코 폴로의 길을 걷다』 마르코 폴로·루스티겔로 지음, 배진영 엮어 옮김, 서해문집, 2004

『몽골 비사』 유원수 역주, 사계절, 2004
『몽골 세계제국』 스기야마 마사아키 지음, 임대희·김장구·양영우 옮김, 신서원, 1999
『몽골의 역사』 강톨가 외 지음, 김장구·이평래 옮김, 동북아역사재단, 2009
『몽골인 그들은 어디서 왔나?』 장지우허 지음, 북방사연구팀 옮김, 소나무, 2009
『몽골제국의 만주지배사』 윤은숙 지음, 소나무, 2010
『몽골, 초원에 핀 고대문화』 서울대학교박물관, 2008
『배반의 땅, 서약의 호수—21세기 한국에 몽골은 무엇인가』 박원길 지음, 민속원, 2008
『실크로드』 장 피에르 드레주 지음, 이은국 옮김, 시공사, 1995
『유라시아 초원제국의 역사와 민속』 박원길 지음, 민속원, 2001
『조선과 몽골』 박원길 지음, 소나무, 2010
『중앙유라시아의 역사』 고마츠 히사오 외 지음, 이평래 옮김, 소나무, 2005
『한국·중국·일본과 몽골』 박원길·우실하·구해우 지음, 소나무, 2013
『한·몽 문화교류사』 김기선 지음, 민속원, 2008

## 칭기스 칸

『대몽골 시간여행』 배석규 지음, 굿모닝미디어, 2004
『마음을 잡는 자, 세상을 잡는다—사람답게 사는 세상을 꿈꾸었던 칭기즈칸 이야기』 서정록 지음, 학고재, 2012
『유라시아 대륙에 피어났던 야망의 바람—칭기스칸의 꿈과 길』 박원길 지음, 민속원, 2003
『칭기스칸, 잠든 유럽을 깨우다』 잭 웨더포드 지음, 정영목 옮김, 사계절, 2005
『칭기즈 칸과 몽골 제국』 장 폴 루 지음, 김소라 옮김, 시공사, 2008

## 문학

『고비』 최승호 지음, 현대문학, 2007

『내일은 어느 초원에서 잘까』 비얌바수렌 다바, 리자 라이쉬 공저, 김라합 옮김, 웅진닷컴, 2006

『늑대토템 1·2』 장룽 지음, 송하진 옮김, 김영사, 2008

『늑대』 전성태 지음, 창비, 2009

『맑은 타미르강 1·2』 차드라발 로도이담바 지음, 유원수 옮김, 민음사, 2007

『몽골 현대시선집』 이스 돌람 외 3인, 이안나 옮김, 문학과 지성사, 2003

『바이칼―소설가 김종록의 북방 탐험기』 김종록 지음, 문학동네, 2002

『조드 1·2』 김형수 지음, 자음과 모음, 2012

『한 줄도 나는 베끼지 않았다』 바오긴 락그와수렌 지음, 이안나 옮김, 문학의 숲, 2013

## 여행기

『Passport』 김경주 지음, 랜덤하우스코리아, 2007

『김홍희 몽골방랑―나는 아무것도 보지 못했다』 김홍희 지음, 예담, 2008

『내 안의 사막, 고비를 건너다』 라인홀트 메스너 지음, 모명숙 옮김, 황금나침반, 2006

『몽골 바람에서 길을 찾다』 한성호 지음, 멘토프레스, 2009

『몽골에서 보낸 네 철』 박태일 지음, 경진, 2010

『바람의 여행자』 이용한 지음, 넥서스BOOKS, 2008

『바람이 지우고 남은 것들―몽골에서 보낸 어제』 김형수 지음, 자음과 모음, 2013

『칭기즈 칸 제국을 달리다』 스탠리 스튜어트 지음, 김선희 옮김, 물푸레, 2005

『한 살이라도 어릴 때―세 여자의 좌충우돌 몽골 여행』 김진, 낢, 필냉이 글 그림, 세미콜론, 2013

**종교 · 민담 · 민간신화**

『동북아시아 샤머니즘과 신화론』 김열규 지음, 아카넷, 2003
『몽골 민간 신화』 체렌소드놈 지음, 이평래 옮김, 대원사, 2001
『몽골 신화의 형상』 센덴자빈 돌람 지음, 이평래 옮김, 태학사, 2007
『몽골민속기행』 장장식 지음, 자우, 2002
『몽골의 종교』 발터 하이시히 지음, 이평래 옮김, 소나무, 2003
『샤먼의 코트』 안나 레이드 지음, 윤철희 옮김, 미다스북스, 2003
『세계 민담 전집 3―몽골 편』 유원수 엮음, 황금가지, 2003
『알타이 이야기』 양민종 글, 장승애 그림, 정신세계사, 2003
「현대 몽골불교의 부흥과 일반 신도의 신심활동에 관한 고찰」 이영라 지음, 서강대학교 석사논문, 2001.

**사슴돌 · 암각화**

『돌에 새긴 유목민의 삶과 꿈』 국립경주문화재연구소, 2008
『몽골 고비 알타이의 암각화』 동북아역사재단 · 몽골과학아카데미 고고학연구소 편, 동북아역사재단, 2008
『몽골의 岩刻畵』, 김정배 외 지음, 열화당, 1998
『알타이의 암각 예술』 블라지미르 D. 꾸바레프 지음, 이헌종 · 강인욱 옮김, 학연문화사, 2003

**아이들 읽을거리**

『나의 집』 바아승수룽 벌러르마 지음, 어트경체첵 담딘수렌 옮김, 보림, 2011
『마두금 이야기』 료 미치코 지음, 김수경 옮김, 새터, 2008
『맹꽁이 원정대, 몽골로 가다』 김향이 지음, 신민재 그림, 비룡소, 2012
『몽골의 게르와 선사움막』 김민선 글, 지영이 그림, 정인, 2010
『몽골의 카우보이』 아르망딘 페나 글, 장유경 · 이승환 옮김, 아롬주니어, 2010

『초등학생이 꼭 읽어야 할 16가지 몽골 교과서 동화』 편집부 글, 학은미디어, 2012

## 기타

『도란도란 들려주는 말 이야기』 김정희·김병선 외 지음, 플러스81스튜디오, 2009

『독수리 사냥』 이장환 지음, 삼인, 2013

『몽골의 토올 신을 부르는 노래』 박소현 지음, 민속원, 2005

『바이칼에서 찾는 우리 민족의 기원』 이홍규 엮음, 정신세계원, 2005

『세계의 말 문화 I — 몽골·중앙아시아 편』 강정원·박환영·이평래·장준희 지음, 한국마사회·마사박물관, 2009

『풀코스 별자리 여행』 김지현·김동훈 지음, 현암사, 1999

## 몽골 여행에 도움이 되는 영상

⟨영화⟩

비암바수렌 다바아(비얌바수렌 다바) 감독 작품 3편 :

⟨낙타의 눈물⟩(2003), ⟨동굴에서 나온 누렁개⟩(2005), ⟨칭기즈칸의 두 마리 말⟩(2009)

⟨다큐⟩

⟨몽골⟩ 대구MBC 창사 44주년 HD특별기획 10부작, 2008

⟨몽골 고원⟩ KBS파노라마 4부작, 2014

⟨알타이의 제왕 검독수리⟩ MBC, 2004

⟨태고의 땅 몽골⟩ EBS 다큐프라임 5부작, 2008

⟨푸지에⟩ 감독 야마다 카즈야, 2006

ⓒ 김은영